新时代乡村产业振兴干部读物系列

乡村信息产业

农业农村部乡村产业发展司　组编

中国农业出版社
农村读物出版社
北　京

图书在版编目（CIP）数据

乡村信息产业／农业农村部乡村产业发展司组编
.—北京：中国农业出版社，2022.1
（新时代乡村产业振兴干部读物系列）
ISBN 978 - 7 - 109 - 27509 - 6

Ⅰ.①乡…　Ⅱ.①农…　Ⅲ.①乡村－信息产业－产业
发展－中国－干部教育－学习参考资料　Ⅳ.①F492

中国版本图书馆 CIP 数据核字（2020）第 206093 号

中国农业出版社出版

地址：北京市朝阳区麦子店街 18 号楼
邮编：100125
责任编辑：廖　宁
版式设计：王　晨　责任校对：吴丽婷
印刷：中农印务有限公司
版次：2022 年 1 月第 1 版
印次：2022 年 1 月北京第 1 次印刷
发行：新华书店北京发行所
开本：700mm×1000mm　1/16
印张：14.5
字数：240 千字
定价：58.00 元

丛书编委会

本书编委会

主　编　庞金波　胡　畔
副主编　王刚毅　付　林　姜　鹏
参　编（按姓氏笔画排序）
　　　　于　洋　由　爽　李　玉　李杨薇　李思慧
　　　　杨　梦　季雪伦　段雨馨　曹为政

序

　　民族要复兴，乡村必振兴。产业振兴是乡村振兴的重中之重。当前，全面推进乡村振兴和农业农村现代化，其根本是汇聚更多资源要素，拓展农业多种功能，提升乡村多元价值，壮大县域乡村富民产业。国务院印发《关于促进乡村产业振兴的指导意见》，农业农村部印发《全国乡村产业发展规划（2020—2021年)》，需要进一步统一思想认识、推进措施落实。只有聚集更多力量、更多资源、更多主体支持乡村产业振兴，只有乡村产业主体队伍、参与队伍、支持队伍等壮大了，行动起来了，乡村产业振兴才有基础、才有希望。

　　乡村产业根植于县域，以农业农村资源为依托，以农民为主体，以农村一二三产业融合发展为路径，地域特色鲜明、创新创业活跃、业态类型丰富、利益联结紧密，是提升农业、繁荣农村、富裕农民的产业。当前，一批彰显地域特色、体现乡村气息、承载乡村价值、适应现代需要的乡村产业，正在广阔天地中不断成长、蓄势待发。

　　近年来，全国农村一二三产业融合水平稳步提升，农产品加工业持续发展，乡村特色产业加快发展，乡村休闲旅游业蓬勃发展，农村创业创新持续推进。促进乡村产业振兴，基层干部和广大经营者迫切需要相关知识启发思维、开阔视野、提升水平，"新时代乡村产业振兴干部读物系列""乡村产业振兴八大案例"便应运而生。丛书由农业农村部乡村产业发展司组织全国相关专家学者编写，以乡村产业振兴各级相关部门领导干部为主要读者对象，从乡村产业振兴总论、现代种养业、农产品加工流通业、乡土特色产业、乡村休闲旅游业、乡村服务业等方面介绍了基本知识和理论、以往好的经验做法，同时收集了脱贫典型案例、种养典型案例、融合典型案例、品牌典型案例、园区典型案例、休闲农业典型案例、农村电商典型案例、抱团发展典型案例等，为今后工作提供了新思路、新方法、新案例，是一套集理论性、知识性和指导性于一体的经典之作。

丛书针对目前乡村产业振兴面临的时代需求、发展需求和社会需求，层层递进、逐步升华、全面覆盖，为读者提供了贴近社会发展、实用直观的知识体系。丛书紧扣中央三农工作部署，组织编写专家和编辑人员深入生产一线调研考察，力求切实解决实际问题，为读者答疑解惑，并从传统农业向规模化、特色化、品牌化方向转变展开编写，更全面、精准地满足当今乡村产业发展的新需求。

发展壮大乡村富民产业，是一项功在当代、利在千秋、使命光荣的历史任务。我们要认真学习贯彻习近平总书记关于三农工作重要论述，贯彻落实党中央、国务院的决策部署，锐意进取，攻坚克难，培育壮大乡村产业，为全面推进乡村振兴和加快农业农村现代化奠定坚实基础。

农业农村部总农艺师　曾衍德

前　言

　　党的十九大作出实施乡村振兴战略的决策部署，并明确了"产业兴旺、生态宜居、乡风文明、治理有效、生活富裕"的总要求，这也是新时代"三农"工作的总抓手。乡村信息产业在信息产业的基础上形成发展，近年来，在推动农业经济发展中的作用逐渐凸显，但与发达国家之间尚存在一定差距。当前是我国农业由粗放型向集约型转变的重要时期，故探讨农业信息产业发展，对实现农业现代化、促进农民增收、推进生产力发展等各个方面均有重要意义。

　　本书共分为七章，从七个不同角度对乡村信息产业展开思考：第一章是对乡村信息产业的概念进行界定，并对当前信息产业的政策内容进行梳理；第二章是分析信息产业未来发展方向，并重点对农业物联网的理论、应用现状及未来发展进行阐述；第三章在系统梳理农业人工智能理论的基础上，结合我国农业人工智能现状，找出其存在问题并予以解答；第四章从了解农业大数据的概念，到如何获得数据使用数据，再到数据风险的规避等方面进行了详细介绍；第五章对农业电子商务平台进行讲解，对农业电子商务平台搭建提出建议及注意事项；第六章对农业信息化服务体系进行介绍，并指出其发展优势及面临困境；第七章介绍了乡村信息资源开发利用的情况，指出其存在的误区及解决措施。总体来看，本书从不同维度对乡村信息产业的基本理论、发展现状、易出现的问题及相应解决办法作出了较为全面的阐释。

本书提纲由东北农业大学经济管理学院教授庞金波、王刚毅，讲师胡畔、付林、姜鹏组织撰写，胡畔对本书内容进行统稿。另外，参与本书编写和校对的人员还有于洋、曹为政、李杨薇、季雪伦、由爽、段雨馨、杨梦、李思慧等（按章节顺序排序，排名不分先后）。同时，本书的出版还得到东北农业大学现代农业发展研究中心以及农业经济理论与政策学科团队的帮助与支持。参与编写本书的各位作者在材料收集、框架安排、数据筛选与处理等方面付出了很多的劳动，借鉴了国内外众多专家学者与科研机构的成果，在此一并表示感谢！

本书立足于"新时代乡村产业振兴干部读物系列"的整体定位，以乡村信息产业为主题，希望能够让读者更加清楚地了解当前我国乡村信息产业的发展状况，进而为农业全面提升，农村、农民全面进步提供一定的理论借鉴。本书的适用人群主要是"三农"工作一线的基层干部和农业从业者，同时也适用于农林经济管理及其相关专业的高校师生，科研工作者，农业部门的决策人员、管理人员及工作人员等参考阅读。

本书旨在构建一个全面、具体、创新且通俗易懂的我国乡村信息产业的研究框架和知识体系，但由于农业信息产业发展速度迅猛、涉猎范围宽广，而编写人员能力及水平有限，当前尚有诸多不足之处，敬请各位专家和读者批评指正，并提出宝贵意见。

编　者

2021 年 6 月

目　录

第一章
为乡村振兴插上信息的翅膀

第一节 乡村信息产业
——掀起你的盖头来

一、何为乡村信息产业

伴随着科技的发展进步，信息总量不断增加，尤其在计算机普及后，推动信息生产、加工、存储、流通与服务向产业化发展，信息产业应运而生。信息产业是从整个社会第三产业中分化来的，却不同于传统的第三产业，信息产业提供无形服务，使服务对象获得间接满足。信息产业越来越受到重视，它的发展对于一个国家至关重要，已经成为衡量一个国家经济发展水平的关键影响因素。西方未来学家认为，信息产业将是信息社会的支柱产业，对一个国家甚至全世界具有重要意义。信息产业仍在不断发展中，各个国家对其定义有所差别。国外一些国家对信息产业进行定义：欧洲信息提供者协会定义其为提供信息产品的信息服务的电子信息工业；美国信息产业协会定义其为依靠新的信息技术、信息服务的生产活动的组合；日本科学技术与经济协会定义其为提高人类信息处理能力，促进社会循环而形成的由信息技术产业和信息商品化产业构成的产业群，包括信息技术产业及信息产品化。国内定义虽然也各不相同，归结成信息产业指社会经济活动中专门生产、收集、整理、传递信息，并制造各种信息设备的工业。信息产业分广义和狭义两种，狭义信息产业指与电子计算机有直接关联的工业，包括电子计算机的研究及制造、程序设计等行业；广义信息产业则是把出版、印刷、新闻、广播通信、广告等以及上述狭义信息产业所包括的行业一并称之为信息产业。

乡村信息产业是信息产业在乡村的应用，以促进乡村经济和社会的发展进步。乡村信息产业产生原因复杂，具体有以下两个原因：

1. 信息的增长引起乡村信息产业发展变化　信息发展趋势是不断在人类大脑和信息之间增加环节，从大脑到感官到语言到文字到信息。与此同时，在中间不断增加更新处理信息的工具。农村经济社会发展，农民生活水平提高，出现很多如电视、计算机等收集、加工、存储信息的工具，农村信息量剧增，信息处理也在不断进步，乡村信息产业在农村产生并发展，它专门从事农村信息的生产、加工、存储、流通及服务。

2. 社会生产力是乡村信息产业形成的真正动力　人类有物质、能量、信息 3 种资源。人类对资源的认识形成了不同的生产工具，形成了不同的生产力，产生不同的产业。根据生产力不同，将人类社会划分为原始生产力阶段、古代生产力阶段、近代生产力阶段、现代生产力阶段 4 个阶段。原始生产力阶段，生产力水平极其低下，使用原始笨重的石器进行劳作。人类用手势进行沟通，没有信息处理过程的形成。古代生产力阶段，生产力稍有提高，但效率不高。小农经济，农民自给自足，使用镰刀和锄头等工具进行农业生产。人类通过眼睛和耳朵传递信息。近代生产力阶段，人类对能量资源有所认识，工业革命后，生产力得到极大提高，生产效率也有较大的提高。使用蒸汽机、电机等新型动力工具进行生产。现代生产力阶段，生产力由工业社会生产力转向信息社会生产力。人类转向认识信息资源，能够整合物质、能量、信息 3 种资源，生产出高科技、高性能生产工具，以信息为核心的知识密集型产业结构成为主导结构。可以看出，人类从认识物质资源到认识能量资源到认识信息资源，生产工具从原始石器到人力工具到动力工具到智能型工具，生产力从原始生产力到古代生产力到近代生产力到现代生产力，生产力的发展造成经济结构改变，带来产业结构的改变，带来必然产物——乡村信息产业，乡村信息产业由此产生。

何为乡村信息产业呢？乡村信息产业充分运用电视、广播、电话、传真、计算机等传媒技术传递信息，实现信息流动，推动农村全方位发展。乡村信息产业包括计算机、微电子、通信、光电等多个行业。乡村信息产业是技术、知识密集型产业，不同于劳动密集型产业，是依靠和运用先进、复杂的科学技术知识及手段进行生产的产业。产业建立在科学技术基础之上，资源消耗低；科技人员在职工中比重大，劳动生产率高；产品技术性能复杂，附加值高，更新换代迅速。乡村信息产业不是依靠体力劳动进行生产，而是依靠脑力劳动进行生产。乡村信息产业中的知识和技术十分重要，它以计算机技术、通信技术等为核心，这些技术全是高知识投入的结果。乡村信息产业顺应了当今社会经济和科技的发展趋势，高端技术的使用对农村经济发展至关重要。

乡村信息产业是高投入的产业。信息技术的产生和发展离不开投资。乡村信息产业重视知识和技术，这就意味着需要投入大量的脑力和财力资源。知识、技术密集型的乡村信息产业，要求科技人员在职工中比重大，而且产业经常需要很多的专业技术人员合力完成技术的开发。这些专业技术人员需要付出大量脑力劳动，为了留住科技人员，必须支付与其付出对等价位的工资，因此，他们的薪资水平要明显高于其他工作人员。在当今时代，技术越来越复杂，难度也在不断加大，乡村信息产业设备制造与使用和信息服务都需要投入大量资金和智力，并且投入量往往是巨大的。

乡村信息产业是高效益的产业。乡村信息产业的高效益既表现为自身价值，也表现为其产出效益。信息产品集聚大量的技术、资金和脑力，投入多，自身的价值含量就比较高。除此之外，乡村信息产业还能产生巨大的经济效益。由于信息技术的广泛应用，逐渐渗透到社会和其他产业的各个部门，其发展具有前瞻性，可以为社会和产业提供信息技术、信息服务，而且乡村信息产业能够消耗较少资源换来高附加值的产品，节约了资源。其产值也很可观，占国民经济的比重较大，对农村经济有推动作用，对国民经济影响较大。

乡村信息产业是带动就业的产业。知识、技术密集型的乡村信息产业需要高素质、高技术、高知识的劳动者，对就业人员提出的要求高，使劳动者不断提高自身素质和技能以适应信息产业的发展。随着乡村信息产业越来越快的发展，虽然将低素质的劳动者排除在外，但是改变了就业结构，带动了新的就业机会，开辟了新的就业道路，带动了教育、文化等相关产业的发展。

乡村信息产业是更新换代快的产业。乡村信息产业的发展和信息技术的更新密不可分，深受科技发展影响。计算机出现后，计算机技术发展速度很快，全球科技发展加速，造成信息技术发展加速，导致以信息技术为核心的乡村信息产业进入快速发展的阶段，进一步缩短了信息产品从开发研制到生产使用的周期，乡村信息产业的更新换代速度不断加快。乡村信息产业更新换代速度明显快于其他产业，其他产业无法比拟。

二、乡村信息产业的种类

各国乡村信息产业发展情况各不相同，发达国家信息产业出现早，对信息产业研究较早，他们对信息产业的分类为我国提供了借鉴与参考。例如，波拉特的"四产业划分法"，成功展示了产业结构的变化；日本科学技术与经济协会在《信息产业前景》中提出信息产业由信息技术产业和信息商品化产业两个产业群构成。虽然我国对乡村信息产业的研究晚于国外，但研究内容较为广泛。在借鉴国外信息产业分类经验的基础上，对乡村信息产业进行了测量。由于乡村信息产业内容丰富，并且信息产业的边界还在不断扩大，因此，国内没有统一划分信息产业的标准。我国对乡村信息产业的界定存在多种观点，根据不同划分标准，分类各不相同。乡村信息产业种类多而且复杂，各自存在明显的差异。

1. 按照乡村信息产业的内涵划分，分为狭义乡村信息产业和广义乡村信息产业 这种分类方式最为普遍。狭义乡村信息产业是人们对乡村信息产业最开始的认识，是与电子计算机有直接关联的产业，包括电子计算机研究及制造产业、程序设计产业、信息处理产业、集成电路产业、软件业等产业。随着经济社会和科学技术的发展进步，乡村信息产业内涵逐渐扩大，人们不再局限于原来狭义乡村信息产业的定义，出现广义乡村信息产业。广义乡村信息产业把信息部门从国民经济的各部门中独立出来，形成自己的分类体系。广义乡村信息产业是涉及乡村信息生产、收集、加工、整理、存储、传递、服务以及制造各种信息技术和设备等产业的总称。不仅包括上述狭义乡村信息产业所包括的产业，还包括教育、科学研究等知识生产业，图书馆、档案室、数据库等信息存储业，传真、邮电、通信等信息流通业，电视、广播、电话、印刷等信息传播业，计算机技术与软硬件制造业，微电子技术与器件制造业，多媒体技术及其设备制造业，视听技术及其设备制造业等信息技术和设备制造业。广义乡村信息产业从国家的信息经济规模角度出发，不是测度乡村信息产业。广义乡村信息产业扩大了信息工作的界面，扩大到信息经济和经济信息化，模糊了信息产业的独立性。人们对乡村信息产业的认识越来越深刻，广义乡村信息产业不断丰富乡村信息产业的内涵。

2. 按照乡村信息产业的结构划分，分为乡村信息技术产业和乡村信息服务产业 乡村信息技术产业提供信息技术及信息器件、软件等设备制造。包括微电子技术与器件制造业、计算机技术与软硬件制造业、通信与网络及设备制造、多媒体技术与设备制造业、视听技术与设备制造、缩微复印技术与设备制造、电子出版技术与设备制造。乡村信息服务产业是指通过利用信息设备进行信息生产、收集、加工、整理、存储、传递等，提供信息及信息服务。乡村信息服务产业根据信息服务产业历史发展阶段再次细化，分为传统乡村信息服务业和现代电子信息服务业。传统乡村信息服务业以科学情报、图书、文献、档案、标准、专利、图纸等印刷文本为主，包括邮政行业、信息咨询服务行业、广播电视行业、文献信息行业、经纪代理行业、产品批发零售行业等行业，提供信息服务。现代电子信息服务业改变以往印刷文本为主的信息服务，提供计算机信息处理、软件生产、通信网系统、数据库开发应用、电子出版物、办公自动化、信息提供与咨询的服务。

3. 按照乡村信息产业发展的现状划分，分为乡村信息开发经营业、乡村信息传播报道业、乡村信息流通分配业、乡村信息咨询服务业、乡村信息技术服务业和乡村信息基础设施业 根据乡村信息产业发展现状，从信息活动特点出发，分为6个产业。这种分类方式认为信息产业包括与信息产品和信息服务的生产、流通、分配、消费相关的产业。具体来看，乡村信息开发经营业包括软件开发产业、技术开发产业、软件开发产业、数据库开发产业、电子出版业、信息系统开发业、其他信息内容开发业等。乡村信息传播报道业包括印刷出版业、电视广播业、文献报刊业、影视音像业、通信业、气象业等。乡村信息流通分配业包括邮电业、通信业、教育业等。乡村信息咨询服务业包括信息咨询业、信息中介传递业、计算机检索业、公共信息提供产业等。乡村信息技术服务业包括设备处理和操作维修业、数据处理业、信息开发服务业。乡村信息基础设施业包括计算机设备制造业、通信设备制造业等。

4. 按照是否向社会提供信息产品和信息劳务划分，分为第一信息部门和第二信息部门 第一信息部门是向社会提供信息产品和信息劳务的产业，是所有向市场提供信息和服务的部门，包括信息设备制造部门和信息商品部门。信息商品部门再分为信息生产部门、信息传播部门、信息服务部门。第二信息部门是不直接向社会、只向组织内部提供信息产品和信息劳务的部门，是信息生产者、政府部门和私人企业的管理部门。这些部门的信息活动为政府、企业和个人等内部消费者提供服务虽然没有在信息市场上反映，但是也不可忽视。

5. 按照乡村信息产业发展的阶段划分，分为传统乡村信息产业和新兴乡村信息产业 传统乡村信息产业以纸介质为主，包括印刷出版业、新闻报道业、邮政业、科学情报业、文献信息业。后来在传统乡村信息产业的基础上发展为新兴乡村信息产业，新兴乡村信息产业融入计算机技术和通信技术等高科技，包括计算机产业、数据库业、信息系统与网络建设业、卫星通信业等。传统乡村信息产业和新兴乡村信息产业共同发展，一同成为战略性的带头产业。

6. 分为信息处理和服务产业、信息处理设备产业和信息传递中介行业　信息处理和服务产业，该产业是利用现代的电子计算机系统收集、加工、整理、储存信息，为社会和各产业提供各种各样的如计算机中心、信息中心和咨询公司等信息服务。信息处理设备产业，该行业是从事电子计算机的研究和生产、相关机器的硬件制造、计算机的软件开发等活动，如计算机制造公司，软件开发公司等。信息传递中介行业，该行业是运用现代化的信息传递中介，将信息及时、准确、完整地传到目的地点，作为中间沟通，起到桥梁和纽带作用。如印刷业、出版业、新闻广播业、通信邮电业、广告业。

虽然国内乡村信息产业根据不同标准，划分出很多不同的种类，但是都为研究乡村信息产业分类提供了参考，具有很大的价值。

三、乡村信息产业的作用

1. 乡村信息产业促进了传统产业发展　信息产业是国民经济中的战略性产业，乡村信息产业的有效供给和传统产业对信息产业的有效需求保持动态平衡，实现了两者之间相互促进的关系，乡村信息产业是渗透性高的产业，信息产业渗透到社会和各个产业中，乡村信息产业的发展为传统产业带来了新的血液，为其注入新的活力，使传统产业焕发了生机和活力。乡村信息产业是技术、知识密集型产业，科技含量高，可以使生产过程中技术、设备不断更新，能够为传统产业提供良好的信息设备；乡村信息产业使传统产业的经营方式、管理方式发生了变化，为传统产业的发展创造了良好的内部环境；乡村信息产业可以改进传统生产技术，促进传统产业的改造和升级。信息产业已经成为国民经济的基础产业、先导产业、支柱性产业、战略性产业，具有举足轻重的作用，对传统产业产生了巨大的影响，极大地推动了我国产业和经济的发展。

2. 乡村信息产业提高了农业生产效益　由于我国部分农村的机械化、科学化水平不高，农具较为落后。在正常年份里，产量相对较低。一旦遇到自然灾害，发生气象灾害和病虫害，农业生产抵御风险的能力低，农民常常不能及时采取措施应对灾害。各类自然灾害造成农作物大量受损，产量大幅度下降，严重影响农业生产。乡村信息产业的出现缓解了这一问题。利用乡村信息，运用计算机技术，提高对自然灾害的预测能力，在灾害来临之前可做好防护措施，提高防治水平。即使灾害发生，也能在最大程度上控制自然灾害，将损失尽量降到最小，减少自然灾害不稳定性阻碍农业发展的情况。运用信息技术，建立农村信息数据库，将农产品相关信息录入系统，进行网络化管理，提高农业生产的精确性，增加农产品抵御风险的水平。同时农村信息数据库的建立方便农民享用农产品信息，有助于攻破农业难题。乡村信息产业将农业信息技术运用到农业领域，使农村生产结构由低效型转变成高效型，大幅度提高了农业生产效益，促进农业发展进步。

3. 乡村信息产业替代了资源 一个产品或劳务既会消耗物质资源，又会消耗知识、技术非物质资源。信息产业消耗资源较低，产值较高，节约了大量的物质、金钱、能源、人力资源。乡村信息产业提高了农业机械的质量，使机械更耐用，延长了产品的使用寿命，节约了物质资源；乡村信息产业将提高农具质量，减少了农具维修的次数，节省了维修费用；乡村信息产业生产的产品较以前轻小便捷，消耗的物质逐渐减少，节约了资源；乡村信息产业替代了传统传递文件的办公方式，电子货币的出现，货币交换转换成信息交换，信息流替代了货币流。电子货币打破了以往的传统，简化了货币之间的流通与操作，流通速度远远快于传统货币的流通速度，加快了资金周转速度，使农村资金使用效率提高，能够为农民提供更多的资金投入生产生活；乡村信息产业替代了人力资源，利用高科技，解放了人力，自动化的操作提高了农业生产效率。

4. 乡村信息产业升级了产业结构 以前，第一产业和第二产业占主要地位，第三产业并不被重视，后来经济增长方式从劳动密集型增长方式向资本密集型、知识密集型增长方式转变，第三产业转为主要地位，产值比重逐渐增加。随着技术进步和经济发展，第三产业中以计算机技术为主导的信息产业的产值占国民生产总值的比重不断上升，实现了产业结构的升级。乡村信息产业的出现和发展，把信息技术应用在农业生产上，改变了传统的生产方式，使农业实现了自动化的操作，不再只依靠劳动力，而是依靠知识、技术和智力，使产业结构进行了调整和升级。乡村信息产业代替了传统的高耗能、低效率的产业，改变了高投入和浪费资源的生产方式，产业结构转向低消耗、高效率。乡村信息产业很大程度上提高了农业生产效率，增加了产量，大幅度提高农民收入水平。

5. 乡村信息产业改变了就业结构　在科学技术发展缓慢的时候，农村大多数是劳动密集型产业，劳动密集型产业对劳动力的要求不高，不太在乎劳动力的知识、技术水平，只关注劳动力的数量，因此，在农村的就业结构中从事产品制造的人很多。与劳动密集型产业相反，乡村信息产业重视知识和技术。乡村信息产业作为知识、技术密集型产业，需要大量的专业技术人员从事研究、技术开发、信息产品咨询、信息产品服务等工作，通过研究农产品的相关信息促进农业生产。乡村信息产业的出现改变了传统就业结构，降低了从事第一产业和第二产业的劳动力所占比重，乡村信息产业也导致就业结构中技术人员比重增加，非技术人员占就业人数的比重不断降低。同时，乡村信息产业带动了教育、文化产业的发展，开拓了新的就业途径，形成了对新职业的需求，就业结构得以升级。

6. 乡村信息产业提高了农产品竞争力　乡村信息产业将信息技术应用在农业生产全过程中，把信息技术融入农业当中，利用信息技术对农业生产、经营管理、战略决策过程中的自然、经济和社会信息，进行采集、存储、传递、处理和分析，为农业研究者、生产者、经营者和管理者提供资料查询、技术咨询的服务。乡村信息产业将农业资源数量化，量化各种农业资源，调整资本、劳动、土地等基本要素配比，并且对影响农业的各种因素进行详细分析，辅助决策，选择最佳的生产要素组合，以降低生产成本，降低农产品价格，提高农产品市场竞争力。运用信息技术，实时监测农作物，预防病虫害，保证农作物数量和质量，在数量和质量上战胜其他未使用信息技术的农产品。信息技术提高农产品竞争力，可以帮助农产品更快更好地进入市场。

7. 乡村信息产业促进了生态农业的发展 在党中央、国务院的领导下，乡村信息产业在信息服务的过程中贯彻节能环保的思想，逐年增加农村绿色信息化投资规模，推进绿色信息技术的使用，如节水灌溉技术、智能喷药技术、绿色土壤检测技术、智能施肥技术等。乡村信息产业将绿色信息技术广泛应用在农业生产上，带来农业功能的升级，使农业生产节约了资源，减少了排放，促进了生态农业的发展，对生态文明的建设具有重要的战略意义。大力发展乡村信息产业，让农业发展呈现信息化、自动化、机械化的趋势。推动绿色信息技术的有效使用，用绿色信息技术引领农业，增加农业对绿色信息技术的依赖，有利于促进生态农业健康、稳定、可持续发展，为发展生态文明贡献力量，同时带来了农业产量增加、效率提高，农民收入大幅增加，有利于实现经济和生态的统一。

第二节 农村信息产业政策
——让我看清你的面

一、明确指定农村信息产业建设的主体

农业信息化是充分运用信息技术最新成果，促进农业持续稳定发展的过程。它通过信息和知识的获取、处理、传播和应用，把农业信息及时、准确地传达到生产者手中，实现农业生产、管理、农产品营销信息化，加速传统农业改造和升级，大幅度提高农业生产效率、管理和经营决策水平。农村信息服务是一项公益性事业，信息服务网络延伸是搞好农村信息服务的基本保障。从广义上讲，农村信息服务网络延伸的受益者是农业、农村和农民，其最终受益者应当是广大农民。从这个意义上讲，现阶段农村信息服务网络延伸的主要建设主体应当是政府。此外，龙头企业、农产品批发市场、中介组织、农民经纪人和种养大户也是农村信息服务网络延伸的重要建设主体。

1. 政府作为主要建设主体，在农村信息服务网络延伸中应发挥主导作用 政府在信息网络延伸中的主导作用可概括为组织、推动、推广、引导和服务，如制订规划、投资引导、制定政策、确定标准、

规范立法等。研究认为，现阶段政府作为建设主体的作用主要体现在以下几方面：一是根据服务对象的需求，制订具有现实指导意义的农业信息服务网络延伸总体规划；二是加大投资力度，发挥政府在信息服务网络延伸中的主导和引导作用；三是制定优惠政策，创造促进网络延伸的良好环境；四是加强制度建设，制定网络延伸标准，规范延伸行为。

在国家级，应明确农业农村部统筹协调农村信息服务网络延伸。加快农业管理体制和机构改革步伐，减少因部门利益掣肘造成的信息网络延伸和信息资源整合上的矛盾。在此基础上，充实农业农村部信息管理部门和信息服务组织的力量。把省级作为农村信息服务网络延伸的重要环节，充分发挥地（市）级的作用，在农业部门设立专门的信息管理机构和信息服务组织，增加信息管理和信息技术人员数量。县级是农村信息服务网络延伸的关键环节。县级网络延伸的主要任务是：建设具有当地特色实用性强的县级农业信息服务平台；搞好网络与声像、音频的结合，推进信息服务网络向下延伸；开展多种形式的有效信息服务；建设稳定的农村信息员队伍；建设涵盖面宽泛、地方特色鲜明的基层信息采集点。乡镇是农村信息服务网络延伸的基础环节。乡镇网络延伸的主要任务是：重点建设乡镇信息服务站；发展农村信息员，指导他们利用各种渠道获取信息，开展信息进村入户工作；面向中介组织、农村经纪人和种养大户，搞好信息定制服务。

2. 龙头企业、批发市场、中介组织、农民经纪人和种养大户作为重要建设主体，在农村信息服务网络延伸中发挥积极作用 如果说政府在农村信息服务网络延伸中担当建设主体是职能所需，那么龙头企业、批发市场、中介组织、农民经纪人和种养大户则是源于经济利益的驱使。

（1）龙头企业。其作用主要体现在可构建"信息网络——电子交易——物流配送"的新格局，推进企业信息化及"企业＋农户"等产业链条的形成。龙头企业建设网络的目的有2个：一是使企业更方便、更快捷地对外发布信息，实现企业网上形象宣传和产品推介，促进网上销售；二是龙头企业通过网络查询信息，及时获取原材料、市场价格动态等方面的信息情报，以便在市场竞争中占据有利地位。因此，政府在发挥龙头企业作用方面应认真研究，因为政府部门拥有的信息是任何龙头企业所无法比拟的，应为企业搞好信息订制服务，使其充分体会到农村信息网络的好处，同时为企业提供良好的外部环境，调动其投入农村信息服务网络延伸建设的积极性。

（2）批发市场。近年农产品批发市场特别是大型农产品批发市场的作用日益明显，出于市场自身物流配送之需，加上政府资金的积极引导，市场用于信息网络建设的资金逐年增大。农产品市场建设信息网络源于3个目的：一是因其自身利益所需，有建设信息服务网络的积极性；二是由于网络具备快捷、高效的特点，市场愿意通过网络查询和发布信息；三是及时向外界和周边农民传递信息，有利于商户经营和农民围绕市场需求调整生产策略，更进一步带动市场繁荣。

（3）中介组织。近年来，为三农服务的农村中介组织得到较快发展，日益成为农村信息服务网络延伸的生力军。中介组织多是由农业科技示范户组成的民间组织，有些是半官方、半民间组织，中介组织中的科技示范户相对农业大户来讲，实力稍弱，难以单户购置计算机等联网设备。因此，应发挥中介组织的作用，由中介组织购买后供科技示范户使用，再由科技示范户把从信息网络中得到的产销信息、科技信息传播给普通农户。同时，广大农户也可通过中介组织来发布他们的产销信息。为更好地发挥中介组织在农村信息网络延伸中的作用，中介组织在自身发展上应抓好两个方面：一是采取县级托管、远程维护的方式开发具有自己个性化的网页，建设与网页相配合的农业智能触控查询系统，以方便农民查询；二是在充分发挥组织内部成员积极性的基础上，聘请省内外农业技术专家为中介组织顾问，依托县内知名专家和乡村技术人员，开展信息的分析、整理、鉴别、筛选工作，提高信息采集的质量和水平。

（4）农业大户。主要包括种养大户、经营大户、农民经纪人等。当前，多数农户还不富裕，农民收入较低，加上农民思想观念落后，农村计算机网络利用率不高，普通农户上网比例不大，但农业大户上网数量增长很快。从农户调查看，农户购买计算机主要有3个原因：

一是用于发布产销信息，获取种养殖技术及合作信息，得到好的回报；二是农户对计算机感兴趣，有基本的计算机操作知识；三是有一定的经济实力。因此，为发挥农业大户在农村信息服务网络延伸中的建设主体作用，在充分发挥市场机制作用的前提下，政府应通过资金补贴、上网优惠等惠农政策对农业大户进行科学引导，发挥其在农村信息服务网络延伸中的示范带头作用。

当前，农村信息服务网络延伸的服务对象主要是基层各级政府，最终的服务对象是广大农户。从近年的发展看，农村活跃着一批像龙头企业、农产品批发市场、中介组织、农民经纪人、种养大户等对农村经济发展至关重要的群体，这也是目前农村信息网络延伸的切入点。龙头企业是联结产、供、销环节的重要集合体；农产品批发市场特别是产地批发市场发展迅猛，在活跃和带动县域经济发展方面发挥着越来越大的作用；中介组织、农民经纪人发展较快，开始成为农村经济活动的一支重要力量；种养大户在特色农业、区域种养殖业发展等方面发挥着示范带头作用。因此，今后一段时间内，农村信息服务网络延伸的服务对象应重点放在龙头企业、批发市场、中介组织、农民经纪人、种养大户等重要群体上。因此，有必要研究他们的信息需求，以便增强信息服务的针对性。龙头企业最需要了解的信息是产品销售、原料供应、同行业发展趋势以及国家产业政策导向等信息；批发市场最需要了解的信息是全国大型农产品批发市场价格、农产品供求信息、国家相关政策信息等；中介组织最需要了解的信息是农业科技信息、农村致富信息、专业产销信息和科技发展动态信息等；农民经纪人最需要了解的是价格信息、供求信息、分析预测信息以及农村致富信息等；种养大户最需要了解的信息依次是农产品价格、产销动态、新技术新产品、良种良畜和动植物病虫防治技术等方面信息。因此，在农村信息服务网络延伸的资源建设中，应考虑其信息需求特点，以便更好地为服务对象搞好信息服务。

农村信息服务网络的最终服务对象是广大农民，但目前农民的组织化程度较低，因此，在网络延伸过程中，要注重组织创新，培育农村新型信息服务组织。首先要根据农民信息服务能人的特点，发挥好农民经纪人和种养大户的作用；其次要从本地实际出发，从特色产业入手，发展县、乡两级农业专业协会等中介组织，鼓励吸收种养大户和农民经纪人入会。此外，还要结合互联网络的特点，发挥其优势，建设网上虚拟社区，并坚持网上服务与网下服务相结合。

二、明确指定农村信息产业政策支持的重点领域

近年来，农业农村部等相关部委的信息产业部门不但将力量投入到了农村信息基础设施的建设，也同时大力支持了有关农村信息服务体系及其他综合方面的建设，投入了大量的人力物力资源，并且取得了可喜的成效。但是纵观整体，在农村信息化的进程中仍然有很多问题值得重视，有待解决。例如，因为我国信息化还缺乏很多有效的专业信息、涉农信息和特色信息，因此，我国的农村信息服务建设平台仍然面临着较为严峻的深化改造问题，同时，还缺乏针对不同农民的各种差别化需求解决方案等问题。

要想解决上述问题，须重视整合涉农信息资源，以多样化的工作模式如政府的引导、多方的协作、联合推进等，运用多方市场化运作加强信息使用者与提供者二者之间的互动与联系，增加信息服务内容，推动农村信息化的建设工作才是解决问题的关键。将整合一切与农业信息有关的资源作为重点。改善建设工作的关键还是要了解农村农民到底有着怎样的信息需求。此外，以农村和农民为服务对象，关注农民获得信息的渠道等信息，是非常重要的。对很多农民同胞而言，获取信息是极其多样和复杂的，他们不仅只局限于政策、科技、生产等信息的需求，还十分希望得到劳动力转移、供求、价格等信息；不仅需要原始的静态信息，动态信息的分析预测等也是重中之重。若从农业农村农民的需求性出发整合涉农信息资源，更多具有针对性的信息服务能够被开发或提供，这样一来既促进了有关信息资源的共享和整合，也提高了信息服务的有效性以及信息的利用效率。

农业、农村和农民问题一直是困扰我国国民经济和社会发展的大问题。作为国民经济的基础，农业不仅提供食品，还为 60% 的人口提供维持生活的就业部门，尤其在欠发达地区，农业仍然是国民经济

的主要产业，是经济收入的主要来源。农业提供约 40％的工业原料，直接影响 1/4 以上工业总产值的形成。农村市场约占全国市场份额的 1/2，农村市场总需求对整个国民经济增长具有重大影响。农村人口占全国人口的 3/4，农村经济对国民经济的贡献份额已达 60％。可以说，没有农业和农村经济的信息化，就谈不上整个国民经济和社会的信息化。农业是国民经济的基础，也是国民经济链条中最薄弱的环节。工农业发展速度与内在素质的差距、城乡居民收入的差距、地区间经济发达程度的差距，近年均呈拉大的趋势。对农业农村问题重视不够、解决不好，势必影响改革与发展的大局。在国家信息化过程中，如果忽视农业、农村信息化，将加剧工农差别和城乡差别，因此，农业和农村信息化必须与国民经济和社会信息化同步。

加快农村信息服务体系建设，充分发挥信息体系服务内容的广泛性、服务范围的开放性、服务手段的先进性、服务方式的及时性、服务性质的公平性、服务对象的互动性等传统服务手段无法比拟的独特优势，可逐步实现农业小规模与专业化、小生产与大市场、分散化与组织化的对接，切实解决农业专业化程度低、农村市场化程度低、农民组织化程度低的"三低"问题，有效地化解农业和农村经济发展中的主要矛盾，对促进我国国民经济和社会发展作用巨大。主要有以下几方面。

1. 有利于农业稳定发展，实现农产品均衡供给 农业是经济再生产和自然再生产相交织的产业，面临着市场和自然双重风险。随着中国加入 WTO 和农业结构战略性调整的深入，农业生产经营者面临着如何适应国际、国内两个市场进行结构调整的新问题，农业已成为一个更加复杂、更加难以用传统方式调控的经济活动过程。为确保这个活动过程的科学合理与有序，考虑中国幅员辽阔、地域间自然及资源禀赋条件差别较大的实际，政府不可能再像过去一样依靠行政手段，而应主要依靠市场机制、政策调控、信息引导等间接手段来推动结构调整目标的实现，特别是要通过建立上下贯通、左右相连的农村信息服务体系，多渠道为农村和农民提供全面、准确、及时的信息服务，以最大限度地避免生产经营者由于信息不灵、信息不畅、信息失真造成的盲目生产和农产品市场价格的大起大落，缓解分散经营小生产和全国大市场的矛盾，保证生产、加工和流通三者协调发展，实现农业稳定生产、农产品均衡供给的目标。

2. 有利于实施科教兴农战略，加速推进农业现代化进程　在发达国家，20 世纪 80 年代末，农业劳动力平均受教育程度为 11 年，而我国到 2010 年才达到初中毕业水平，到 2025 年才能达到发达国家 80 年代末的水平。要想改变这种落后局面，必须改变传统的农业模式，增加科技投入，走农业现代化、信息化之路，用信息技术改造传统的农业科技研究体系和农业技术推广体系。国内外实践表明，以计算机技术为主的信息技术在品种选育、模式化栽培、配方施肥、节水灌溉、畜禽养殖、防灾减灾和作物产量预测预报等方面的应用相当广泛。建设农村信息服务体系，通过延伸到农村基层的信息网络和各种技术传播渠道，将大大加速农业新技术的推广应用，促进农业科技成果尽快转化为生产力。

3. 有利于实现政府宏观调控，增强政府监管能力　在市场经济条件下，政府制定农村产业政策、调整优化农业结构、规划区域布局、发展优势产业等宏观经济政策，都必须面向市场，以生产要素、市场供求和价格行情等信息为基础和依据。信息是否准确、及时，直接关系到政府宏观管理和调控目标的实现程度。特别是我国作为一个农业大国，政府部门承担着农业发展、农民增收、农村稳定的宏观管理职能。在这种形势下，迫切需要通过加强农村信息服务体系建设，大力推进农村信息服务和政府政务电子化步伐，逐步实现行政审批和市场监督管理事务的网络化处理，增加农业政策透明度，及时、准确掌握农产品供求、市场价格、灾情疫情等信息，提高政府部门的决策能力、调控能力、服务能力和应急处理能力，实现政府管理的科学、高效与廉洁，进而达到农业发展、农民增收、农村稳定的目的。

4. 有利于农业结构战略性调整，不断增加农民收入　当前，我国农村经济发展正处在一个新阶段。这一阶段的中心任务，就是对农业和农村经济结构进行战略性调整。前几次农业和农村经济结构调整，都是在农产品短缺的情况下进行的，解决的主要矛盾是增加农产品的供给量。这次调整，是在农产品出现相对过剩、买方市场已经形成、农民收入增长迟滞的条件下提出的。因此，推进农业结构战略性调整，要把增加农民收入作为基本目标。当前，在影响农民收入增加的因素中，很重要的一个方面是农副产品卖难问题。由于信息服务不到位，信息不灵、不畅，农产品市场价格大起大落、农民盲目生产而遭受损失的情况非常普遍。因此，农业、农民走向市场，依靠市场信息引导生产、经营已是大势所趋，农民掌握信息越多，在市场上选择的余地越大，在竞争中就越主动。作为分散弱质、闭塞落后的农村、农业和农民，最需要的是信息服务，只有建立完善的农村信息服务体系，完善农村市场和科技信息服务手段，才能从根本上改变农村信息服务滞后的状况，避免生产经营的盲目性和趋同性，进而提高经济效益，促进农民收入的增加。

5. 有利于农产品监测预警，提高农业防灾减灾水平　当前，农业仍未摆脱靠天吃饭的局面，各种自然灾害对农业发展威胁很大。除水旱风雹等非生物性自然灾害外，农业作为生物性经济再生产，还受到病、虫、草、鼠及动物病疫情等生物性自然灾害的影响。某些暴发性病虫害、流行性病害或动物病疫情，如果测报防治不准确、不及时，将给农业生产和农民收入带来严重损失。加之中国加入 WTO后，因国外农产品输入的巨大压力和激烈的国际竞争，我国农畜产品的市场风险愈显突出。当务之急是建设功能齐全、反应灵敏的农产品及动物监测预警系统，开展农畜产品生产全过程信息服务，为政府决策和农户生产，提供有效、准确的市场、技术、质量检验、病虫害疫情等信息，以达到引导生产、抵御化解市场和自然风险，提高对灾情的反应速度和抵御能力，保护生产经营者的利益，提高农产品国际竞争力，达到促进农民增收和农业发展的目的。

三、加强农村信息产业政策宣传推广

在金融、信贷、税收等方面制定优惠政策，鼓励和引导社会力量参与农村信息服务体系建设，形成以国家为主导、社会各方面积极参与的多元化建设格局。建立农业信息化技术研发"后补助"制度，对已研发完成并具有重要推广价值和明显社会效益的项目给予一定的资金补助。在农村信息服务体系建设中，网络建设是基础，资源开发是关键，信息应用是目的，信息立法是保障。在体系建设过程中不能忽视农业信息立法。建议在人大立法的同时，各级政府部门也要制定有关管理办法及行业标准、法规、政策，使之纳入法制化管理轨道，保证信息质量真实、有效，严防虚假、浮夸信息，防止信息误导。我国东、中、西部地区经济发展水平和区域环境差异很大，在信息服务上应加强分类指导，并按照比较优势原则进行。东部地区应发挥资金、技术优势，重点加强信息网络等信息设施建设，搞好与其他信息传播媒体的协调与配合，并向种养大户、龙头企业、中介组织、农产品市场和农民经纪人延伸。中、西部地区可侧重信息资源开发等资金约束影响较小的信息产品提供，重点加强现有信息发布媒体的综合利用，在互联网络等信息发布设施建设上主要是搞试点，把重点放在县级信息服务平台和乡镇信息服务站建设上。目前，农业农村部正在启动农产品市场预警系统，对关系国计民生的少数重要、敏感农产品进行监测预警，标志着我国农业信息发布开始步入正轨。在此基础上，国家应制定完善信息发布的标准与规范，加快信息发布立法步伐，减少信息发布的行政干预，增强信息发布的权威性和时效性。尽快推行农业信息发布日历制度，确保农业信息在法定的日期里公布，保证公众在平等的条件下同时获得这些信息。加大农业信息标准制定和推行的力度，推进各部门涉农信息资源的集成和整合，实现涉农公共数据的广泛兼容和共享。出台促进网络延伸的政策，营造良好的发展环境。农业、农民作为弱质产业、弱势群体，农民收入很低，为确保农村信息网络延伸的整体推进，应对农村信息网络通道租用和农民上网费给予适当减免，带动农村网络用户的增加；对农业信息的传播与发布，各宣传媒体应无偿支持，特别是广播、电视和地方政府办的报刊应确保播发时段和版面；针对广大农村难以收看到中央电视台农业频道节目的问题，鼓励或强制要求全国各农业县（市）无线转播农业节目，并着手建立中国农业电视台或开设各级中央电视台农业频道。加快各级信息服务平台建设。按照"集中、统一、规范、效能"的原则，集中建设统一兼容、资源共享、高效适用的各级网络中枢平台环境，形成全国统一、规范、畅通的信息网络体系。一是建设完善国家、省、市、县四级网络平台，完善配套相应的网络和计算机硬件设备，开发配套各级平台上下贯通、统一兼容的运行软件；二是依托国家公共通信设施，建设高效畅通的农业信息传输通道。加快建设覆盖地（市）、县的卫星多媒体宽带传播网，实现数字视频广播。开发推广适合农村和农民使用的农业应用软件。网络延伸成功与否，农业应用软件的质量是一个非常重要的因素。应注重推广如农业农村部开发的农村供求信息全国联播系统"一站通"这样的适合农村、农民特点的大型农业通用软件，降低农民搜索信息的成本。

第三节　信息发展之旅
——蓦然回首天涯路

一、影响信息产业发展的因素

把影响信息产业发展的自变量分成三组。第一组为随机变量。作为随机变量，它的作用发挥虽具有偶然性，但"瞬时值"可能超过其他因素的影响而占据主导地位。第二组为状态变量。这些变量对信息产业的变化有影响，但并不决定信息产业结构有规律的动态演进，一般在一定的历史时期内，变化不是很激烈的。第三组为过程变量，也可以称为本质变量。它从根本上决定了产业结构向高度化的演进。在这里，还基于这样的假设：随机变量影响信息产业的发展方向；状态变量影响信息产业的规模，而本质变量影响信息产业的发展速度。

1. 关于随机变量　在随机变量中，作者选取了三个影响因素：经济体制、政策、战略。由于政策和战略后面要详细论述，这里着重讨论经济体制的问题。

长期以来，在传统的计划经济体制下，以信息机构形式存在的信息产业主体，作为行政的附属物，既没有经营的权力，也不必承担任何风险和责任。这种内无动力、外无压力的状态，必然导致缺乏活力，造成信息资源配置不当、信息市场运行不畅、信息产业效益低下的后果。可见，一个束缚了信息生产力的信息体制对信息产业发展的制约远比资源约束或需求约束大，且资源约束和需求约束均可因信息体制因素而强化。这说明了体制作为随机变量，它的影响在特定的历史条件下完全可以上升到主要的支配地位而影响信息产业的发展。

如今，随着经济体制改革的深入，信息体制正处在新旧转轨的过程中。一方面，是原有的信息机构为适应市场经济的需要，在"稳住一头、放开一片、人才分流、机构调整"的方针指导下，参与了信息有偿服务等信息市场活动，并力争通过要素的充分流动，实现信息资源的合理配置及有效利用，从而焕发出巨大的活力；另一方面，经济体制的根本转变，也使一些适合市场经济环境的信息企业大量涌现，它们构成信息产业主体的一部分，并由于其强大的活力，在主体中的地位将呈上升趋势。

总之，市场经济体制的确立，对信息体制乃至信息产业的影响是巨大的，同时也是复杂的，它难以用量来衡量。但我们相信，随着经济体制改革的深入进行，良好的市场环境会建立，这对信息产业的主体和客体的发展及完善有积极的促进作用，同时也有助于提高消费者的信息意识、消费观念及消费水平。因而可以预言，在未来的一段历史时期内，体制因素将与信息产业的发展成正相关。

2. 关于状态变量　在这一组变量里，除了选取与信息产业相关的资源变量，还选取了国家经济发展阶段这一变量。后者同许多影响因素相关，因而意义重大。如果在较短的时期内来考察，近似为一个常量。

（1）资源变量。如前所述，资源变量可细分为信息资源、物质资源和人力资源。所谓信息资源是指那些引起以不同形式的载体记载的数据、消息、情报等。物质资源是指那些用于收集、处理、存储、传递、接受等的信息设备或设施。人力资源是指从事于信息生产、经营、服务的脑力劳动和体力劳动人员。

一国某一时期的信息产业发展不外取决于：①可用资源量；②资源配置状况；③资源利用效率。可用资源量是指一国一定时期信息产业可以投入使用的信息资源数量、物质资源数量以及人力资源数量。可用资源量的大小主要取决于一国资源的开发利用能力。在可用资源量既定的条件下，信息产业的发展与资源配置状况和资源利用效率呈正相关关系。资源配置合理意味着有限的资源是根据社会需要而投入的，用来进行信息产品的生产和信息服务的提供，从而不会出现资源误配、信息滞存之类的浪费。资源利用效率是单位资源的投入产出率。单位资源的投入产出水平高即资源利用效率高，既定数量的可用资源就能产出更多的信息产品和信息服务，信息产业的收入就会大大提高，从而促进信息产业的发展。

从宏观上看，与信息产业密切相关的信息资源、物质资源及人力资源将随时间的推移而自然增长。而资源的开发与利用则需要人为的努力得以加强。从微观上看，资源投入产出效率的提高不仅依赖于人，还要依靠技术、管理。因此，我国现阶段信息产业的发展就资源而言，处于即将加速上升时期，资源的开发和利用是产业发展的关键，需要进一步加强，而资源利用效率的提高，则在相当程度上受到限制。

（2）经济发展变量。把经济发展阶段作为一种状态变量是有其充分理由的。

一是经济发展阶段制约着主导产业的实现。我国现阶段经济发展正处于工业加速时期，尽管它非常需要信息产业的发展来带动其现代化的实现，同时也决定了信息产业不可能超越工业的成熟期而优先成为主导产业。因此，在一定的时期内，信息产业的产值及就业人数，虽有数量上的增长，但在整个国民经济的产值及整体就业人员中所占的比例，将限定在一定的范围内。

二是经济发展阶段制约着产业发展的动力源泉。这种动力源泉来自生产要素的组合方式，它们是劳动密集型、资金密集型和技术密集型。不同的经济发展阶段，决定了以不同形式为主的生产要素的组合。鉴于我国目前经济发展阶段起点较低，信息产业增长的动力源泉主要源于劳动密集型的生产要素组合，它是剩余劳动力在资金相对不足条件下的一种自然选择。当然，也存在资金密集型及技术密集型的生产。但总的来看要素组合的效率较低，所创造的附加值较小。因而将影响到信息产业的发展速度。所以说，信息产业的发展在我国还有一条漫长的路要走。

三是经济发展阶段决定了一国国民生产总值的水平，影响到人均收入。前者与分配和投资相关，后者与居民的消费需求和消费水平相关。在我国目前的经济条件下，信息产业的投资与发达国家相比遥不可及，这也在一定程度上制约了信息产业的发展。但随着国民经济的快速稳定增长，人均收入水平在不断提高，信息的需求与消费也有大幅度的增长，并且将持续下去，这势必将通过需求的强烈刺激，促进信息产业的成长与壮大。

3. 关于本质变量　在这一组变量里，选取的是信息需求、技术创新及国际贸易三个因素。

（1）信息需求。信息资源是从供给方面探讨对信息产业发展的影响，实际上除此之外，它还受到来自社会和经济发展引起的信息需求方面的约束。在这里，把信息需求定义为一国一定时期有购买力的需求量及其结构。当供给处于相对稳定的状态时，信息社会需求的变化，将以巨大的拉力促进信息产业的发展。

一般来说，需求结构的升级，对信息产业有很大的影响。在人均产值 300 美元以下的低收入阶段，人们消费需求集中在温饱问题上。在人均产值 300 美元以上，温饱问题大致解决，需求结构的重点转向了非必需品，特别是耐用消费品。在人均收入高水平阶段，人们对精神生活、生活质量和生活环境的要求大大提高，要求增加产前产后的服务，这就促进了产业结构中服务业的发展。

需求结构变量对产业结构有序变动的测量指标通常用产业产品的收入弹性系数来表示，它揭示了某一产业部门产品的人均消费需求额随人均国民收入在某一水平上发生的变化所产生的反应。

收入弹性大，该产业就会在需求的牵引作用下，逐渐增加生产量，从而加强自身的地位，在产业结构中占有更大的份额。

改革开放以来，我国已实现了战略目标的第一步，基本上解决了温饱问题，耐用消费品也已进入普及阶段。随着国民经济近一时期的持续增长，国民收入将进一步提高，信息产业倾斜发展的政策及消费上的早熟，将在不同的程度上刺激信息产业的发育演进。因此，不论是现实的信息需求，还是潜在的信息需求，都将随市场经济体制改革的深入及市场经济环境的确立，给信息产业带来巨大的牵引力。

（2）技术创新。在国民收入增长、需求结构的升级中，我们暂时忽略了技术进步所起的重要作用。事实上，经济的发展从根本上是技术创新的结果。因此，它是促使许多变量发生变化的根本原因。

技术进步的直接作用是提供新的科学技术、新的生产工艺和生产方法，提高人力资源和物质资源的投入质量，从而使劳动生产率大幅度提高，生产成本显著下降。而建立在电子技术基础之上的信息技术正是如此，并进而实现了信息资源对物资的替代，从而把经济发展的重心由物质经济转向了信息经济。

整体阐述了信息化产业影响因素后，那么影响中国农业信息化发展的主要问题有以下几点。

1. 农业传感器技术动态信息感知技术有待提高　目前，对于农业生命-环境信息传感设备大量缺乏，严重制约智慧农业发展。中国现阶段主要检测技术，大部分是基于检测对象的静态属性进行的研究，不能用于实时、动态、连续的信息感知传感与监测。缺少植物病、虫、草害胁迫的动态远程可视化诊断，实时预警预报技术。对实用化的植物三维形态虚拟模拟技术，尤其可用于植物生理生态信息预测、长势预测、形态发育、产量预测的虚拟植物技术研究也刚刚起步。环境传感器较成熟的技术主要集中在温、光、土壤墒情、pH 等指标测量，缺少农田生态综合环境、植物生长信息的实时监测的传感器。对土壤重金属、农药残留等有害污染物的动态实时感知监测技术、关键环境因子和植物-土壤-环境互作动力学模型研究还不多，缺乏对上述单组分检测对象高灵敏性、高选择性、多点同步检测或多组分高通量检测的方法。先进农业传感器技术产业发展机制不完善。中国传感器的产业结构存在问题是企业分散、实力不强、技术水平低，同类产品重复多，创新性缺乏。先进农业传感器技术产业存在投资分散、建设和应用分离等问题；先进农业传感器市场机制尚未完善，涉农企业、农民专业组织、种植养殖大户等作用尚未得到充分发挥；先进农业传感器技术产业缺乏有效的统筹和协调。先进农业传感器技术售后配套产业缺乏。由于农业传感仪器需要低成本、高可靠性，需要加强配套先进农业传感器技术相关下游产业发展，从而提高先进农业传感器使用效率及用户积极性。国外日益注重使仪器售后成为先进农业传感器技术产业的一个延伸，扩展产业链，提高先进农业传感器技术产业效益。建立多层次售后机构，培育相关技术人才，扩展多形式的配套途径。

2. 精细作业技术与智能装备存在的问题　中国在精细作业技术与智能装备领域的研究仍处于试验示范阶段和孕育发展过程，与发达国家相比，在技术水平、经营管理和经济效益等方面，仍存在着较大差距，还面临着技术支持不足、信息收集系统不全、专家系统未完善、研发与应用成本过高的问题。中国至今一些精细农业的关键技术仍依赖从国外引进，不但受制于人，而且成本高，针对性也较差。智能装备研发和创新的技术储备严重缺乏，水平低、适用品种少而且可靠性差，没有统一的行业质量标准，产品市场定位和针对性不明确，远不能适应现代农业生产发展的需要，且严重滞后于农业生产技术的发展。

3. 农业机器人技术研究及推广存在的问题　农业机器人研究还处于一种自发性的无序状态，研究方向随意，目的性不明确。各科研机构主要考虑跟踪国际热点方向和发挥自身科研优势，而对真正需求重视不足，从而使农业机器人的研究内容在很大程度上与实际情况脱节，导致了研究方向与市场发展趋势不符，进一步增加了推进农业机器人产业化进程的难度。农业机器人研究内容主要集中在种植业，这与中国是种植业大国的实际国情是吻合的。但是，中国同时也是畜牧业大国，拥有着巨大的畜牧业市场需求，而且畜牧业的经济效益一般来说要高于传统种植业。目前，国际农业机器人产业化程度最高的领域，正是畜牧业领域。我国农业机器人的研究方向过于集中，不利于农业机器人的产业化，没有良好的产业化前景。国内领先的机器人研究机构很少涉足农业领域。开展农业机器人研究的主力是各个农业大学和农业科研院所。以农业领域的科研机构作为农业机器人研发的主力，有利于选择合适的研究切入点，也有利于从农业角度出发提出合理的机器人工作参数指标，但是没有专业的机器人研究机构的参与，不利于机器人技术与农业生产的充分结合。

4. 农业机器人技术产业化的问题　农业机器人相关专利较少，产业化基础不牢固。国内开展农业机器人的研究比欧、美、日、韩等起步晚，研究成果取得的较少。没有足够的自主知识产权作为支撑，农业机器人产业化产生对国外的技术依赖，无法在产业化过程中掌握抢先进入相关市场的主动权，受到国际巨头的挤压。在农业机器人这个新兴的产业领域，欧美的跨国公司也已经将触角伸向了中国市场。作为农业机器人产业化水平最高的领域，挤奶机器人系统已经出现了性能良好的产品并且占有了一定的市场份额。以利拉伐为代表的欧美挤奶机器人系统巨头也开始进入中国市场。中国在刚刚出现农业机器人产业化预兆的时候，就开始受到国际巨头的蚕食，所以大力推进中国农业机器人战略性新兴产业的发展，刻不容缓。

5. 农业物联网技术与装备及其应用存在的问题　一是技术标准问题，在智能农业领域，围绕低成本、低能耗、可通、可达、可信等目标，研究农业物联网统一的技术规范网统一的技术规范，主要包括自组织网络技术规范、有线/无线统一服务网络（USN）接入规范、感知节点部署规范、传感器节点的地址标识方法、数据融合技术规范、网络嵌入式系统构建规范、物联网应用规范、物联网跨层数据访问与交换技术规范等。二是安全问题，物联网目前的传感技术是有可能被任何人进行感知的。那么如何做到在感知、传输、应用过程中，有价值的信息只为我所用，却不被别人所用，尤其不被竞争对手所用，这就需要在安全上下功夫，形成一套强大的安全体系。三是传感器的产业化问题，中国的高端半导体芯片产业受制于人，光刻技术尚不能达到发达国家水平。中国光电产业与发达国家也有一定差距，如在光学敏感材料制备方面，中国面阵红外探测器生产线相对落后。这些限制了中国农业物联网传感器产业的发展。四是应用推广问题，中国农业人均占地少，农村人口文化素质不高，如何让农民和农业企业看清楚物联网的意义、物联网有可能带来的商业价值，是中国面临的重要问题。

6. 农业信息服务及发展存在的问题 农业遥感业务化系统的实用性还需提高。国内农情遥感监测业务化系统的实用性，还需在预报精度、稳定性和缩短预报周期上下功夫。农业遥感利用国外卫星数据，不利于建立中国完全自主的农业遥感业务化运行系统。特别是在农作物遥感监测业务系统中，如何缩短业务预报周期，需要我们拥有国产实时卫星接收数据和处理系统。同时，在提高遥感预报精度和稳定性上，还需要结合农学知识，有效协同星、地、空多源信息，引入作物生长模型、农田小气候模型等。

二、信息产业发展的未来方向

1. 信息产业结构呈现高级化趋势 信息产业结构是信息产业与国民经济其他各产业之间以及信息产业内部各部门之间的联系和量上的比例关系。包括信息产业外部结构与信息产业内部结构。随着乡村信息产业的发展壮大，信息产业结构发生变化，呈现高级化趋势。乡村信息产业专门性强，在产品、服务、人才方面都具有专业性，比其他产业专业性要求高，所以导致乡村信息产业在产业结构中地位逐渐上升，信息产业结构逐渐走向高级化；不同产业出现技术创新时间不一致，有些产业先出现技术创新，有些产业出现技术创新较滞后，有些产业甚至不出现技术创新。乡村信息产业是技术、知识密集型产业，必然会在产业内出现信息技术创新，在各个部门实现技术创新，直到所有部门完成创新；市场的需求影响技术进步与创新，市场的需求推动技术发展，使技术进步足以支撑市场需求，这些需求和技术加快乡村信息产业结构向高级化发展，使信息产业结构进行大调整。

2. 乡村信息产业越来越智能化 当今人类社会是智能化的时代，取代了蒸汽时代、机械化时代、电气时代。智能化渗透到人们的生活，以智能为核心的智能产品和智能服务的不断出现就是很好的表现。智能化改变了人类的生活，智能手机、智能电视等信息技术产品已进入农村，成为农民生活不可或缺的一部分，智能机器方便了农业生产，解放了劳动力。智能产品已在医疗、卫生、交通、教育、生态、资源使用等方面提高了生活质量。智能化趋势越来越明显，乡村信息产业发展也趋向智能化。把智能融入信息技术产品中，信息技术产品从简单变成复杂，信息技术产品的智能化使智能需求变得强烈，为了满足智能需求，乡村信息产业向智能趋势发展。世界各国日益激烈的智能化竞争也让乡村信息产业走向智能化，发达国家发布智能发展战略，发展中国家纷纷效仿，我国关键技术与发达国家相比存在不足，虽然国家的战略布局为乡村信息产业发展提供了保障，但离智能化要求还有差距，未来需要在智能技术上投入资金，使乡村信息产业逐渐步入智能化轨道，越来越智能。

3. 信息服务更加完善　乡村信息产业可以改善农民生产和生活。利用信息技术监测农作物生长，预防自然灾害，提前做好防护措施，将损失降到最低，增加产量，增加农民收入，提高生活水平。农民体会到乡村信息产业的好处，对信息服务需求增加，要求提高，乡村信息产业服务逐渐完善。具体表现：一是服务范围扩大，信息服务不再只限制在某个生产经营环节，而是扩大范围，横向、纵向向外延展；二是服务产品使用性提高，乡村信息产业开发的产品，有针对性，比如针对农民收入水平不高的现象，调低产业生产产品的定价，让农民负担得起价格；三是服务方式综合化，单一的信息资源和信息技术已经不能很好地满足农民的实际需要，需要把单一的信息资源和技术结合起来，将分散的信息整合，以适应需求综合化；四是服务内容专业化，针对具体的生产活动，利用专业化的信息技术进行农业生产。

4. 网络信息技术更重视实用性　世界各国陆续发展乡村信息产业，发达国家起步早，乡村信息产业发展好，已健全了农村信息网络体系，网络普及率高，遍布农村各个地方，农民对网络信息技术几乎都了解，容易接受新的网络信息技术创新。而我国乡村无法达到这种效果，乡村信息产业发展较为缓慢，网络信息技术设施建设不完善。乡村信息产业未来要加强网络基础设施建设，充分考虑农民实际需求，重视网络信息技术的实用性，更好地为三农服务。加强网络数据库建设，将相关信息录入系统，进行信息资源共享；加强网络基础设施建设，优化网络结构，建设信息网络平台，提高互联网普及水平；加大网络信息资源开发力度，开发适应农村需求的技术应用；加强网络信息安全技术的建设，抑制不良信息传播，营造良好的网络环境；防止泄露信息，保护农民信息安全，确保网络的安全运行。

三、促进信息产业发展的对策措施

1. 制定政策法律，实现规范化　政府加强管理，完善乡村信息产业相关的政策和法律，营造良好的政策法律氛围。乡村信息产业的发展离不开政府政策的支持。政府需要发挥主导作用，根据农村实际情况出台相关政策，全方位引导农业健康发展，为信息产业营造良好的政策环境，推动乡村信息产业健康发展。乡村信息产业离不开法律的保障。政府要逐步完善乡村信息产业的相关法律法规，形成法律体系，提供法律支持，维护农民合法权益，使乡村信息产业有法可依，保障乡村信息产业的各个环节顺利进行。但是，政策和法律的完善不是一蹴而就的，需要一个漫长的过程，需要各地方充分考虑各地的差异，根据当地的实际情况，不断地调整和完善有关乡村信息产业的政策和法律，循序渐进，形成强有力的保障，推动乡村信息产业发展。

2. 发挥政府主导作用，推动乡村信息产业发展　政府在推动乡村信息产业发展中举足轻重，政府发挥着导向作用。加大政府发展乡村信息产业的支持力度，以发展乡村信息产业来促进农村经济发展。政府做好统筹规划，制定乡村信息产业的战略，提出发展信息产业的规划，明确各部门任务，划清责任；优先建设乡村信息产业，加大对乡村信息产业技术支持，创造高科技技术和设备，发展信息产业；加大信息产业的宣传力度，乡村信息产业虽然早已出现，但并不是所有人都对其了解，还有人不太熟悉信息技术，要宣传信息技术知识，尽量让更多的人了解，激发使用乡村信息技术的主动性；制定优惠政策，对从事信息产业的农民、合作社，提供信息补贴，降低他们的运行成本，鼓励更多人加入乡村信息产业。

3. 加大乡村信息产业的资金投入　乡村信息产业技术、信息、知识密集型的特征决定了其资金需求量大的特征。夯实资金基础才能保障乡村信息产业的发展。巨大的资金需要全社会合力注入资金。乡村信息产业还不完善，相关基础设施较为薄弱，农民收入的不稳定性造成对乡村信息产业投入较低，但由于乡村信息产业对农民有益，对农村经济发展有益，具有公益性，所以需要政府作为投资主体增加投入力度，政府应加大对农村信息产业的资金投入，财政部门进行财政拨款，带动全社会向乡村信息产业投入资金；政府政策支持，积极鼓励和引导全社会广泛参与信息服务，对投资乡村信息产业的各种个体工商户、股份有限公司、企业给予奖励，确保投入。建立信息产业专项资金池，明确资金各项使用比例，推动乡村信息产业顺利进行。

4. 培养高科技人才，提高人员素质　乡村信息产业是知识、技术密集型产业，对工作人员要求高，故应制订人才培养计划，构建人才体系，需要建立优秀的农业信息员队伍。各地应从毕业生中选拔一些信息员，开展全面的技术和业务培训，对信息员信息采集、信息处理分析的培训，使其了解农村、服务于农业、发展于信息，使其切身了解农民对涉农信息的要求，不断提高收集处理信息的能力。通过对信息员计算机技术应用、农业科技知识的培训，增加科学素质，利用所学习的技术积极开展涉农信息服务业务。培育技术含量高、管理水平高的技术专家队伍，为农村发展提供技术人才，让他们引导农民，带动农民从事农业生产。加强信息员的管理制度，实行考核管理，指定具体考核办法，明确责任分工，各司其职。

5. 重视信息技术，提供技术保障　信息技术是乡村信息产业的核心，必须重视信息技术，发挥技术的作用，提供强有力的技术保障。加强网络建设，提供网络平台，将各种农业信息汇集到网络上，农民可以在网络上共享信息资源，利用信息资源监控农作物，了解市场最新消息。网络平台会及时处理信息，保证信息资源的时效性。根据农民实际情况，不断更新信息，做好信息采集工作，采集之后对网络信息资源进行归纳和整理。对于没有价值的信息及时剔除，从而发布有效的信息，减轻后期工作任务；对于有价值的信息进行分析处理，挖掘内在潜力，便于今后查询和使用，提高工作效率。同时规定网络平台的统一标准，信息资源按照统一标准整合、处理，保障网络信息平台有序运行。

6. 培养农民信息观念，提高信息意识　乡村信息产业的发展是一个系统性工程，涉及的内容多而复杂，综合性较强。需要很多主体参加，需要政府、企业、社会组织、农民相互协调和配合。政府提供政策支持，同时作为投资主体提供资金保障，社会各方参与信息产业，开发信息技术。除此，在开发后还需要应用到现实生活中。为了信息技术的应用，需要培养农民信息观念，使农民普遍接受和使用信息技术。通过多种形式进行宣传，如农村学校开展信息技术课程，村委会充分利用农村广播、电视，传播信息技术来引导农民。培养技术人员和基层领导干部，相对农民来说，他们更容易接受新事物，应先提高他们的信息意识，然后让他们再对农民进行引导，使农民真实感受到乡村信息产业的好处，适应信息技术的开发和应用，认识到信息技术的重要性，进而提高信息意识。

7. 建立长效机制，促进乡村信息产业自我发展　由于信息系统开发面临的工作仍然存在一些不合理的地方，因此，管理好乡村信息产业不可能通过一次性行为就达到无以复加的地步，改进乡村信息产业必然是一个长期的过程，不可能立即看到成效。这需要把乡村信息产业建设看成是一个长期性任务，以标准体系为依据，不能具有随意性，在各种信息中理清思绪，进行长期的升级，制定和执行机制，形成长效机制。在政府引导下，但不能只依靠政府，要充分发挥市场在资源配置中的决定性作用，进行市场化运作，学会利用市场机制实现乡村信息产业的自我发展，增强自身造血能力。让农民能够真真正正感受到乡村信息产业带来的好处。

8. 完善农村信息服务体系建设，增强服务能力　农村信息服务体系包括政府、企业、高校机构、社会组织等多方主体。乡村信息产业的发展需要建立农村信息服务体系，整合社会各方资源，充分调动企业、高校、社会组织的积极性。发挥政府的导向作用，提供强有力的支持，打破垄断，营造公平、合理竞争的氛围；发挥企业信息资源获取渠道广的优势；发挥高校机构提供源源不断人才的优势。多元服务、主体服务侧重不同，多方主体共同参与、互相协作、互相补充，发挥各自优势，提高服务能力。农民在农业生产过程中，信息需求各不相同，不能千篇一律，需要这些主体在了解农民需求的基础上，针对不同需求确定服务方式，形成多样化的信息服务形式，满足农民各种信息需求，有效介入乡村信息产业。

第二章

农业看得见

——农业物联网

第一节　谁让农业生慧眼

——农业物联网释疑

一、物联网概述

　　网络深刻地改变着人们的生产和生活方式。从早期用电子邮件沟通地球两端的用户，到超文本标记语言（HTML）和万维网（WWW）技术引发的信息爆炸，再到如今多媒体数据的丰富展现，互联网已不仅仅是一项通信技术，更成就了人类历史上最庞大的信息世界。在可以预见的未来，互联网上的各种应用，或者说以互联网为代表的计算模式，将持续地把人们吸引在浩瀚的信息空间中。

　　进入 21 世纪以来，随着感知识别技术的快速发展，信息从传统的人工生成的单通道模式转变为人工生成和自动生成的双通道模式。以传感器和智能识别终端为代表的信息自动生成设备可以实时准确地开展对物理世界的感知、测量和监控。低成本芯片制造使得物联网的终端数目激增，而网络技术使得综合利用来自物理世界的信息变为可能。与此同时，互联网的触角（网络终端和接入技术）不断延伸，深入人们生产、生活的各个方面。以手机和笔记本电脑作为上网终端的使用率迅速攀升。截至 2020 年 3 月，我国网民规模达 9.04 亿，较 2018 年底新增网民 7 508 万，互联网普及率达 64.5%，较 2018 年底提升 4.9 个百分点。手机网民规模为 8.97 亿，较 2018 年底新增手机网民 7 992 万，网民使用手机作为上网终端的比例为 99.3%，较 2018 年底提升 0.7 个百分点。互联网随身化、便携化的趋势进一步明显。一方面是物理世界的联网需求，另一方面是信息世界的扩展需求。来自上述两方面的需求催生了一类新型网络——物联网（Internet of Things）。

物联网概念最早出现于比尔·盖茨 1995 年出版的《未来之路》一书。在书中，比尔·盖茨已经提及物联网概念，只是当时受限于无线网络、硬件及传感设备的发展，并未引起世人的重视。1998 年，美国麻省理工学院创造性地提出了当时被称作 EPC 系统的"物联网"的构想。1999 年，美国麻省理工学院的 Auto-ID 实验室提出"物联网"的概念，主要是建立在物品编码、射频识别技术（RFID 技术）和互联网的基础上。过去在中国，物联网被称之为传感网。中国科学院早在 1999 年就启动了传感网的研究，并已取得了一些科研成果，建立了一些适用的传感网。同年，在美国召开的移动计算和网络国际会议上提出了"传感网是下一个世纪人类面临的又一个发展机遇"。2003 年，美国《技术评论》提出传感网络技术将是未来改变人们生活的十大技术之首。

2005 年 11 月 17 日，在突尼斯举行的信息社会世界峰会（WSIS）上，国际电信联盟（ITU）发布了《ITU 互联网报告 2005：物联网》，正式提出了"物联网"的概念。报告指出，无所不在的"物联网"通信时代即将来临，世界上所有的物体从轮胎到牙刷、从房屋到纸巾都可以通过因特网主动进行交换。RFID 技术、传感器技术、纳米技术、智能嵌入技术将得到更加广泛的应用。根据 ITU 的描述，在物联网时代，通过在各种各样的日常用品上嵌入一种短距离的移动收发器，人类在信息与通信世界里将获得一个新的沟通维度，从任何时间、任何地点的人与人之间的沟通连接扩展到人与物和物与物之间的沟通连接。因此，"物联网"被称为是下一个万亿级的通信业务。

2009 年 1 月 28 日，奥巴马就任美国总统后，与美国工商业领袖举行了一次"圆桌会议"，作为仅有的两名代表之一，IBM 首席执行官彭明盛首次提出"智慧地球"这一概念，建议新政府投资新一代的智慧型基础设施。

2009 年 2 月 24 日，IBM 大中华区首席执行官钱大群在 2009 IBM 论坛上公布了名为"智慧地球"的最新策略。此概念一经提出，即得到美国各界的高度关注，甚至有分析认为 IBM 公司的这一构想极有可能上升至美国的国家战略，并在世界范围内引起轰动。IBM 认为，IT 产业下一阶段的任务是把新一代 IT 技术充分运用在各行各业之中，具体地说，就是把感应器嵌入和装备到电网、铁路、桥梁、隧道、公路、建筑、供水系统、大坝、油气管道等各种物体中，并且被普遍连接，形成物联网。同年 10 月与 12 月，欧盟又发布了未来物联网发展战略和物联网战略研究路线报告，旨在使欧洲成为物联网发展的全球领先地区，并具体说明了欧盟在 2010 年、2015 年、2020 年这三个阶段的物联网发展路线，制定了系统的研究发展战略。

我国物联网的发展也并不落后，2009 年，温家宝总理发表了关于"感知中国"的讲话，"感知中国"是中国发展物联网的形象称呼，即中国的物联网。2011 年是"十二五"的开局之年，2012 年 7 月 9 日，国务院发布《"十二五"国家战略性新兴产业发展规划》，该规划强调了新一代信息技术产业发展方向：大力支持包括物联网技术在内的新型信息产品的研发与应用，带动适应于新网络架构下终端设备与信息服务的创新商业产业模式。在国务院 2013 年 2 月 17 日公布的《关于推进物联网有序健康发展的指导意见》中明确指出：截至 2015 年，应在社会经济重要领域中实现物联网的普及和推广以起到规模示范作用，对一些核心技术开展技术攻坚，初步形成一个物联网产业的雏形，进而推动实现物联网在社会各个领域中广泛应用这一终极目标。秉承这一指导意见的思想，国家发展和改革委员会、工业和信息化部等 14 部委积极响应号召，于 2013 年 9 月 5 日联合发布《物联网发展专项行动计划》，制定了 10 个物联网发展专项行动，涉及技术研发、标准制定、推广应用、商业模式构建、安全隐私问题保障等多个方面。2017 年 1 月，工信部发布《信息通信行业发展规划物流网分册（2016—2020 年)》，明确指出我国物流网加速进入"跨界融合、集成创新和规模化发展"的新阶段，并对各项指标制订了目标。

经过这些年的发展，我国物联网产业规模已从 2013 年 4 896.5 亿元增加至 2018 年的 13 300 亿元，复合增长率高达 22.12%。预计到 2022 年，中国物联网产业规模将超过 2 万亿元，中国物联网连接规模将达 70 亿。物联网肩负着建设数字中国的重要历史使命，有着非常光明的前景。

物联网主要是通过射频识别（radio frequency identification devices，RFID）、红外感应器、全球定位系统、激光扫描器等信息传感设备，按约定的协议，把任何物品与互联网相连接，进行信息交换和通信，以实现对物品的智能化识别、定位、跟踪、监控和管理的一种网络。物联网的核心和基础仍然是互联网，是在互联网基础上延伸和扩展的网络，其用户端延伸和扩展到了任何物品与物品之间，进行信息交换和通信。物联网在国际上又称为传感网，是继计算机、互联网与移动通信网之后的又一次信息产业浪潮。世界上的万事万物，小到手表、钥匙，大到汽车、楼房，只要嵌入一个微型感应芯片，把它变得智能化，这个物体就可以"自动开口说话"。再借助无线网络技术，人们就可以和物体"对话"，物体和物体之间也能"交流"，这就是物联网。

物联网在中国也称为传感网，指的是将各种信息传感设备与互联网结合起来而形成的一个巨大网络。它的技术特征是：①各类终端实现"全面感知"；②电信网、因特网等融合实现"可靠传输"；③云计算等技术对海量数据"智慧处理"。物联网需要对物体具有全面感知的能力，对信息具有可靠传输的能力，对系统具有智能处理的能力，使人置身于无所不在的网络之中，任何时间、任何地点、任何物品、任何人之间都能够进行通信，达到信息自由交换的目的。物联网最大的优势在于各类资源的"虚拟"和"共享"，这也与通信网发展的扁平化趋势相契合。

全面感知是指利用无线射频识别（RFID）、传感器、定位器和二维码等手段随时随地对物体进行信息采集和获取。全面感知解决的是人和物理世界的数据获取问题，这一特征相当于人的五官和皮肤，其主要功能是识别物体、采集信息，其技术手段是利用条码、射频识别、传感器、摄像头等各种感知设备对物品的信息进行采集获取。诸如"盲人摸象"的故事：每个盲人摸到大象身上的某一部分，都认为自己摸到的这一部分就是大象。这一故事也给我们以启发，看问题不能凭自己片面的了解而主观臆断，应把握事物的全面。同样，物联网特征之一全面感知即是如此，将各个传感器采集到的信息进行综合分析，科学判定，最终给出一个全面的结论。在全面感知这一特征中所涉及的技术有物品编码、自动识别和传感器技术。物品编码，即给每一个物品一个能够唯一地标志该物体的"身份"，正如公民的身份证。自动识别，即使用识别装置靠近物品，自动获取识别物品的相关信息。传感器技术，即用于感知物品，通过在物品上植入感应芯片使其智能化，可以采集到物品的温度、湿度、压力等各项信息。可靠传输，是指通过各种电信网络和因特网融合，对接收到的感知信息进行实时远程传送，实现信息的交互和共享，并进行各种有效的处理。可靠传输则相当于物联网的血管和神经系统，其主要功能是信息的接入和传输。在可靠传输这一过程中，通常需要用到现有的移动通信网络，包括无线网络、有线网络和互联网。在实现物联网的短距无线通信技术里面，蓝牙、WiFi、ZigBee 是目前应用最为广泛的 3 种短距无线通信技术，无线通信网、4G、5G 网络则是物联网的有力支撑。物流网是互联网的延伸，可靠传输就是利用互联网把物品的信息接入网络，让网络感知物品，使网络无处不在。因此，在网络建设上，不但要加强有线网络的发展，更要重视无线网络技术，诸如 4G、5G、WiFi、ZigBee 等。

智能处理是指利用数据管理、数据处理、云计算、模糊识别等各种智能计算技术，对随时接收到的跨地域、跨行业、跨部门的海量数据和信息进行分析处理，以便整合和分析海量、复杂的数据信息，提升对物理世界、经济社会各种活动和人类生活各种活动和变化的洞察力，实现智能化的决策和控制，以更加系统和全面的方式解决问题。智慧处理相当于物联网的大脑和神经中枢，包括网络管理中心、信息中心、智能处理中心等，主要功能是对信息和数据的深入分析和有效处理，解决计算、处理和决策问题。智慧处理可以对获取到的物品的信息进行分析整合，得出相对合理的决策，使物品变得更加智能。例如，在马路下面安装上传感器节点，当行人通过时，传感网络立刻会将行人信息传递给驾驶行进中的司机，提前几秒钟的刹车可避免不少交通事故发生。这样的智慧处理方式能够大大改善人类的生产和生活。物联网的精髓并非将物品和人都连到互联网中去，更重要的意义是交互，以及通过交互衍生出的种种可以用的特性，因此，智慧处理就成了物联网的核心和灵魂。

虽然目前国内对物联网还没有一个统一的标准定义，但从物联网本质上看，物联网是现代信息技术发展到一定阶段后出现的一种聚合性应用与技术提升，将各种感知技术、现代网络技术和人工智能与自动化技术聚合与集成应用，使人与物智慧对话，创造一个智慧的世界。物联网技术被称为是信息产业的第三次革命性创新。物联网的本质概括起来主要体现在三个方面：一是互联网特征，即对需要联网的物一定要能够实现互联互通的互联网络；二是识别与通信特征，即纳入物联网的"物"一定要具备自动识别与物物通信（M2M）的功能；三是智能化特征，即网络系统应具有自动化、自我反馈与智能控制的特点。

二、物联网技术与农业有机结合的方式

我国已形成基本齐全的物联网产业体系，部分领域已形成一定市场规模，网络通信相关技术和产业支持能力与国外差距相对较小，传感器、RFID等感知端制造产业、高端软件与集成服务同国外差距相对较大。仪器仪表、嵌入式系统、软件与集成服务等产业虽已有较大规模，但真正与物联网相关的设备和服务尚刚起步，我国物联网应用总体上还处于发展初期。其中，物联网许多领域积极开展了物联网的应用探索与试点，但在应用水平上与发达国家仍有一定差距。目前，已开展了一系列试点和示范项目，在电网、交通、物流、智能家居、节能环保、工业自动控制、医疗卫生、精细农牧业、金融服务业、公共安全等领域取得了初步进展。

工业领域，物联网可以应用于供应链管理、生产过程工艺优化、设备监控管理以及能耗控制等各个环节，目前在钢铁、石化、汽车制

造业有一定应用，此外，在矿井安全领域的应用也在试验当中。农业领域，物联网尚未形成规模应用，但在农作物灌溉、生产环境监测（收集温度、湿度、风力、大气、降水量，有关土地的湿度、氮浓缩量和土壤 pH）以及农产品流通和追溯方面物联网技术已有较广泛应用。金融服务领域，在"金卡工程"、二代身份证等政府项目推动下，我国已成为继美国、英国之后的全球第三大 RFID 应用市场，但应用水平相对较低。电子不停车收费（electronic toll collection，ETC）、电子 ID 以及移动支付等新型应用将带动金融服务领域的物联网应用朝着纵深方向发展。电网领域，2009 年国家电网公布了智能电网发展计划，智能变电站、配网自动化、智能用电、智能调度、风光储输等示范工程先后启动。交通领域，物联网在铁路系统应用较早并取得一定成效，在城市交通、公路交通、水运领域的示范应用刚刚起步，其中视频监控应用最为广泛，智能车路控制、信息采集和融合等应用尚在发展中。物流领域，RFID、全球定位、无线传感等物联网关键技术在物流各个环节都有所应用，但受制于物流企业信息化和管理水平，与国外差距较大。医疗卫生领域，我国已经启动了血液管理、医疗废物电子监控、远程医疗等应用的试点工作，但尚处于起步阶段。节能环保领域，在生态环境监测方面进行了小规模试验示范，距离规模应用仍有待时日。公共安全领域，在平安城市、安全生产和重要设施防入侵方面进行了探索。民生领域，智能家居已经在一线重点城市有小范围应用，主要集中在家电控制、节能等方面。

物联网技术是将所有的物品通过各种信息传感的设备，比如光声电子传感器、3S 技术，还有基础的扫描器和射频识别装置等各种装置和物联网技术结合在一起，就可以实现对其产品的信息采集、数据融合、数据处理，并且通过终端技术的操作，可以实现智能化识别和智能管理。物联网体现着"物物相联"，互联方式多元化，可通过感测器件或无线射频辨识标签等实现感测，以通信技术实现信息传输或自动控制，甚或通过云计算、大数据等新技术实现远距离感测与控制、海量数据分析等。物联网不仅可以实现人与人互联，对于人与物、物与物也可以实现互联。随着物联网应用范围的扩展，在农业中的应用愈加深入，有越来越多的农业物联网实践，智慧农业是重要的发展趋势。物联网与农业生产、经营等全方位、多角度深入融合，以提升农业信息化水平。从定义上，农业物联网是借助适用于农业应用的感知设备对农业环境、动植物生命、农产品追溯等信息进行感测、处理，节点自组织连接（也可能与互联网连接），进行信息交换与通信，以实现对农业相关对象感知与管理的一种物联网。物联网应用于农业的生产、经营与服务中，通过感知设备对农业相关领域（如动植物、水产、农机、园艺设备等）进行信息采集。

对于人来说，温饱问题是最关键的，所以农业的发展关系到国计民生的问题，这是国家的基础产业，将物联网技术应用到农业生产领域和科技领域中，是现代农业想要依托现代信息化技术推动对其发展迈出的一大步。在现代农业发展中，运用结合物联网技术和传感器设备采集信息，可以帮助农民及时发现其中存在的问题，通过这些技术可以更准确地定位到哪些位置存在问题。这样就会形成原来农业是以人力为中心，只能依靠机械的生产方式转变成现在以信息化和软件为中心的生产模式，从而可以达到智能化、标准化。并且在农业领域中就可以使用各种自动化、智能化的各种身边设备。

以物联网技术为基础的智慧农业的发展从本质上来说就是将物联网技术应用到大棚控制系统当中，通过物联网系统的温度传感器和pH传感器等设备来实现对大棚中物理参数的全面了解，通过各种各样的仪器仪表，实现对大棚基础数值的随时监控并自动控制参数、变量，保证农作物有一个良好的成长环境。运用物联网技术的广大技术人员就可以在办公室对大棚进行实时监控，了解大棚内的最佳条件，并采用无线网络的形式调控，提高农作物的产量，改善农作物的产品质量，调节农作物的生长周期，帮助广大农民群众提高其经济效益。现阶段，农业物联网产业链主要包括传感设备和传输设备及应用服务3个方面。这3个方面相辅相成共同实现了对农作物的监管，包括农作物土壤空气的变化以及禽畜的环境状况等，实现了大面积的地表监测，充分发挥了物联网技术的积极作用。

农业物联网在农业的初期应用是数字农业。农业生产包括种植业，以畜产品生产为中心的养殖业，以及水产业、林业、农畜产品加工业等，数字农业的建设目标应该是实现农业生产管理的数字化、网络化与智能化，包括农业生产要素（生物、环境、技术与社会经济）信息的数字化，以及农业生产过程（农业生产、生产计划管理、农产品储运、物流与资金流通）信息的数字化。充分运用数字地球技术为核心的信息技术，建成集数据采集、数字传输、数据分析处理、数控农业机械为一体的新型农业生产管理体系。目前，数字农业重大专项已在中国建立设施农业数字化技术、大田作物数字化技术和数字农业集成技术综合应用示范基地。

数字农业的核心应是精准农业。农业和农村经济与社会的发展使得农业用地减少、农田水土流失、土壤生产力下降、农产品与地下水污染以及生态环境恶化等。生态农业、绿色农业、精准农业等先进的农业技术也就是在这样的背景下产生。精准农业是一种由信息、遥感技术与生物技术支持的定时、定量实施耕作与管理的生产经营模式，是现代信息技术与农业技术紧密结合的产物，是 21 世纪农业发展的重要方向。以数字农业为应用基础的建设农业物联网相关技术主要包括地理信息系统技术、遥感测技术、农业数据管理技术、虚拟现实技术与计算机网络技术。利用遥感测与地理信息系统技术，结合人工智能和信息可视化技术，通过软件开发和硬件集成，建立可运行的、分布式和开放网络的数字农业信息系统与空间数字农业平台。遥感遥测技术可以提供大量的田间时空变化信息，是数字农业系统获取大面积农业生产数据的重要来源。由于目前遥感遥测数据能够达到农业所需的空间分辨率，因此，广泛应用于作物生产的精细管理，如大面积的作物产量预测，农业资源、农业污染、农业灾害等的检测，以及农情宏观预报与评估。地理信息系统是存储、分析、处理和表达地理信息属性数据的计算机平台，可以用于建立土地管理、土壤及湿度数据、作物疫情及苗情、作物产量的分布等地理数据统计、图形转化与表达等，为差异分析和调控实施提供依据。数字农业建设包括建立专门应用于农业的计算机数据库与软件系统，涉及农业数据库系统、农业多媒体技术系统、农业决策系统的建立。农业数据库系统又包括农业生物数据库、农业环境资源数据库和农业经济数据库等；农业计算机辅助决策系统是指用各种专门软件帮助对农业中的各种问题进行决策的系统，包括农业规划系统、农业专家系统、农业模拟决策系统、农业模拟优化决策系统。

从地方应用情况看，全国很多省份已开展农业物联网的相关研究和应用试点，从全国范围来看，北京、江苏、浙江、黑龙江和安徽等地农业物联网应用成效比较突出。北京市重点开展了农业物联网在农业用水管理、环境调控、设施农业等方面的应用示范，实现了农业用水精细管理和设施农业环境监测；黑龙江省侧重在大田作物生产中搭建无线传感器网络，借助互联网、移动通信网络等进行数据传输及数据集中处理和分析，支撑生产决策；江苏省开发了国内领先的基于物联网的一体化智能管理平台，侧重在设施农业、畜牧水产养殖等方面进行探索，并在生猪、食用菌等生产领域初步形成比较成熟的商业模式，企业应用积极性很高；浙江省重点在设施花卉方面应用物联网技术，各项环境指标通过传感器无线传输到微电脑中，实现了花卉种植全过程自动监测、传输控制；安徽省明确提出全面推动农业物联网发展，率先探索"顶层设计、整体推进、典型示范"的农业物联网应用发展模式。从我国相关技术产品研发情况看，近年来，我国在农业物联网关键技术和产品研发方面取得了一些进展，为农业物联网的集成应用奠定了基础。在农业生产方面，开发了高精度植物生命信息获取设备、动物行为信息传感器、环境信息传感器，作物长势分析仪、作物成像光谱仪等一批作物信息监测和诊断仪器，具备实时获取动植物生长发育信息的技术能力；在农产品安全质量溯源方面，在农产品市场流通上，制定了农产品电子标签信息分类和编码规则，解决了一维、二维码混合标记的难题，开发了电子标签中间技术，研制了电子标签读写设备，初步构建了农产品物流信息管理和农产品电子交易信息管理平台，基本完成了农产品生产地信息采集与数据传感技术的研发和应用推广工作，初步构建了农产品产地识别及认证信息平台，初步建成了农产品质量评价系统，开发了电子标签识别终端产品。

三、物联网与农业结合推广应用的意义

随着时代发展，人口数量不断增长、人民对美好生活的需要日益提高，城市化进程加快，耕地资源日益减少，传统农业发展模式逐渐跟不上社会发展的需要，迫使传统的粗放农业向现代农业、精细农业转变，不断提高单位面积的产出和质量。这就需要有新的技术元素融入现代农业发展中，将现代信息技术、物联网传感技术与农业生产相结合，构建新型智慧农业是现代农业发展的必然途径，而农业物联网就是开启智慧农业的关键环节。农业物联网是当前农业信息化建设的重要组成部分，也是发展现代农业的必由之路，将物联网技术应用于农业生产可以更好地控制作物生长所需的环境，使各类生长要素能够刚好适应作物的生长需要，以提高各类生长要素的生物利用效率，从而提高农作物的产量与品质，实现农作物的高产稳产和提高耕地单位面积产量。同时，还有利于实现农业大数据收集、农业生产自动化，提高劳动生产效率，降低劳动成本。

随着物联网相关技术、体系架构及产业发展等研究的成熟，物联网在农业中的应用也已经由试验示范趋于成熟，已形成较为系统的农业应用体系。物联网技术在农业发达国家中的应用，美国和欧洲的科学技术比较先进，它们利用卫星对农业资源实现全天候、全方位的监测，并将相应的监测数据实时发布给信息融合与决策部门，进而实现对农业的监测以及统筹规划。法国和日本等一些国家在农业生态环境的监测领域方面取得了一定的成绩，他们充分利用高科技手段实现了对农业生态环境的全方面监控，并将这种监控同互联网技术和传感器感知技术结合在了一起，建立了覆盖全国的农业信息化平台，该平台对农业生态环境既能进行全面检测，还能获取相应的农业生态的改变数据，进而为农业生产的精细化管理提供技术基础。除此之外，澳大利亚和法国等一些国家也在积极探索物联网技术与农业的结合方式，他们通过物联网设备实现了农业环境的监测，并在此基础上科学有效地实现了对农作物灌溉施肥的控制以及果园信息的采集，进一步推动了农业的发展。

在美国，农业物联网的网络体系架构已发展得较为健全，包括施肥、锄草、灌溉等，而大农场给农业物联网应用提供了试验基地。灌溉方面，借助感知技术对喷头附近的信息进行探测，包括地形、土质、土壤墒情等，通过无线通信将感测到的信息传输给服务器，实现灌溉的智能化，提高了灌溉的精准性；农场经营方面，农业物联网的应用使得施肥、病虫害、墒情等信息以及农场经营管理信息可以随时查询，农场经营更为科学化、规范化。在日本，轻便型的智能农具得到重视，农具智能化推动了农业现代化进程，病虫害防治、土壤施肥、灌溉管理及收成预测等得到改善；同时，大量契合区域农业现状的智能系统被开发与推广，农作物的感知、监测效率得到提高，如稻瘟病发病得到及时感测与判断，相应的防治效率大大提高。荷兰建立起温室农业高效生产体系，温度、湿度、光照等实现智能调节，经营管理（过程管理、收获管理等）实现智能化；以盆花栽培为例，栽培实现自动化，通过农业物联网采集图像，对盆花生长综合打分，传送、打包等操作实现智能化，栽培效率大大提高。韩国通过构建"国家—省—农户"农业信息系统、建设涉农网站等，农民可以及时查询与本身经营活动相关的农业信息。以色列则建立起综合的农业科研与实践体系，在这一体系中，参与主体包括政府、高校、研究机构、农民组织及农业相关的机构等，以推动农业物联网发展为导向；鉴于以色列淡水严重短缺，无线传感器网络（wireless sensor networks，WSNs）的应用使得农田墒情信息能够及时获得，实现精准灌溉、智能灌溉，实现了水资源与人力成本的节约。我国农业部门积极推动农业物联网的研究与实践，出台了一系列政策，上海、天津、安徽成为农业物联网的首批示范试点，进行了各具特色的试验。

为了进一步推动我国农业的发展，贯彻党的十九大精神，使农业向集约型和规模型的方向迈进，进一步提升我国农业的现代化水平，农业农村部在我国选取了天津和上海等地作为试点地区，逐步将物联网技术应用到农业领域。近些年来，互联网技术在农业领域中的应用已得到了进一步拓展，不少地区已经开始利用温度和湿度等多种传感器实现对农作物生长过程的全方位的监管，并获得了一些农作物生长的数据，根据数据来调控农作物的生长环境，确保了农作物生长过程的绿色环保。不仅如此，部分地区还应用物联网技术对家禽和水产养殖等活动进行全面监控，实现了对养殖过程的感知，并将一些数据及时反馈给农业农村部，帮助农业农村部在科学合理的数据指引下实现农业决策，进一步提高了农业决策指挥水平。在一些传统农业地区，相关部门也积极组织广大的农民群众运用物联网技术实现对农业的改造，具体体现在农业用药、用水和用肥等方面的精准监测，这种做法有效避免了浪费，节约了农业成本，进一步提高了农业效益。由此可见，物联网技术在农业领域的应用，有利于实现我国农业产业的集约化发展，有效减轻了因人口增加导致的粮食不足问题。

四、农业物联网技术应用

1. 农业物联网技术在设施农业中的应用　运用人工或者工程技术等手段改变作物生长的自然环境，以期实现农产品的周年生产。这就是设施农业，其环境封闭性较强，生长条件易于操控，运用农业物联网技术可以提高其生产的精细化。例如，利用物联网技术建立设施农业的自动化环境监测系统，实现无人值守，利用传感器技术采集和获取综合采集环境参数以及作物的生长情况，通过无线传输技术，可实现专家的远程控制，实现科学栽培，降低管理和种植成本。

2. 农业物联网技术在养殖业中的应用　目前，我国已经运用传感器技术、无线通信技术、智能处理以及智能控制等物联网技术搭建集水质环境实时数据监测、图像实时采集、无线传输、预测预警、智能处理等功能于一体的智能水产养殖系统。实时水质情况的监测，能够在第一时间作出预警，及时智能调控，保证水产物种有适宜的生存环境。此外，利用物联网技术实现区域性精准投食、精准水温调试以及疾病的远程智能诊断和防治。

在畜禽养殖方面，农业物联网的加入使其基本实现了实时监测、精细养殖、产品溯源及专家决策管理等于一体的精细化养殖与监控。例如，可利用物联网的传感器技术采集并处理禽畜的进食量、个体体征、生长周期等数据，实现科学的饲料补给以及自动化喂养。此外，还可对禽畜个体的生理信息实行精细化管理，实时监测其体温及行为等，便于预防禽畜疾病或者疫病的发生，并能在疾病或者疫病发生之初进行有效控制和处理，有利于减少一些经济损失。总之，农业物联网基本实现了畜禽养殖过程中控制的智能化和管理的科学化，提高了资源的利用率和劳动生产率。

3. 农业物联网技术在大田种植中的应用 在大田种植方面，遥感技术和地面监测站的有机结合，能够对农田环境、土壤情况、农作物的长势以及病虫害等数据进行全面感知和监测，并将采集的数据信息进行系统分析，通过专家决策来精准调节灌溉量和施肥量，以实现农作物的高产。具体来说，农业物联网可以利用传感器感知土壤和农作物的实时水分状况，之后通过无线网络控制终端设备实现按需供水，精准灌溉，提高水资源的利用效率，促进节水农业的快速发展。同时，也可以实时监控是否有病虫害，做到精准预测和预报，及时控制处理。

第二节　农业如何看得远
——农业物联网构建

一、农业物联网的体系架构

欧盟第七框架计划（7th framework programme，FP7）设立了两个关于物联网体系架构的项目：①SENSE。该项目将互联网视为万物相连的基础设施，将整合感测、无线传输、嵌入式等技术构建基于业务驱动的开放网络，服务提供接口统一化。②IoT－A。该项目构建物联网体系架构，基于物联网运行机理定义其关键组成模块，体现着对物联网体系架构兼容性等的改进。根据《关于推进物联网有序健康发展的指导意见》，农业物联网标准体系应重视基础共性、关键技术及重点应用等标准建设，其体系架构应主要由感知层、网络层、服务支持层、应用层等标准及总体共性标准组成。学者们就体系架构进行了较为深入的研究：物联网与 Web 技术结合，可以演化为 WoT（web of things）；物联网体系架构的讨论应该将其与泛在网络、WSNs、下一代网络等进行对比分析，充分结合物联网实践案例；通常意义上，通信协议、网络控制平台及终端平台是物联网体系架构的重要组成；云信息被引入到物联网研究中，体系架构发生一定的改变，对物联网而言，运行成本得到降低；综合运行的安全性及隐私保护等，物联网体系架构得以进一步的认识与完善，为研究拓展指明方向。农业物联网体系架构的研究，应遵循结合农业物联网应用案例，加以提炼；应遵循综合物联网体系架构研究结论，归纳农业物联网的需求与原则；应遵循细化农业物联网的基本结构，确定其通用架构与功能模型。

一般认为农业物联网可划分为 3 个层次：信息感知层、信息传输层和信息应用层。信息感知层由传感器节点组成，通过热敏元件、光敏元件、气敏元件、湿敏元件、压敏元件和色敏元件等传感器技术，采集农作物生长环境数据，如土壤水分、生长环境温度、CO_2 浓度、作物叶面光谱以及动物个体产能、健康和行为等信息。信息传输层中，传感器通过有线或无线方式获取各类数据，并以多种通信协议向局域网、广域网发布。信息应用层对数据进行融合，处理后制定科学的管理决策，对农业生产过程进行控制，见图 2-1。

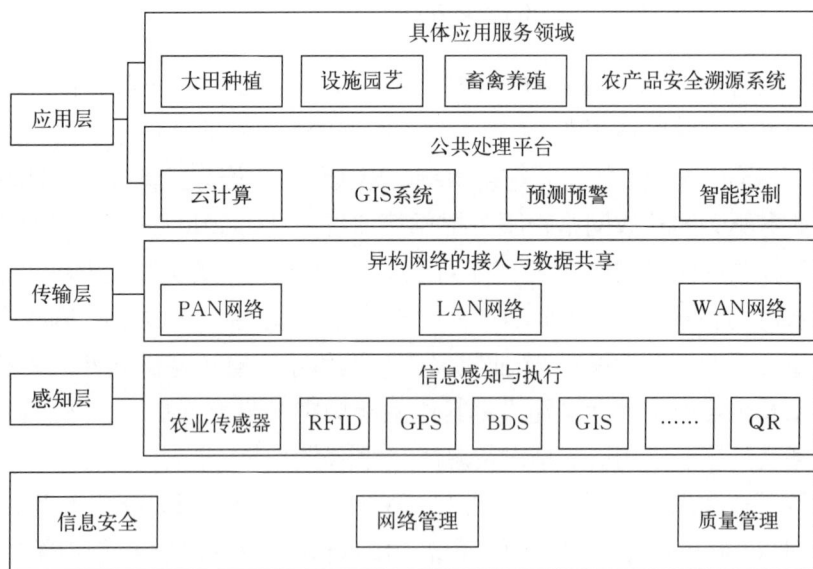

图 2-1　农业物联网相关标准与规范

在实践中，农业物联网采用的技术一般是面向特定应用领域（如大田、设施、动植物等），随需而变，其关键技术主要包括信息感知、射频识别、信息传输、信息处理4个方面。

1. 信息感知技术　传感器的信息感知技术是农业物联网的核心，也是智慧农业的核心，农业传感器主要通过射频技术、GPS技术、遥感技术和特殊材料可变物理特性，采集种植业的温度、光、水、肥料、空气等农业因子信息；畜禽养殖业的二氧化碳、二氧化硫等有害气体浓度和空气中粉尘、水滴、气溶胶浓度、温湿度等环境指标信息；水产养殖业的酸碱度、氨氮比、溶解氧、电导率、浑浊度等数据。

2. 射频识别（RFID）技术　射频识别技术是一种非接触式的自动识别技术。射频识别系统由电子标签、读卡器和中央信息系统组成。电子标签分为电池供电的有源标签和电池供电的无源标签。射频识别系统的工作原理：当标签进入读卡器发出射频信号的覆盖范围时，无源标签通过感应电流获得的能量传输存储在芯片中的产品信息，有源标签主动发送一定的频率信号来传输其产品信息。当读卡器读取和解码信息时，信息被发送到中央信息系统进行数据处理。射频识别（RFID）标签技术已成为物联网中目标识别的主要技术，可以通过与互联网、通信等技术相结合，实现全球跟踪和信息共享。

3. 信息传输技术　物联网中的数据采集和传输主要分为3种模式：线路传输、无线短距离传输和无线长距离传输。

（1）线路传输技术。已经非常成熟，并广泛应用在网络工程方面。目前，现代计算机技术和工业技术中采用RS-232和RS-485接口进行数据传输的有线传输方式，可以直接应用到农业物联网建设中，一般采用双绞线、同轴电缆或网线，光纤传输也可以使用，但成本太高。

（2）无线短距离传输技术。一是ZigBee无线传感技术。ZigBee技术是基于IEEE802.15.4标准的一种低速、短距、低功耗的局域网无线通信技术，是目前农业物联网建设中常用的无线传感技术。Zig-Bee协议从下到上分为物理层（PHY）、媒体访问控制层（MAC）、传输层（TL）、网络层（NWK）、应用层（APL）等。ZigBee网络是一种使用动态网状路由的自组织通信网络，被广泛应用在无线传感器结点网络的组建中，如大田灌溉、农业资源监测、智能温室、水产养殖和农产品质量追溯等。

二是 WiFi 无线传输技术。WiFi 技术具有传输速率高、传输距离长、覆盖范围广的特点，被广泛应用于计算机网络和移动通信中。目前，基于 WiFi 协议的物联网传感设备也比较成熟，但功耗相比 Zig-Bee 传感设备较高，影响了 WiFi 技术在物联网方面的应用推广。随着 IPv4 资源耗竭和 IPv6 的应用与推广，针对物联网设计的 6 Lo WPAN 自组网通信协议，使新一代 WiFi 设备的功耗进一步降低，并且可以与 IP 网络应用无缝对接。同时，基于 6 LoWPAN 协议的 WiFi 技术正以组网灵活、易维护、易拓展和设备功耗低等优势，在农业物联网中得到更广泛的应用和发展。

（3）无线长距离传输技术。蜂窝移动通信技术中移动通信技术通过专用 SIM 卡存储和发送数据，实现物联网数据收发和与远程服务器通信的功能。目前，随着 5G 技术的出现，移动、电信、联通等通信运营商均推出了专用 5G 流量卡，5G 数字通信技术在农业物联网领域应用的数据传输速度会进一步提高，数据传输成本会逐步下降，SIM 卡解决方案将会成为农业物联网数据远程传输比较好的选择。

4. 信息处理技术　　信息处理技术是实现智慧农业的必要手段，也是智慧农业自动控制的基础。在物联网中，大量的传感器不断地定期收集新的信息，实时融合和处理收集到的历史信息和新信息是有效利用信息的关键。物联网信息处理技术分为节点内信息处理、汇聚数据融合处理、语义分析挖掘、物联网应用服务 4 个层次，主要涉及 GIS（geographic information system）、云计算、大数据分析、专家系统 ES（expert system）、决策支持系统 DSS（decision support system）和智能控制系统 ICT（intelligent control technology）等。

二、农业生产环境监控

农业生产环境监控是通过构建农业物联网，感知各种环境信息，进行传输、计算，以实现对农作物生长环境调控的指导、禽畜养殖的高产高效。Lin 等设计了一种使用土壤能量的能力自给无线环境监测系统，实现对农田环境的低成本远距离监测。Hwang 等综合 WSNs 技术、GPS 技术及太阳能发电技术等，构建大田环境监测系统，用于生产环境信息的采集、传输、存储、分析，以改善农业生产效率。通过传感器应用可以分别实现对空气温湿度和 CO_2 浓度、土壤墒情和 pH 等的测控，这些数据的感知有助于分析其对农作物生长的影响；结合遥感技术、WSNs 技术及互联网技术，实现对农作物生长的实时感知，结合感知数据进行反演模型算法和机理研究。张帆等利用智能气象站、高精度土壤温湿度传感器针对江西丘陵设计了用于土壤墒情监测的农业物联网，为灌溉节水、抗旱减灾提供参考；Hoffacker 等应用 RFID 技术设计智能系统，对土壤进行感测，实时获得墒情信息，为农作物生长提供数据支持；夏于等设计物联网系统，用于小麦苗情诊断管理，通过对小麦生长信息采集，对麦田环境进行精准感测，获得生产管理较优方案；Srbinovska 等设计用于蔬菜温室的 WSNs，结合专家系统，分析温室环境，实现远距离滴灌智能控制；而 Kyoko 等则研究开发了具有实时感测功能的 WSNs，实现对鱼类体内乳酸浓度进行不间断感知。

温室大棚的产生，为满足蔬菜跨季市场供应提供可能。而温室大棚的管理，由于受环境条件的限制，往往需要耗费大量的人力、财力和物力。更关键的是，人工作业难免有种植误差的存在。物联网在温室大棚的应用，能将作业误差缩小到最低，大大提升作物种植经济效益，改善作物品质，有利于提升种植产量，实现作业的精准化、智能化、高效化管理。由此为核心技术形成的几大控制系统如下：智能化控制系统，采集棚内空气、土壤、光照等环境因素参数，比较与预先设定的差异值，一旦出现偏差会自动启动设备，改善棚内环境控制在标准范围内。视频监控系统，借助远程操作系统，实现对农作物生产、设备运行等远程监控。此系统的形成，简化工作负担。为后期的农业生产，提供可参考的画面依据。便捷化监控系统，实现与手机的互联，是农业物联网操作的又一大便捷之处。通过手机客户端，能做到远程随时监控作物生长情况、设备运行情况，同时根据与数据的比较，随时操控数据管理。

三、智能农机

农业物联网的发展推动着农业信息化与农业现代化的融合，既能推进农机智能化，又能改进农机资源的调配工作。李洪等研发了用于农机远程信息采集、实时测控及有效调度的基于全球定位系统（GPS）、GPRS 和地理信息系统（GIS）等技术的监控调度系统。农机自动导航技术的研究主要集中在农机模型、农机定位及导航路径跟踪等，将农业物联网技术导入到现代农机自动导航是农机设计的趋势。开发基于机器视角的农业机器人自动导航系统，利用支持向量机回归算法估计农田里农作物的行位；利用无线感测技术、GPS 及 GIS 等研发了能够用于农产品市场、农业管理及农业生产等领域的农机作业质量监控终端与调度指挥系统。王春萌等以 STR912 为核心设计温室监控系统，并将其应用于嵌入式实时操作系统，实现温、光、水、气等环境的综合感测与调节。我国农机数量大、分布区域广，农忙时节农机使用特征具有社会化特征，将物联网引入农机应用，加上感测、定位、无线网络等技术的采用，形成农机车载智能终端、远程服务平台等产品或服务，可以提供迅捷、精准、全面的农机服务信息。棉花方面，吴秋明等通过物联网设计了一款适用于棉花种植的微灌系统，提供智能的决策与管理支撑，并在库尔勒棉花智能化膜下滴灌示范区得到实际应用。水产方面，可以通过研发水产养殖实时监控与智能管理系统，推动水产养殖的集约化、高效化、生态化等。

四、农产品质量安全与追溯

GIS、RFID、GPS、WSNs 等技术应用于农业物流中，有助于改善农产品生产、服务效率，减少农产品库存，节约农产品流通成本，增加农产品销售利润，更好地满足买卖双方的要求与社会需求。GIS技术有助于改善物流配送，将农产品置于全程监控之下，配送标准化管理，智能化满足客户需求，使农产品配送更为透明、安全、高效。国外发达国家已就农产品溯源系统进行深入研究，也已经有了较为成熟的应用，如美国农产品溯源系统、欧洲牛肉溯源系统、瑞典农业溯源系统、日本食品溯源系统、澳大利亚禽畜溯源系统等。Costa 等综述了 RFID 技术在农产品质量安全与追溯上的研究现状，归纳了 RFID 技术面临的问题。Kumari 等讨论了 RFID 标签的类型、传输频率、应用标准等，结合农产品，分析不同类型 RFID 应用的障碍，提出改善路径。针对水产品冷链配送，汪庭满等使用 RFID 对罗非鱼分批标识，实现配送、上货架的全程实时温度感测。龙伊等构建畜产品追溯系统，从养殖到屠宰加工、再到运输配送，实现全程感测，该系统以 RFID 为载体，信息传输技术、数据库技术等为核心。农产品质量安全与追溯反映了机构、环境记录器及农产品三者之间的互联互通，随着农业物联网应用范围的扩大，可以在方法上寻求创新，如可以将农资产品溯源服务系统划分为溯源防伪、调度及知识服务 3 个子系统；还有一些技术与理论的创新应用，如近红外光谱分析技术、基于统计过程控制的均值-极差控制图、同位素分析及 DNA 序列分析等。

五、动植物生命信息监控

Kumar 等开发了基于 ZigBee 的动物健康监控系统，感知监测对象的倒嚼、体温、心率等生命信息及生长环境信息，并根据温湿度指数对监测对象进行分析。通过部署无线传感器网络，实现对禽畜位置信息、健康信息感测，如通过在牛身上安装感测终端，监测与记录牛的生活习性，实现饲养环境与动物行为的管理水平。使用 RFID、电子标签技术构建农业物联网，实现对动物群体中个体进行跟踪、识别，建立禽畜生活习性特征、养殖场所信息数据库，实现实时监测、养殖环境调控。Parsons 等将电子标签用于科罗拉多州羊身上，通过物联网部署，实现对羊群进行精细化管理（身份识别、智能监测等）。刘双印等构建南美对虾疾病远程智能诊断物联网系统，通过信息融合、多种技术方法综合运用，实现疾病诊断防治及预警等。何勇等归纳了植物养分监测、病虫害感测及植物生命信息的获取，总结了用于植物信息感知的光谱技术、核磁共振成像技术等。Dae - Heon 等部署 WSNs，通过感测到的信息计算温室中植物叶子上的结露点，进而通过温室环境自动调节有效防治结露可能引发的植物疾病。将 RFID 微芯片植入柑橘树，对植物的健康和生长没有显著的影响，对柑橘和其他木本植物的长期标记有帮助；张晓东等通过自行设计的检测系统，对农田中作物生长进行感知与管理，如定量分析农作物营养。

第三节 防范网络"短视症"
——农业物联网发展误区

一、缺乏顶层规划和管理，标准规范不完善

现阶段的农业物联网缺乏顶层设计和详细规划，农业物联网的应用目的不明确，导致物联网项目盲目建设，而且资金投入力度不足。政府虽然重视，却无资金政策倾斜，资金供给不足，项目难以为继。我国近年来政府财政收入逐渐增加，国家对于各项建设的财政支出也在逐渐增大，对于农业领域中的投资也在增大，农业物联网需要国家大力投资支持，现在看来还是支持力度不够大。缺少国家的财政支持，要想实现农业物联网技术达到高产量和高质量的目标，会遇到很多问题。政府以及所有农户对于农业物联网技术的认知是不够的，最开始农业物联网技术是在发达国家实行的。农业物联网在我国只是处于起步阶段，所以很多人对于农业领域中运用物联网技术的认知还是不够的，对于建设农业物联网技术还有待共同进一步探讨和分析。我国农产品市场机制还不健全，体制机制还有待完善。农村物联网基础设施薄弱，农村网络信号不强，物联网设备维护费用高。发展农业物联网技术是离不开市场机制的，所以要想发展农业物联网技术，就必须要完善农产品市场机制，以健全的市场机制作为发展物联网的基础。现代农业经营方式尚未形成，农业规模化程度低，产业化水平也比较低，农业的发展也不够完善，应用基础薄弱。

限制农业物联网发展与应用的另一个重要问题是其标准规范不够完善，标准规范研究不足及带来的问题包括：农业物联网涉及的硬件繁多、标准缺乏统一性，使得数据接口、系统兼容性存在问题；不同应用需要不同类型的应用软件开发，要求兼容不同类型的硬件设备，

难度明显加大，且后期扩展难；感知信息亟待标准化，如加强动植物识别统一标准的研究有助于消除各类制约因素的影响；研究农业物联网相关的基础标准和行业应用标准，能够推进不同网络技术的融合发展。农业物联网需要加强的技术规范包括感测节点地址标识方法、统一服务网络接入、数据融合技术、动态自组织技术、数据交换技术、跨层数据访问及农业大数据技术等。农业产品标准认证的缺乏使得农产品溯源系统无权威认证，消费者对产品并不认可。

做好顶层设计，构建政策支持体系：

一是认真梳理和盘查已有试点的实施情况，查找并解决问题。设立地方协调推动机构，执行和落实农业物联网发展的支持政策。

二是定期协调召开市（县）物联网推动会，将好的经验做法进行推广，促进信息资源共享，减少弯路。

三是加大政府的资金和政策扶持。明确农业物联网建设试点的标准，将政府投入的资金进行细化管理。

四是完善产品质量认证标准。加大农产品质量检测在线追溯体系的应用和推广，让更多的经营主体参与。农业物联网技术和接口标准亟须研究，包括借鉴和引进国外农业物联网相关标准。分析农作物、畜禽的实际需求，研究开发具有针对性、适用性的智能环境调节系统，需要动植物识别标准的制定，以改善农业物联网产品的兼容性。具体的技术标准包括农业感知信息标准、网络传输技术标准、有线/无线网络接入标准、感测设备部署标准、监测对象地址标识标准、多类型数据融合技术标准、跨层数据访问标准及相关基础标准、行业应用标准等。

二、农业物联网技术不成熟，人才缺乏

农业物联网技术目前尚不成熟，应用中还不稳定，只是处于最初的发展阶段，其中还存在很多没有解决的问题。例如，应用的设备性能远远不能达到预期的效果，传感器的稳定性、精确度都不能满足在应用过程的需求，生产出来的农产品质量有待提升。另外，在技术方面也存在很多问题，目前，我国农业物联网技术仍不能做到标准化，

在物联网产业发展中最大的问题就是标准的缺失，这是制约技术发展和产品规模化的关键问题。从技术问题来看，存在两个关键问题。第一，数据模型和接口的标准化，标准化体系是互联网发展的首要条件；第二，IP地址不足，每个物品都需要一个单独的IP地址，这样用户才能通过网络来访问物体，但是目前受到空间资源的耗竭，没有办法提供更多的IP地址。而且农业物联网技术应用功能有限。应用主体为农业合作社、家庭农场及种植大户，真正投入使用的试点少。主要用于农业环境监测、大田作物"四情"监测和农产品质量安全追溯等，主要用于视频监测温度、湿度等简单功能。农业综合服务平台中的农业物联网模块未发挥实际功能，平台不互通，农业物联网试点公司技术水平不够。产品结构和产品功能单一，平台功能不健全。部分功能无法实现、无法做到智能化、无数据模型支撑、技术与农业基础原理跟不上。维护和持续运营费用较大，后期软件更新、功能开发及维护需要较大投入，经营主体无力负担。

目前，我国农业物联网技术发展迅速，但与发达国家还有较大差距，特别是技术人才储备远远低于发达国家。对科研机构、高校来说，我国农业物联网技术不仅严重缺乏技术设计类（软件类）人才，而且对实施农业物联网硬件设备的设计、制造型人才缺失严重。对于农业物联网技术的使用农户来说，目前我国大部分农民教育水平不高，大多为小学或初中，缺少中高级务农技术人才，且农户对于新技术的接纳程度有限，缺少既了解专业技术知识又懂得农业生产知识的复合型人才。对于广大农村来说，长期处于弱势发展的农村在经济、环境等方面与城镇差异巨大，导致农村留不住专业的技术人才，人才流失严重。因此，制约乡村农业物联网技术发展的最大屏障是人才的缺失。

对于农业物联网技术的不成熟，一是加强农业物联网基础设施和配套设施建设。完善与国家、省级相兼容的市（县）级农业物联网综合服务平台的建设，发挥平台的使用效果。二是建立农产品在线交易平台，拓宽网络销售渠道。三是加强物联网标准化建设，以国家物联网标准为基础，结合各省、市农业发展实际，实施农业物联网硬件设施的标准化、平台软件系统的标准化，建立农业物联网应用数据库，整合信息资源，打破"信息孤岛"效应。

高校、科研机构、企业要增加物联网人才培养和储备计划，出台各种政策吸引人才并能够留住人才。不仅要培养物联网技术研发人员，更重要的是培训农业从业人员的技能，加强他们的技术认知，熟练掌握基本的农业物联网技术，使物联网技术在农业生产中正常运行。同时，要增强农户对农业物联网技术的学习，定期开设新型的农业技能培训班，以企业、院校为龙头，鼓励专业人才走入企业、校门，走入田间地头与农户面对面的交流，推动农业物联网的快速发展。

三、农业生产规模达不到要求，示范基地流于形式

对于物联网农业来说，农业生产必须达到一定规模后才能更好地实施。我国农村种植业大多是个人种植，虽然也有土地流转，但流转规模还是不能达到要求。现阶段我国出台的农村土地流转政策不断引导土地健康流转，为一些种田大户实现物联网农业打下坚实的政策基础。

当前农业物联网管理不到位，现有一些农业物联网项目成为空壳，项目已经停用或损坏，未发挥实际作用。如部分物联网控制中心平时处于关闭状态，迎检时才打开运行。而且缺乏应用技术指导。村民无法获得物联网技术指导，技术应用的可持续性不强。物联网平台投资周期长，收效慢，投入产出性价比不高。

农业产业规模的扩大有利于物联网技术的应用。首先，确定农村产业发展的因地制宜战略。依据农村资源情况、区位优势和开发过程来聚集其他优势，以此来确定主导产业，可以充分根据自身情况和市场需求发展特色产业。其次，促进农业与二三产业融合发展。扩大农业产业种植规模与种植品种，要充分挖掘农业的附加产业，促进农业与二三产业尤其是与文旅产业及服务业深度融合，大力发展农产品深加工和新农村旅游服务业。最后，加速农业供给结构改革，建立现代农业产业体系，发展多种产业经营形式，培养新型农业经营主体，全面推进农业现代化进展。

物联网技术在智慧农业中的应用要分阶段、分步骤实施，不可盲目冒进，强行分配指标。一是在试点选取上要在成熟的种植主体或农

村合作社上实施应用，确保物联网在智慧农业上的应用能够发挥实际作用。二是由示范试验阶段逐渐转向打造特色试点。实施效果较好的亳州市利辛县高方媛家庭农场，投资 30 万元建设了渔业物联网"互联网＋水产"五合一物联网综合服务平台，这种好的经验做法应大力推广。三是农业物联网的发展应有侧重点，符合实际需求，对成熟的应用功能全面推广。如亳州市已建立物联网农产品安全追溯平台，实现镇村农产品质量检测的在线监控和管理，纳入安全追溯平台的种植主体产品都贴有特殊标志的二维码，消费者通过扫描产品二维码即可查询追溯到产品的生长环境、包装等视频，让消费者食用更放心，农产品安全追溯体系可实现全面推广。

四、农业物联网应用意识淡薄，社会认同率低

行政领导层面对物联网现阶段应用不看好。农业种植收益不高，加大物联网成本投入不现实。调研发现，部分行政人员对农业物联网技术理论概念模糊、了解不深，认为物联网技术的应用流于形式、暂不合时宜，对农业物联网发展前景认识不足，更谈不上重视。缺乏农业物联网工程技术人员，导致在研发、使用、推广培训上及设备维护上的人才均不足。况且实施主体意识淡薄，种植户缺乏农产品网络销售渠道，技术依赖性差，主要应用主体熟练操作系统的能力不足。

现阶段，物联网技术在农业领域中只是运用了一些小型的技术工程，这些技术对传统的农业整体来说，存在两方面问题。一方面，物联网技术在农业应用中存在资源不足，对于地形和自然环境的检测应用到的设备成本费用较高；另一方面，农产品的销售价格相对来说都比较低，投资成本和应用设备的费用都比较高，在没有见到收益之前，农民很难提前进行较大额度的投资。因此，导致一些设备不能应用到单个产品上，严重阻碍了物联网技术在农业中的广泛应用。例如，物联网技术应用首先要采用传感器，农用传感器大多数为土壤检测、水质检测等化学类传感器，而这些传感器价格昂贵，后期维护保养成本费用高，而农作物的利润相对来说比较低，所以广泛运用物联网技术会面临很大的阻碍。我国农民的自身文化素质还有待提高，要想

大力发展农业物联网技术，就需要知识丰富的农民。所以，需要加强对农民科技文化的培养，提高他们的文化素养，培育他们懂得电脑、网络、市场管理等一些专业知识，才能使农业物联网实行起来更为容易。

一是把握农业政策，推进土地流转。当今全国农业规模化、产业化水平较低，农业呈现粗放的发展模式，农业物联网的推广主体主要是种植大户等法人主体，因此推进土地流转是基础，农业规模化和产业化水平的提高是关键。

二是以农民带动农业发展。农业的发展必须听取农民的意见，满足农民的诉求，尤其要注重满足新型生产经营主体对信息化的需求。培养具备理论基础和实践能力的农业物联网技术人才，树立物联网农业理念。

三是开展物联网及农业相关知识的培训和宣讲。将宣传走进农村，不定期请物联网专家指导和知识培训，到全国建设较好的农业物联网示范基地考察学习先进经验。

四是发挥主体责任。农业物联网的发展归根结底是依靠农民，发挥农民的主人翁意识。政府要认清责任，把握界限，不可强制管理和指导。可在检测技术支持、提供资金补贴、农业技术指导、监管技术标准制定、拓宽产品销售信息渠道及产品信息披露上下功夫，重点发挥农民的主体责任和积极性，引导自行开展农村物联网建设。

五是树立品牌意识和网销意识。对于一些优秀的经营主体，引导注册农产品商标，提高种植户的品牌意识。打造绿色、健康、天然和可追溯的全流程管理，提高农产品附加值。强化农村电商意识，拓宽网络销售渠道。

第三章

农 业 会 思 考

——农业人工智能

第一节　谁让农业长大脑

——农业人工智能点睛

一、农业人工智能概述

1. 人工智能　人工智能（artificial intelligence，AI）是研究解释和模拟人类智能、行为及其规律的一门学科，通过建立智能信息处理理论、研制智能机器和智能系统，延伸和扩展人类智能。人工智能是计算机科学的一个重要分支，被认为是 21 世纪三大尖端技术之一。人工智能使机器模拟人的思维、智慧，具有与人类一样的智能和行为，以人类智能的方式进行学习、思考、分析、判断、推理、规划，甚至能够超过人类智慧来胜任完成人类的复杂工作。涉及计算机科学、控制论、信息论、神经生理学、语言学、心理学等，主要应用于难题求解、自动规划、资源调度配置、模式识别、智能机器人、智能控制、管理与决策、数据挖掘与知识发现等领域。经过多年的演进，随着互联网普及、传感网渗透、大数据涌现，以及数据和信息在人类社会、物理空间和信息空间之间的相互作用、交叉融合，人工智能发生了深刻变化。一是机器学习从表象和特征学习深入到推理和决策；二是从单一类型数据到跨媒体认知、学习和推理；三是从单纯的机器智能到人机混合智能；四是从个体智能到基于互联网的群体智能；五是从人工设计到仿真生物大脑结构实现智能自我成长。未来人工智能技术将进一步推动关联技术和新兴科技、新兴产业的深度融合，推动新一轮的信息技术革命，其人工智能技术将成为我国经济结构转型升级崭新的支撑点。

2. 农业人工智能　现代农业重点关注如何进行科学、高效、安全、绿色的农业生产与经营，其实现过程离不开以物联网、云计算和大数据等技术为代表的现代信息技术的支持。因此，农业人工智能就是在农业生产过程中广泛持续地应用现代科学技术、现代工业装备和现代管理理念，同时将人工智能技术贯穿于农业生产、加工和销售等全产业链，实现科学智能化决策，从而进一步优化农业产业结构，提升农业生产经营效能，保障农业生态环境绿色安全等。针对农业人工智能，近年来，学术界相继提出了智慧农业、精准农业、设施农业、数据农业、气候农业、农业专家系统等一系列概念，但其本质都具有以下共同特点：首先，基于农业实验数据和历史生产经验，充分运用知识表示、推理等技术，借鉴农业专家宝贵经验，构建农业智能模型系统；其次，利用农业传感器件实时收集生产环境的基础运行参数信息；最后，利用农业智能模型系统对农业资源所产生的海量数据信息进行分析、挖掘、预测、呈现等，为农业管理者决策提供更加精准的服务，提升决策质量。

二、发展农业人工智能的原因

农业既是人类所从事的最古老行业，也是人类文明的基础。工业革命之后，由于机械在农业领域的应用，使收获的粮食大大增加。但是，较高的生产成本、农业生态环境遭到破坏、农作物病虫害等问题，仍然是制约农业发展的瓶颈。要解决以上问题，根本出路在于依靠科技发展，人工智能就是解决的方法之一。

人工智能作为当今科技的前沿技术已经深入到各行各业之中，当下关注最多的还是人工智能为医疗、金融、工业带来怎样的变化，却忽视了人工智能在农业领域中的应用。事实上，早在 20 世纪初，农业领域引用人工智能技术的想法就已被提出并开始探索。国际上，农业专家系统地研究人工智能始于 20 世纪 70 年代末，以美国最为先进和成熟。1978 年，美国伊利诺斯大学开发的大豆病虫害诊断专家系统是世界上应用最早的专家系统。我国人工智能的发展在农业领域也取得了重大进步。我国的农业专家系统开发始于 20 世纪 80 年代，1983 年开始研制并建成了第一个专家系统"砂姜黑土小麦施肥专家查询系统"。最初，人工智能技术应用于耕作、播种、栽培等方面的专家系统；随着物联网和智能控制技术的应用，出现了采摘智能机器人、智能探测土壤、探测病虫害、气候灾难预警等智能识别系统，以及在养殖业中使用的禽畜智能穿戴产品。这些技术的应用不仅提高产出、提高效率，同时减少农药和化肥的使用。农业数字化积累的海量关键数据成为人工智能与农业结合的学习基础，随着大数据时代的到来，农业人工智能发展也迎来新机遇，成为产业升级和变革的新引擎。

在我国加快实施创新驱动发展战略和农业供给侧结构性改革的背景下，农业进入了急需加快转型升级，推进一二三产业融合和培育发展新动能的新时期，发展以人工智能技术为核心的智能农业已成为我国农业创新发展的必然方向。为抓住这一重大战略机遇，以人工智能科技创新推动我国农业从机械化向信息化、智能化跨越式发展。2016 年中央 1 号文件《关于落实发展新理念加快农业现代化实现全面小康目标的若干意见》指出，大力推进"互联网＋"现代农业，应用物联网、云计算、大数据、移动互联等现代信息技术，推动农业全产业链改造升级。2016 年 5 月，农业部等 8 部门按照《国务院关于积极推进"互联网＋"行动的指导意见》的部署要求，联合印发了《"互联网＋"现代农业三年行动实施方案》。该方案明确提出了 11 项主要任务，其中包括在管理方面，重点推进以大数据为核心的数据资源共享开放、支撑决策，着力点在互联网技术运用。为保障重点任务有效完成，该方案还提出了农业物联网试验示范工程、农机精准作业示范工程等 6 项重大工程。2017 年 7 月，国务院印发的《新一代人工智能发展规划》明确提出，发展智能农业。建立典型农业大数据智能决策分析系统，开展智能农场、智能化植物工厂、智能牧场、智能渔场、智能果园、农产品加工智能车间、农产品绿色智能供应链等集成应用示范。在生产实践中，也出现了许多成功案例，如北京市农业农村局开发的 TRM－FZ1 多通道光辐照监测系统，拥有自动寻回测试与记录温室内的 CO_2 浓度、光照、土壤水分含量、温湿度等重要参数的分布及变化的能力。又如北京景鹏环球科技股份有限公司开发的智能环境控制系统，可实现对温室植物信息及生产环境的实时动态监测，保证植物生长处于最佳状态。2019 年 3 月，《2019 年政府工作报告》中将人工智能升级为智能＋，要推动传统产业改造提升。2020 年 4 月，国家发改委首次明确新型基础设施的范围，人工智能是新基建的一大主要领域。

根据联合国粮食及农业组织预测，到 2050 年，全球人口将超过 90 亿，尽管人口较目前只增长 25％，但是由于人类生活水平的提高以及膳食结构的改善，对粮食需求量将增长 70％。与此同时，全球又面临着土地资源紧缺、化肥农药过度使用造成的环境破坏等问题。如何在有限的耕地中增加农业的产出，同时保持可持续发展？人工智能作为解决方式之一，已成为新一轮产业变革的核心驱动力，而智能农业是一种革命性的技术创新，可有效助力农业生产要素的合理配置，农业生产经营的管理更加科学化。现代高新技术向传统产业的渗透，二者逐渐紧密结合起来，从对农业的深度改造开始，到颠覆农业的传统营销模式，再到互联网公司跨界进入农业生产领域等方方面面，使农业的产、供、销体系更加紧密结合，提高农业的生产效率。在信息科技不断发展的今天，将先进的工业技术和信息技术相结合，设计建造智慧型农业设施，逐步实现农业生产的数据化、工厂化、定制化、个性化目标，为最终实现绿色、高效、循环、生态、智慧的现代农业发展提供科技支撑。

三、农业人工智能的作用

1. 推动农业产量的提升 在农业生产过程中，人工智能技术能够依托物联网与农作物、土壤等实现连接，从而掌握农作物所具有的生长状态等数据。这些数据在上传并经过人工智能深度学习之后，可以更好地发现农作物生长规律，从而对农作物种植提供指导，进而提升农作物耕种的精准性以及农作物的产量。与此同理，人工智能也能够在提升畜牧业产量中发挥出重要作用，在此方面，我国已经出现了使用人工智能技术开展畜牧养殖的案例，即阿里云 ET 大脑。在猪的喂养中，ET 大脑可以使用机器视觉技术了解猪的品种、体重、运动强度以及进食情况，进而分析猪的行为特征，与此同时，ET 大脑可以通过温度感知、叫声识别等技术，对母猪产崽量以及猪崽被压情况作出监控，从而有效降低母猪生产过程中猪崽的死亡率。由此可见，在农业产量的提升方面，人工智能展现出了良好的应用前景。

2. 提升农业产品的质量　在农业生产过程中，一些农作物对种植环境具有较高的要求。如在草莓种植中，无论是温度、湿度还是光线、虫害等，都会影响草莓产品的口感，因此，从草莓种植到草莓产品进入市场，农户不仅需要依据草莓市场需求对草莓成熟期作出预判，而且需要对种植过程中的种植环境以及销售过程中的冷链运输作出较全面的考虑。而人工智能在农业领域中的运用，则能够为草莓种植提供系统的解决方案，这一方案包括市场需求的预测、种植情况的监控以及运输温度的控制等，在此基础上，社会大众能够购买到质量更好、口感更好的草莓产品。当然，在此方面，我国也有一些企业作出了实践，如广州大气候农业科技有限公司推出的"农眼"系列硬件产品，能够对农作物种植中的各类雅俗作出监控，并通过数据收集与数据分析为农户种植提供依据，这对于提升农业产品质量而言具有重要意义。

3. 降低农业生产的成本　在农业生产过程中，人工智能可以依托计算机视觉技术，对农作物密度作出监控，同时可以通过对高分辨率图像进行分析精准定位农作物间杂草，并开展高度精确的喷雾，这一过程对于降低农业生产中的农药使用量、降低农药支出发挥着重要作用。如美国加利福尼亚州的 BRT 公司，就基于人工智能的这种应用价值开发出了 See and Spray 系统，这一系统可以对杂草的生长位置作出准确的检测，进而实现提升农药喷雾精准度以及降低农药使用量和农药支出的目的。另外，人工智能在降低农业生产成本当中的作用还体现在人工智能可以有效缩短农作物育种周期方面，如玉米杂交品种要从开始育种到进入市场，需要对几万个基因作出分析和选择，这决定了玉米杂交品种需要多年的时间才能够实现商业化，而通过有针对性地开发人工智能算法，则能够有效预测农作物的表现，从而对育种效率进行优化，进而实现降低农业育种成本的目标。

四、农业人工智能应用价值

（一）人工智能在农业生产产前阶段的应用

1. 灌溉用水分析及控制　智慧农业的特点是对农业生产环境实时、自动、精准的监测与控制。现代农业生产中，灌溉用水供需分析和控制主要解决的问题是，在确保农作物成长所需用水量条件下，减少因灌溉水量不足或过多所导致农作物旱涝情况的发生，保证农作物高产高收。采用人工智能技术的智能灌溉控制系统可有效解决这个问题，它主要通过具有极强学习能力的人工神经网络（ANN，artificial neural network）等人工智能方法，对农产品用水需求量进行分析，也可以对水文气象指数、气候数据等进行挖掘分析，为智能灌溉控制系统提供最有效的灌溉策略。此外，智能灌溉系统可利用物联网技术在监测控制区域部署无线网络、传感器节点、灌溉设备，感知土壤水分，对土壤质量实时监测，来设置科学合理的灌溉水量，针对不同环境灵活选择自动灌溉、定时灌溉、周期灌溉等多种不同的灌溉模式，在保证农产品生长的同时，也节约了灌溉用水量。

2. 土壤成分检测与分析　土壤成分及肥沃程度分析是现代农业产前工作的重要组成部分，为农作物产量提供了贡献。目前与国外发达农业国家近80％的贡献率相比，我国土壤肥力对农作物产量的平均贡献率仅有50％。因此，对土壤成分检测分析，调整农作物生产结构，选择适宜种植的作物品种，进行合理的耕作施肥，是保障农作物高质高产的前提。此时，采用探地雷达成像技术及其非侵入性得到土壤检测图像，转换成数字信号，借助人工神经网络方法（ANN）对图像数字信号做进一步处理和分析，获得土壤表层载土的含量。当前，土壤成分检测一般是使用检测设备来进行，土壤成分分析主要是依靠软件来实现，可结合人工抽样分析来验证检测数据的可靠性。通过人工智能方法可帮助种植企业、农户获得准确合理的施肥时间、施肥地点进行科学施肥，达到高产出、低成本的目标。

3. 农作物种子品质鉴定　种子是农业生产中最主要的原材料，种子质量的优劣直接影响了农作物的生长效果，甚至决定了农作物产量。种子品质检测十分重要，是保证农作物产量和质量安全性的重要措施。以机器视觉代替人的视觉进行农作物种子质量检验，是人工智能技术在种子品质检测鉴定的应用。主要采用图像探测分析、神经网络等技术方法实现，鉴定过程中采用无损检测手段，不破坏种子的结构，检测速度快、准确性高。在此基础上，可根据农业企业、种植户、农民的需要帮助选择合适种子种类，为农民作出科学的指导，根据不同季节、不同环境的农作物进行分析和评估。人工智能在帮助选择优质种子方面发挥巨大优势，对提高农产品产量和质量起到了显著的作用。

（二）人工智能在农业生产产中阶段的应用

1. 农业专家系统　农业专家系统是具有人类农业专家的知识和能力的计算机软件系统，能够代替人类中的农业专家解答种植业、养殖业、渔业、设施农业等各农业领域方面的问题。农业专家系统包含丰富的农业知识与经验，通过人工智能技术手段，为农业从业者提供咨询服务，帮助解决农业生产中各种农业技术问题，如作物病、虫、草害预防，动物疫病诊断等。农业专家系统的核心是知识库、推理机、大数据处理引擎。农业大数据是现代农业的典型特征，"以数据为中心"发挥信息采集、存储、分析、处理、预测与决策的优势。而农业专家系统通过人工智能方法、大数据处理手段对各种农业大数据进行清洗、筛选、过滤和加工，利用知识推理挖掘出有价值的信息，形成专家知识，为农业提供科学准确的预测和决策。将农作物生长环境数据和生长状况数据，输入农作物智能专家系统进行分析处理，预测农作物成长过程中可能面临的问题，并提供相应的解决对策。

2. 设施农业生产智能控制　20 世纪 70 年代，温室产业快速发展，以荷兰、比利时等国外发达农业国家为代表，实现了计算机对温室生产自动化控制和一定程度的智能控制。进入 21 世纪，在智慧农业领域中，设施农业、设施园艺发展规模不断扩大，温室智能控制系统成为设施农业自动化、智能化管理系统。温室控制系统采用物联网技术对温度、湿度、光照、CO_2浓度、水分、土壤等生产环境因素自动感知，对采集的环境数据进行预处理，利用人工智能的模糊控制、变结构模糊控制、人工神经网络等算法来设计控制器，结合园艺作物培育生长状况数据的测定分析，可对温控、遮阳、灌溉等设备进行自动操控，有效控制作物各生长周期适宜的、最佳的环境状态，大大减轻劳动强度、降低成本，提升智能化管理水平和经济效益。同时，温室控制系统还能与农业专家系统结合，为种植业、养殖业用户提供技术咨询，帮助指导预防和控制作物病、虫、害，动物疫病的方法。

3. 病、虫、草害识别　农作物病、虫、害识别是农作物培育不可或缺的重要环节，是生产管理过程中有效预防病、虫、害发生，控制病虫害危害程度，保证农作物产量和质量，降低经济损失的措施。主要依靠机器视觉技术和人工智能学习方法，实现作物品种识别、病情分析、病症种类识别，针对病情病症"对症下药"。农作物病、虫、草害识别的核心是利用人工智能技术所建立的病、虫、草害特征知识库。首先，通过图像采集设备采集作物常见病害特征图像，利用中值滤波等方法对作物表面图像进行预处理，消除表面噪声获得彩色空间，并通过聚类方法进行分割获得病斑区域，然后利用特征提取方法提取病斑区图像的特征，获得颜色、纹理、形状等特征参数，以此通过比对不同种类病害之间特征参数差异性，对病害准确分类。最后依靠支持向量机（SVM）等方法对特征参数进行统计分类，并建立分类数据库，实现对作物常见病害准确识别。此外，农作物品种的识别主要利用计算机视觉图像技术来实现，同时也为识别和清理杂草提供方便，在一定程度上也减少了除草剂的使用，有利于无公害农产品、有机农产品、绿色食品等优质产品的生产，满足"舌尖上的安全"。目前，计算机软件技术不断成熟，软件的使用使得病、虫、草害的识别十分方便，在现代农业中扮演着植物"医生"角色。

4. 农作物智能化采收　采收机器人是人工智能系统在农作物采收上的典型应用，机器人采收不仅能提高采收的效率，还可以确保采收的质量。采收机器人拥有计算机视觉识别系统、感知和操作控制系统、知识存储系统，通过内置视觉识别技术对果实等农产品个体进行准确定位，根据存储的知识对果实成熟程度作出分析判断，然后利用机械手臂或真快管道进行采摘，感知农作物个体，控制抓取力度，避免损坏农作物个体结构，保证果实的完整度。对于表面脆弱的瓜果类农产品，也可以实现无损采摘。机器人采摘效率不高，但能够保证持续 24 小时全天候工作，采摘数量具有人工采摘无法比拟的优势。高端智能机器人还具有自主学习的能力，经过不断训练提高采收数量、缩短采收时间。

（三）人工智能在农业生产产后阶段的应用

1. 农产品品质检验　农产品品质检验是现代农业产后售前阶段的一项重要工作，目的是在农产品从生产加工线进入仓储过程之前进行品质检验，以便于依据品质差异的区分进行分类和包装，解决在农业规模化生产要求下人工方式检验工作效率低的问题。农产品品质检验的自动化是通过农业智能机械装置得以实现，设备安装了具有计算机视觉的机械手臂，通过手臂上的光学镜头进行观察，利用图像处理技术对产品视觉图像进行处理，根据产品检测结果进行分类、产品包装。随着电子、机械、光学等产品高端制造水平的提升，以及视觉图像处理等信息技术研究的不断突破，并且在实践中取得创新发展，在农业实际生产中将进一步提高智能化应用效果、产业化应用水平。

2. 农产品电商运营　农产品电商是"互联网＋"农产品交易新型商业运作方式，集买卖、线上交易、电子支付及各类综合服务为一体，解决了农产品市场流通渠道窄、供应链信息不对称等问题，弥补了线下销售的不足，大幅提升销售量，对农产品零售业长期的困境带来了商机。电商的物流快递渠道压缩了流通中间环节、运输时间和运输链成本。农产品电商也是大数据农业的应用模式，采用人工智能技术进行大数据分析，引导企业生产、制定灵活销售策略，使农业企业把握市场行情，避免价格大幅波动。人工智能融入电商平台，能够从电商平台大数据中提取用户、产品等各类数据，利用关联规则、分类、聚类等人工智能算法，建立用户分类，分析各类用户的消费兴趣、消费行为和习惯，挖掘用户潜在消费意向和可能的潜在用户。此外，智能咨询服务系统可提供即时在线咨询，帮助消费者深入了解产品详情、服务细节等内容，一方面免去了农产品供应方直接面对用户提供的服务，使企业放心经营；另一方面省去了用户询问导购的不便，解决了信息不对称问题，使用户放心消费，提高农产品交易成功率，营造良好的消费生态环境。

3. 农产品智慧物流　农产品集中交易是农产品生产经营规模化的产物。农产品物流配送是构成农业产业链的重要一环，实现农产品从交易场所转移消费用户手中，完成线下、线上终端交易，解决了个体农户运输难、企业运输成本高、效率低、损耗大等问题。农产品物流配送需要解决仓储条件、运输装备、运输管理等问题。智慧物流配送系统融合互联网、微电子、移动物联网和人工智能技术，在农产品供应链管理自动化、智能化中充当关键作用。人工智能技术提供智能物流配送策略，主要包括，一是根据生产季节性、区域性变化及市场需求波动进行农产品需求量的预测，采用基于 RFID 的人工智能自动识别技术实时监控运输、销售情况，根据销售实时数据对产品需求量作出预测，并及时反馈供应链上游，控制物流企业存货量，帮助企业调整和优化农作物种植结构，进而获得更高的经济效益。二是物流配送的运输路径优化，农产品中生鲜农产品占比大、易腐蚀变质、保存周期短，仓储及运输过程损耗大，需保证零库存状态。以生鲜度、用户满意度、配送费用为约束条件，建立移动物联网环境下的多目标路径优化数学模型，采用人工智能遗传算法对模型仿真，依靠可视化软件呈现最优路径决策方案，为用户选择物流配送路径提供参考，进而完善生鲜农产品供应链。

第二节　帮助农业会思考
——农业人工智能建设

一、农业智能分析

（一）农业数据挖掘

1. 农业数据挖掘特点　农业数据挖掘可称为数据库中的知识发现，是指从农业数据库的大量数据中揭示出隐含的、先前未知的并有潜在价值的信息的过程。原始农业数据可以是结构化的，如关系数据库中的数据；也可以是半结构化的，如文本、图形和图像数据；甚至是分布在网络上的异构型农业数据，如农业技术、农产品市场价格、农业视频等。

通过数据挖掘，发现的知识可以被用于几方面：精准农业生产，提高农业生产过程中的科学化管理、精准化监控和智能化决策；农业水资源、农业生物资源、土地资源以及生产资料资源的优化配置、合理开发以实现高效高产的可持续绿色发展；农业生态环境管理，实现土壤、水质、污染、大气、气象、灾害等智能监测；农产品和食品安全管理与服务，包括市场流通领域、物流、产业链管理、储藏加工、产地环境、供应链与溯源等精准定位与智能服务；设施监控和农业装备智能调度、远程诊断、设备运行和实施工况监控等。

2. 农业数据挖掘应用　一是育种数据挖掘。在人类早期简单的种植和采收活动中，就开始孕育作物驯化育种的思维。在源于西欧的近代育种技术和理论出现之前，作物育种都是通过天然杂交和变异产生一些符合人类生产需求的作物品种。随着遗传学、分子生物学、生物统计学等学科发展，作物育种研究产生了海量多种类型的数据，整合和最大化利用这些生物学数据，无疑对现代育种研究具有不可估量的重要意义。据不完全统计，我国现有的农作物资源中含有水果、蔬菜等 200 种作物，其中包含的品种数更是达到 40 万种，人们可以通过数据挖掘技术根据丰富的种植经验和积累从这些众多的品种资源数据库中挖掘出适宜、优质的品种来进行培育。农作物品种选育呈多元化发展态势，高产是新品种选育的永恒主题，品质改良是新品种选育的重点，病虫害抗性是新品种选育的重要选择，非生物逆境是新品种选育的重要方向，养分高效利用是品种选育的重要目标，适宜机械化作业是新品种选育的重要特征。育种相关数据包括基因组测序数据、转录组测序与分子标记数据、作物表型检测数据、田间数据和农业环境数据等。国内外学者基于经典遗传学、数量遗传学和群体遗传学原理，采用关联、分类和聚类算法，挖掘种质资源农艺性状、品质、抗逆、抗病虫等特征特性的关联知识，实现育种关联知识发现、野生种质预测、核心种质筛选等典型业务服务。

二是作物生产数据挖掘。在作物耕作过程中土壤情况、施肥量和气候等因素都会影响整个农作物的生产过程，从而带来产量上的差异。农业数据和信息具有很强的地域性和时效性，围绕农作物生产过程的关键环节开展数据挖掘工作，发现苗、水、肥、土、虫、气象、灾害数据背后隐藏的信息，实时提供相关的预测、时令性和指导性的信息是数据挖掘技术在农业领域应用的重要需求。基于实时墒情、气象、土壤肥力和大宗粮食作物栽培数据的数据挖掘分析，能够支撑农业精准生产管理，提高化肥、水、农药等合理投入。例如，吉林省农安县的玉米试验田就采用了基于神经网络集成的 $6-x-1$ 施肥模型，通过收集来自试验田不同养分的测试点的数据，采用肥料效应函数法对每个测试点的土壤养分含量和产量进行分析比较，从而得出玉米生产过程中施肥量对其最后产量的影响。数据挖掘技术可以对农作物的整个生产过程进行风险评估，通过对农作物病害、杂草、品种抗性以及相关的地理环境等元素分析，降低气候异常、病虫害等对粮食安全生产的影响。例如，利用 GIS 技术对蝗虫暴发和土壤类型、降水情况以及它们的群种和密度进行研究，通过画出蝗虫暴发的程度空间分布图来对其进行统计预测。根据山东省 1999—2013 年玉米田第四代棉铃虫发生程度采集的数据，采用支持向量回归（support vector regression，SVR）算法，构建了玉米田第四代棉铃虫发生程度与其关联因子间的非线性关系模型，实现了棉铃虫有效防控。

三是养殖数据挖掘。先进技术已经成为智能化养殖发展的重要推动力，能够从养殖个体、群体、环境、投入品等各个方面采集全方位、实时、高频度的养殖信息，通过数据挖掘判定畜禽个体健康情况、饲料配比营养状况，对不同生育期内最佳养殖环境模拟、个体行为预警等特征抽取、分类、聚类、预测、关联规则发现、统计分析等，支持高层次的决策分析，保障养殖产品的繁育和生产效率。①数据挖掘在养殖效益分析中的应用。根据养殖原始数据、价格和投入量等，运用数理统计模型、关联分析模型、确定目标函数的具体形式，进行趋势预测和定量分析。例如，利用改进的粒子群算法 BP 神经网络挖掘生猪适时出栏量，分析社会资源需求、自然资源、生态环境、畜禽养殖业与其他行业关系等内在数据联系等。②数据挖掘在养殖管理中的应用。采用联机分析处理（on‐line analytical processing, OLAP）技术切片、钻取和旋转多维数据，挖掘不同时期养殖个体营养需要和采食量的内在关系，实现饲料的精准配比与自动补饲。例如，采用视频动态监控与图像特征图，根据不同单位面积内鱼的密集度，评价鱼群对饲料的需求度。通过数据挖掘寻优技术挖掘饲料成本、个体生长速率、销售情况、养殖环境等数据关系。对犊牛活跃度、采食次数、睡觉时长、呼吸频等生理及行为信息挖掘，实现犊牛身体状态自动监测和调节。

（二）农业病虫害图像识别

1. 基于机器视觉的农业病虫害自动监测识别系统框架 基于机器视觉的病虫害自动监测平台进行图像信息获取，通过传输网络将病虫害图像数据上传到病虫害自动监测与预警系统或用户手机。此外，病虫害自动监测与预警系统通过气象站进行害虫生长环境信息获取；基于手机、PDA、计算机等进行寄主植物生长状态信息获取；基于机器视觉以及手机、计算机等进行寄主植物田间管理信息的获取。通过融合病虫害种类与数量信息、发生程度以及寄主植物生长环境信息、生长状态信息、田间管理信息等进行农业病虫害的预测预报。主要应用 Matlab 进行害虫图像处理，并将害虫识别算法编译生成动态链接库，然后在 Visual Studio. Net 平台中进行调用；在 Visual Studio. Net 平台中应用支持向量机进行害虫种类识别，完成系统软件的开发。

2. 农业病虫害图像采集方法 一是室内病虫害图像采集方法。室内病虫害图像采集主要是将田间的病虫害材料采集到室内，通过拍照获取图像。为获取清晰的图像需应用图像采集箱完成拍照工作。图像采集箱主要包括可调节支架、工业相机（DH‐SV2001GC）、光源（RL‐120‐30‐W）、工控机和密闭箱体。在箱体内部用白色纸张进行覆盖，避免箱体内侧材料反射光对图像采集区域光线影响。其中可调节支架主要是为了方便调节相机与落虫板之间距离以及相机与光源相对位置，获取清晰图像。试验中 DH‐SV2001GC 相机通过网线与工控机相连，通过软件对图像进行采集操作。

二是田间病虫害图像采集方法。田间病虫害图像采集可直接应用野外相机正对寄主植物进行监测，或应用监测装置进行图像采集。应用野外相机监测苹果整个生长过程以及果实病虫害发生发展动态。应用监测装置进行害虫图像采集，简易害虫监测装置诱捕架分为上、下两部分。诱捕架下面部分包括底板、诱芯固定装置、支架，黏虫板置于底板上，并用弹片固定，黏虫板距地面的高度为 150 厘米。诱芯固定装置与支架相连，位于底板的上方。诱捕架上面部分包括用于固定机器视觉的支架、四周的盖板以及顶盖等。固定机器视觉的支架高度依据不同类型的机器视觉进行设计，要求能获取清晰的整个黏虫板的害虫图像。顶盖为可活动部件，供于安装机器视觉。自动更换黏虫板的害虫监测装置，该装置包括诱捕部分、图像采集部分和处理控制部分；诱捕部分位于监测装置的中央位置，采用性诱剂与黏虫板相结合，实现害虫诱捕；图像采集部分位于诱捕部分的上方，用于采集黏虫板图像；处理控制部分分别控制诱捕部分和图像采集部分，通过获取黏虫板图像，对黏虫板图像处理分析得到害虫数量、粘着物面积；通过电机控制实现黏虫板的自动更换，或通过定时设置控制电机工作，实现黏虫板自动更换，该装置结构简单，易于操作，提高了害虫监测效率。

3. 农业病虫害图像预处理　原始的害虫图像分辨率高，图像大，不适合进行大批量的图像算法处理。为了加快处理速度，只针对害虫目标区域进行处理，利用自动裁剪程序，通过选取害虫目标边缘为起点，沿水平向右方向、垂直向下方向截取进行处理。由于监测装置在田间获取害虫图像，图像受光照影响大，采用稳定性较强的 HSV 颜色空间进行图像处理。将采集到的图像应用图像差分法进行害虫分割。

4. 农业病虫害特征提取与识别模型构建　在田间环境下监测害虫，靶标害虫种类多，需提取害虫特征，以构建害虫识别模型，实现靶标害虫种类的区分。害虫的特征提取包括面积，周长，标准积，延伸率，复杂度，占空比，H、S、V 颜色分量 9 个形态学，颜色特征。

将所提取的害虫特征值加入特征库，用于识别模型的建立。在将特征值加入数据库之前，需要选择训练样本的类型，如梨小食心虫。若需要新增一种害虫类别，需要在"新增加种类"栏中输入新害虫类别名称。这样能够保证在特征数据库中类别标签与类别特征数据的对应。特征库建立完毕后，利用类别标签和类别特征进行基于支持向量机SVM的模型训练，将训练得到的模型保存到数据库中，用于后续的害虫识别与计数。

5. 农业病虫害模式识别　首先获取待识别的害虫图像，通过图像的预处理实现害虫分割，通过特征提取获取害虫特征值，将害虫特征值输入害虫识别模型实现害虫识别与计数。选择常见的果树害虫梨小食心虫、桃蛀螟、苹小卷叶蛾进行系统测试，害虫的识别准确率达90%以上。

（三）农产品无损检测

1. 农产品的无损检测　无损检测技术（nondestructive determination technologies，NDT）是一门新兴的综合性应用学科，在不损坏被检测对象的前提下，无损检测技术能够利用被测物外部特征和内部结构所引起的对热、声、光、电、磁等反应的变化，探测其性质和数量的变化。根据检测原理不同，无损检测大致可分为光学特性分析法、声学特性分析法、机器视觉技术检测方法、电学特性分析法、电磁与射线检测技术五大类方法，涉及近红外光谱、射频识别（radio frequency identification determination，RFID）、超声波、核磁共振、X光成像、X光衍射、机器视觉、高光谱成像、电子鼻、生物传感器等技术。农产品的品质检测主要包括水果、蔬菜的检测与分级；畜禽、水产品类的检测与分级；经济作物的检测与分级（烟叶、茶叶、咖啡、蜂产品）；谷物籽粒的检测与分级（如大豆、花生、玉米、芝麻、大米）等；根据农产品品种及其物理特性的多样性，不同的农产品需要用不同的无损检测方法和检测装置来检测。对于农产品而言，其品质的无损检测方法通常是从外部给农产品以光、声、电、力等类型的能量，利用相应的传感器得到从检测对象中输出的能量，将输出能量与对象品质有关的物理化学信息进行关联并建立数学模型，从而在不破坏农产品品质有关的物理化学信息进行关联并建立数学模型，在不破坏农产品的情况（即在无损状态）下检测出定性或定量的品质信息。无损检测具有如下优点：所用的对象可以反复使用，便于必要的连续跟踪测定；可检测外观品质，也可检测内在品质；检测速度快，能够实现农产品品质的在线检测；操作简便，不用具备专业知识；节约试剂，绿色、环保。

2. 无损检测在农产品质量检测中的应用 利用近红外光谱、机器视觉、X射线、超声波等方法，实现了对农产品营养成分（蛋白质、脂肪、淀粉、糖度等）、功能成分（维生素、生物碱等）、有害成分（硫甙、芥酸、焦油、毒素）等内部品质以及大小、颜色、缺陷、形状、病害等外部品质指标的检测，见表3-1。

表3-1 农产品无损检测技术的应用

产品类别	检测指标
谷物和油料作物	蛋白质、含油量、淀粉（直链淀粉和支链淀粉）、水分、各种氨基酸、纤维素等以及作物产地、季节等
乳制品、肉类、鱼类、蛋类	蛋白质、乳糖、脂肪、乳酸、固型物、水分、酪蛋白、盐分、热量、氨基酸、脂肪酸、纤维素、新鲜及冷冻程度、碘价、黄色素、红色素、酒精、乳酸、谷氨酸、葡萄糖、产品种类、真伪等
水果蔬菜	含糖量、维生素、水分、纤维素、可溶性固形物等，产地鉴定，分类定性判别
饲料	干物质、粗蛋白、粗纤维、灰分、消化能、代谢能、氨基酸、植酸磷、喹乙醇等品质
烟草、茶叶	总氮、游离氨基酸、水分、尼古丁、烟碱、茶多酚、咖啡因、总糖、还原糖、灰分、香料、保湿剂等品质、产地、登记分类
红酒、白酒、啤酒、饮料、咖啡	乙醇、含氮量、pH、麦芽糖、咖啡因、葡萄糖、果糖、蔗糖、有机酸、产地、真伪等品质
转基因食品	蛋白或DNA的变化以及标记基因的转变、转基因食品的鉴定

二、农业专家系统与决策支持

（一）作物生产决策系统

1. 作物生产决策系统的概念与功能　作物生产决策支持系统针对作物生产具有时空性、动态性，且易受气候、土壤和社会经济投入等综合因素影响的特点，在作物模型、专家系统、智能算法、"3S"技术等关键技术的基础上，根据系统的设计目标及要求，综合应用农学、生态学、空间信息技术、环境科学、统计学以及计算机科学等基本理论与方法，通过广泛收集与分析农业基础数据（气象、土壤、品种、种植、经济及地图等数据）的特征，建立了包括空间数据和属性数据的农业数据库；将模拟模型的预测功能、专家系统的推理决策功能、智能算法的数据挖掘与知识表达功能及"3S"技术的实时定位监测与分析功能进行融合，具有综合性、智能化、通用性、网络化、标准化的特点，能对不同环境条件下的作物生长状况作出实时预测并提供优化管理决策，实现作物生产的高产、优质、高效、安全和持续发展。作物生产决策支持系统的快速发展和广泛应用为农业生产管理的现代化和信息化提供了技术平台，对农业科技和作物生产产生深刻的影响，成为农业信息技术的突出标志和重要支柱。

2. 作物生产决策模型　作物生产具有复合性、复杂性和开放性，在进行作物生产管理过程中，需要了解作物自身依赖外界环境（天气、土壤等）的生长发育规律（建立作物模拟模型），然后根据这些规律性，人为地对作物生长平衡进行调整（建立作物生长决策专家系统），结合作物生理学、生态学、气象学、土壤学和农学等相关学科的关键技术，在综合量化作物生长发育过程及其与环境和技术关系的基础上，建立多个综合性作物生长模型，对作物生长系统中的主要机理过程进行较好的解释和量化，构建集适应性广、机理性强、预测性好于一体的作物生产力预测模型，提高我国作物生产决策支持系统的决策应用性与可靠性，达到作物高产、稳产、优质、高效目的。

3. 农机农艺结合的作物生产决策系统　作物决策支持系统作为一种软件系统，其发展速度完全滞后于农业信息技术相关的硬件技术的发展，如农田机械装备、农业物联网技术的发展。然而，农业生产的机械化与自动化需要基于模型和智能算法的作物生产决策支持系统的智能决策。紧密结合作物决策支持系统与农业智能机械、农业物联网技术，综合考虑大气-土壤-作物相互作用的过程，对精确定量的播种、施肥、灌溉、喷农药等进行智能化决策，推动现代农业机械在作物生长决策中的快速发展，形成农机农艺相结合的基于作物-大气-土壤过程模型的作物生产决策支持系统，推动我国智能农业发展。

（二）作物病害诊断专家系统

1. 病害诊断知识表达　病害诊断系统的构建需要大量且描述准确的诊断知识。系统诊断知识主要来源于植保专家、植保专业技术人员和各种资料。对知识进行特征提取，将其标准化。病害诊断知识的知识表达具有以下层次化描述模型。

一是农作物病虫害组织层，包括根、茎、叶、花果实等基本组织结构以及农作物的其他部位。

二是农作物的表观层，主要包括农作物遭遇病虫害后的颜色、气味等属性，因此农作物的表观层的特性可以通过图像、视频等对比确认。

三是农作物周围环境层，主要包括农作物周围的土壤环境、气象环境等属性，通过传感器来感知。

四是农作物种类层，主要包括农作物属于哪一科目、种植季节、生长周期等。

2. 作物病害描述模糊处理　选取一种模糊化的算法，把病害诊断专家知识库里病害症状进行模糊处理。在层次化模型的基础上构造一个模糊矩阵，以矩阵形式来描述农作物病情。

采用模糊均值聚类算法（fuzzy c-means algorithm，FCM）对农业病害进行诊断，聚类以后根据隶属度矩阵 R 值以及聚类中心 C 把所有对农作物病情的描述变成一个模糊化的效果，这样的表达易于理解和描述。例如，根（腐烂程度）模糊为严重、很重、一般、有点、稍微 5 个级别。

3. 病害诊断知识推理　作物病害诊断问题具有特殊的复杂性和

模糊性，①事实的模糊性。如病斑颜色深浅、病斑大小、病害发生程度等。②获取事实的准确程度。如环境温湿度、土壤水分含量等。③专家知识的模糊性。如根据发病部位、形状大小、颜色、味道、表观等推理出病害。④推理结论或动作的模糊性。

植保专家诊断病害推理过程通常经过下面3步：第1步区分症状，利用已有经验和查询来的资料对症状进行区别，获得典型症状或综合各种症状初步诊断发生病害的可能性；第2步利用病体、病原和症状诊断三要素的关系进一步确定病害及病原；第3步依据上述结论，结合环境要素和生产管理要素最终确定病害并决定防治方法，即在判断可能发生的病害时期后，给出病害部位及可能的病害症状，再根据详细症状，确定具体的病害类型。这一过程从典型症状，再到详细症状均为正向推理过程。从病害名称到病害症状、病害时期、部位逆推，将可能病害的详细症状对照用户输入病害的典型症状相比较，这些过程则属于反向推理过程。只有经过正反向推理的结合，才能使最终的诊断结果更符合实际，从而增加专家系统的有效性和实用性。

（三）水产养殖管理专家系统

1. 水产养殖环境监控 水产养殖环境监控是解决我国现有的水产养殖场缺乏有效信息监测技术和手段，水质在线监测和控制水平低等问题。其主要功能是保持水质稳定，为水产品创造健康的水质环境。水产养殖环境监控在我国一些大型的集约化养殖场已有一定的应用基础。

水产养殖环境监控系统通常由智能水质传感器、水产养殖无线监控网络和水质智能调控模块组成。

目前的传感器多采用智能传感器，智能传感器多采用IEEE1451智能传感器设计理念，使传感器具有自识别、自标定、自校正、自动补偿功能；智能传感器还具有自动采集数据并对数据进行预处理功能、双向通信、标准化数字输出等其他功能。

无线传感网络可实现2.4GHz短距离通信和GPRS通信，现场无线覆盖范围3千米；采用智能信息采集与控制技术，具有自动网络路由选择、自诊断和智能能量管理功能。

在水产养殖中水质是水产养殖最为关键的因素，水质好坏对水产养殖对象的正常生长、疾病发生甚至生存都起着极为重要的作用，因而在水产养殖场的管理中，水质管理是最为重要的部分。水质智能调控系统通过对水产养殖物联网实时监测溶氧、温度、pH、盐度、水温、气压、空气温湿度、光照数据进行分析，揭示水质参数变化趋势及规律，采用智能算法实现对水质溶解氧等参数变化趋势进行预测预警，以解决水质参数预测的难题。

2. 精细喂养决策 精细喂养决策是根据各养殖品种长度与重量关系，通过分析光照度、水温、溶氧量、浊度、氨氮、养殖密度等因素与鱼饵料营养成分的吸收能力、饵料摄取量关系，建立养殖品种的生长阶段与投喂率、投喂量间定量关系模型，实现按需投喂，降低饵料损耗，节约成本。

精细喂养决策的核心技术主要包括：饲料配方优化模型和精细喂养决策。饵料配方优化模型是通过分析不同养殖对象在不同生长阶段对营养成分的需求情况，在保证养殖对象正常生长所需养分供给的情况下，根据不同原材料的营养成分及成本，采用遗传算法、微粒群等优化设计方法，优化原材料配比，降低饵料成本。大型的水产养殖企业已有比较成熟的配方和模型。精细喂养决策模型主要根据各养殖品种长度与重量关系，光照度、水温、溶氧量、浊度、氨氮、养殖密度等因素，鱼饵料营养成分的吸收能力、饵料摄取量关系，研究不同养殖品种的生长阶段与投喂率、投喂量间定量关系模型。目前，主要有一些海产品的投喂模型。

3. 疾病预警和远程诊断 疾病预警主要包括水环境预警模块和非水环境预警模块两部分。水环境预警模块通常采用的方法是利用专家调查方法，确定集约化养殖的主要影响因素为溶氧、水温、盐度、氨氮、pH等以水环境参数为准的预测预警。对于每一个影响因子，根据专家调查的方法，综合多个水产养殖专家的意见，来确定每个水质参数的无警、中警、重警的边界点，进而确定每一个警级的区间。水环境趋势预警模块是利用数据挖掘模型，根据当前水环境各个参数数值，预测2个小时或3个小时后的水环境各个参数数值，然后再利用状态预警的方法得出 2 个小时和 3 个小时后的警级大小和预警预案。非水环境预警模块是通过对饵料质量、鱼体损伤等因素的评价，确定当前的警级大小和预警预案。其中鱼体损伤根据无损伤、轻损伤和重损伤所占百分比来确定此因素的警级区间，而其他因素则同样按专家调查方法确定每个因素的警级区间。非水环境预警主要是对单因子进行评价，当某一个因素超过确定的警限就输出相应的预警预案。

疾病诊断通过案例诊断和数值诊断，对疾病进行综合推理并得出结论，最后将诊断结果返回给用户。其中，案例诊断与数学诊断方法所用到的知识信息分别从案例库和数值诊断知识库中得到。

4. 水产生产智能管理　水产养殖智能管理是将大数据技术应用到水产生产中，针对水产品养殖、经营过程中存在的问题，采用数据挖掘、指数预警、统计预警和模型预警等方法，构建预测分析和预警模型，为管理者和养殖户提供生产和销售决策支持。在生产方面主要包括精细投喂、环境控制等功能，在经营方面主要包括市场价格预测、个性化服务等功能。目前，各专家系统中，普遍存在着"数据丰富，知识贫乏"的问题，因此，生产智能管理的广泛研究一直是研究的重点和热点。

三、农业机器人

（一）果蔬采摘机器人

1. 关键技术　农业非结构环境下作业目标信息获取。农业环境下不稳定太阳光照、作物丛生无序以及作业对象形态各异等工况条件，极大地增加了作业信息获取的难度，是制约农业机器人研究和应用的关键难点之一。

一是针对柔嫩果蔬的柔性操作手爪。相对工业机器人，农业机器人的作业对象是生物体，形状尺寸各异，作业环境多变，目标对象位置姿态随机分布。这样对于农业机器人末端操作部件设计需要满足各种需求，实现对目标的无损柔性操作。采用多传感融合手爪、真空吸附和柔性夹持的方式可对特定作业对象实现无损柔性操作，同时研究农业作业对象的新材料，对于解决农业机器人的柔性操作也具有重要意义。

二是农机农艺融合的生产系统集成。以人工作业为主体的传统农业生产条件，与机器人对结构化作业环境的要求不相匹配，是制约农业机器人走出实验室进入农田作业的重要因素。基于农机农艺结合的产品设计理念，综合考虑生产效率和成本，改造作物生产种植模式和作物品种特性，提高农业机器人对作业工况的适应性，是促进新型农业智能装备实现产业应用的重要途径。

2. 案例分析　中国是番茄生产和消费大国，番茄消费主要集中在鲜食番茄的消费上，年人均消费量高达 21 千克，占全国番茄消费总量 90％。然而番茄依靠人工采摘费用约 1.05 万元/亩，占总生产成本 30％以上，而且劳动强度大。因此，面对当前农业人口流失、生产成本高涨的客观现实，开展番茄采摘机器人系统的研究和应用具有重要意义。我国研制的番茄智能采收系统，系统主要由移动底盘、升降平台、视觉单元、机械臂、采摘手爪、控制系统以及其他辅助单元等构成。作为一种采摘机器人通用平台，可用于高架立体栽培模式下不同高度、层次的果实采收，提高了智能采收机器人的实用性。

（二）大田除草机器人

1. 对行技术　对行技术是指控制机具或拖拉机实时沿作物行方向运动，且锄刀相对作物行的横向偏差应控制在不会伤害作物范围内。对行技术分为人工对行和自动对行，人工对行主要依赖于拖拉机驾驶员的驾驶技术，自动对行分为锄草机载体导航技术和锄草机自主对行技术，锄草机载体导航技术主要依赖 GPS 或机器视觉对载体进行路径规划和导航，锄草机自主对行技术使用主动横移装置对机器相对作物行的横向偏差进行实时补偿，横向偏差可通过机器视觉和 GPS 获得。

2. 苗草信息获取技术　苗草信息获取技术可分为 3 类：机器视觉技术、地理信息系统（GIS）技术和近距离传感器实时检测技术。杂草和作物的辨别主要依靠机器视觉技术实现。机器视觉技术是通过实时采集、处理、分析图像，辨别作物与杂草，并计算作物的位置信息。机器视觉优点在于在大田现场环境下可以对作物和杂草进行实时识别和定位，精度较高，硬件成本相对较低。缺点是视觉信息会受到光线、阴影、遮挡、作物大小、杂草密度、机械振动等其他因素的影响。GIS 技术是采用装配 GPS 的播种机或移栽机记录每棵作物的位置信息，整合并绘制成地理种子地图。作物 GPS 坐标配合里程值信息对作物位置进行实时跟踪，并控制株间锄刀相应动作。GIS 方法对作物定位不会受到外界因素的影响，提高了定位精度，但该方法使用前需绘制地理种子地图，由于地图绘制与锄草作业并不在同一个时间段，因此，锄草作业现场出现的新问题无法及时获取；且该方法增大前期投入成本，对机器配套使用提出更高要求；整个系统对里程器的要求大大提高。近距离传感器检测技术主要是通过使用近距离传感对作物进行识别和定位，此类传感器的优点是成本较低，操作方便，系统简单。但该类传感器只有当作物靠近时才能检测出来，因此无预判功能；且对机器响应速度提出更高要求；同时机器前进速度受到限制。

3. 锄草装置 锄草末端执行器的性能直接影响锄草的效率。耙和铲仍然是人工锄草的主要工具；中耕除草提高了锄草效率，但只能清除行间杂草。根据株间锄草装置是否有动力源可分为被动锄草装置和主动锄草装置。被动株间锄草装置包括指状锄草刀、弹性锄草齿、垂直轴刷式锄草刀等，当作物相对杂草更健壮时，采用被动锄草即能满足锄草要求同时成本低。主动株间锄草装置可实现避苗和锄草动作，根据其运动形式分为摆动式、旋转式及两种方式的混合。其中摆动式主要由液压缸或气压缸带动锄刀进行往复运动，根据摆动轴线的位置，可分为左右摆动和上下摆动；旋转式根据旋转轴位置分为垂直轴旋转和水平轴旋转，垂直轴旋转方式包括带豁口锄刀、爪齿摆线锄刀等。

（三）农产品分拣机器人

1. 应用特点 一是作业季节性较强。农产品生产季节性较强，因此农产品分拣机器人使用也具有较强的季节性，并且农产品分拣机器人针对性也较强、功能相对单一，使农产品分拣机器人利用率较低，增加农产品分拣机器人使用成本。

二是分拣对象非标准。不同于工业材料，农产品通常具有容易受损的特点，而且由于其是自然生物体，其种类多种多样，形状、大小变化较大，甚至同一种农产品物料其个体之间大小差异性很大，造成农产品分拣机器人的稳定性和适应性变差。

三是操作对象的特殊性。分拣机器人操作者通常为农民，不具备较高的机械电子知识水平，因此农产品分拣机器人还须具备高可靠性和操作简单的特点。

四是价格的特殊性。农产品分拣机器人的前期投入较大，结构复杂、研发制造成本较高，导致价格昂贵，超出一般农民的承受能力，如果不具备价格优势，就很难得到普及应用。

2. 关键技术　一是机器视觉和图像处理技术。机器视觉技术是实现农产品质量品质检测自动化必不可少的技术。通常农产品外观品质的检测分拣均依赖于分拣机器人对所获取的农产品图像特征的正确分析、识别，它是实现农产品外观品质分选最为有效、最普遍的技术。

二是生物传感器技术。研究生物的化学、光学、声学等特性，开发新的生物传感器，是提高农产品分拣机器人工作可靠性的重要手段。

三是光谱建模分析技术。目前，光谱技术是被证明最为有效的农产品内部品质检测分拣技术之一。研究有效光谱选择、分析、建模、优化等先进技术，提高模型在农产品分拣机器人工作中的稳定性和可靠性，有助于研发先进的农产品内部质量品质分拣机器人。

四是智能控制技术。对于农产品特征的复杂性，进行数据建模比较困难，因此，基于模糊逻辑、神经网络和智能模拟技术的自学习功能十分必要。农产品分拣机器人可以在工人的辅助下，不断进行学习，并记忆学习结果，形成自身处理复杂情况的知识库。

五是关键机械机构设计优化技术。机械体是农产品分拣机器人实施分拣任务的基础组成部分，在满足农产品分拣机器人功能前提下，运用现代设计手段优化设计机械构件，使其尽可能轻巧、简单、紧凑、防损伤，从而达到农产品分拣机器人可靠性更强、损伤降低及减少控制系统复杂性的目的。

四、农业精准作业技术

（一）果树对靶施药

1. 基于靶标探测的智能施药　精细农业果园生产管理中，单棵果树是最小的作业单元，果树的位置、树冠大小是果树施肥、灌溉和果树病虫害防治中确定投入量多少的重要依据。无靶标喷施造成的靶标以外大量农药沉积是果园农药残留的主要原因之一，对靶喷药技术是降低农药残留的有效手段，其关键技术是靶标探测技术。目前，果园靶标探测主要采用红外、图像和超声等探测技术感知果树冠层形状及位置信息，该方法能准确判断稠密树冠存在与否，甚至能很好地探测出靶标外形轮廓。

国内靶标探测器已经能够实现农作物探测、喷雾动作执行等一系列动作，动作灵敏，初步能够满足生产要求，但仍然存在着一系列问题，即探测器探测到任何靶标时都会动作，包括一些非植物障碍物，如枯树、电线杆、栅栏、麦茬等，给这些靶标喷施农药会造成浪费和环境污染。由于作物植株之间有空间，一般还有不等株距和缺苗现象，喷在植株之间的药液不能有效地沉积在植株上，形成无效喷药，不仅影响了喷药防治效果，且浪费药液，增加防治成本，加剧了对环境的污染。解决传统的连续喷药效率低的有效途径之一是将连续喷药变为按需间歇喷药。为此，将自动化技术与喷雾技术相结合，根据对植株目标的自动识别和控制，实现对靶喷药，达到只对目标物实施喷药的目的。

2. 靶标探测技术　一是靶标光谱探测技术。靶标光谱探测基于红外光漫反射探测原理，采用红外发光器发射红外光，通过果树靶标叶面反射，远距离聚光，光敏元件接收反射光，经过自然光降噪和电路处理，将检测到的靶标信息转换为电压信号。南京农业大学的何雄奎等人利用红外发射模块与红外接收模块搭建的靶标探测电路来探测靶标的有无，通过红外自动对靶系统分别分布在靶标高度范围的上、中、下3段，探测当前对应高度靶标的有无来控制喷头电磁阀的动作，实现对靶施药。

二是超声靶标探测技术。超声靶标探测主要利用超声波回波原理，通过分布在不同高度位置的超声波传感器在移动中对靶标、冠层边缘进行距离扫描测量，根据靶标冠层的距离扫描值绘制出靶标冠层的直径及外形轮廓信息。华南农业大学的俞龙等在超声波探测基础之上结合了姿态航向参考系统（attitude and heading reference system，AHRS），通过 AHRS 可实现车辆坐标系到大地坐标系的空间坐标的旋转和平移转换，由此直接获得基于大地坐标的果树靶标的距离点阵信息。通过坐标转换获得的靶标体积更为准确。实际作业过程中，为提高探测精度，采用前置的若干超声波传感器组成探测列阵，信号经过滤波以及转换电路，传输给控制器集中处理，结合拖拉机作业状态，实现了对果树树冠的动态体积测量。

三是激光靶标探测技术。激光靶标探测采用连续波相位式激光测距扫描，根据波段的频率对激光束进行幅度调制并测定调制光往返测线所产生的相位延迟和调制光的波长，换算探测距离。采用旋镜技术实现在二维扫描，结合拖拉机的运动状态，实现对靶标的三维扫描。北京农业信息技术研究中心王秀、胡培等设计了激光靶标体积检测系统，通过上位机调节步进电机的转速及激光传感器的扫描频率，利用步进电机带动激光传感器精确运动来检测果树体积。耿顺山利用激光扫描仪扫描作业面，当扫描到有靶标存在时，控制喷头打开进行喷药，没有靶标时控制喷头关闭。

（二）设施蔬菜水肥一体化

水肥一体化技术是现代农业发展的必然，在设施蔬菜生产中具有重要的作用。温室大棚是设施农业最基本的技术实现形式之一，由于它是一个相对封闭的空间，无法直接利用降雨，设施蔬菜生长所需水分完全依靠引水灌溉进行供应。灌溉施肥设备是设施蔬菜的重要组成部分，良好的灌溉施肥技术是设施蔬菜生产的基本保证。由于设施作物与农田作物相比，其生产环境有较大差别，一些适合露地栽培的节水技术（如大型喷灌技术等）并不适宜在温室大棚等设施生产中使用。温室大棚作为一种现代高效农业栽培设施，采用节水灌溉技术除了能节水外，对其增产、增收等效果也提出了更高的要求。

　　水肥一体化技术被认为是现阶段最适用于设施蔬菜的一种灌溉施肥技术，在温室大棚栽培和无土栽培灌溉施肥应用中占有重要的地位。当前，以色列、美国、日本等许多发达国家设施蔬菜的生产已经广泛采用水肥一体化技术。其中，以色列设施蔬菜内部环境大部分实现了计算机控制。美国、日本等设施蔬菜栽培中的灌溉施肥方式绝大多数应用了高效的滴灌施肥技术，实现农业生产现代化。

　　随着城乡"菜篮子"工程的迅速发展，我国大力推广和发展设施蔬菜。我国设施蔬菜生产多数采用传统的灌溉技术，水肥利用率低下，因此，发展与设施蔬菜相配套的水肥一体化技术尤为重要。水肥一体化技术的广泛应用既有助于破解当前在发展现代农业过程中面临水资源匮乏难题，又可改善蔬菜等设施作物的生产环境、降低生产成本、提高经济效益，实现资源节约和环境友好的目标。随着工农业技术的进步，设施蔬菜生产已开始采用各种数控（自动化控制）系统，极大地提高了灌溉施肥工作的效率和水肥管理水平。水肥一体化系统已逐渐成为设施蔬菜灌溉施肥系统中的重要基本配套设备。

　　随着设施蔬菜的发展，现代农业高效用水的需要对设施蔬菜生产水分管理的要求越来越高。近年来，许多国家一直将设施蔬菜中的灌溉施肥技术作为一项重要研究课题，进而开展大量的研究和试验工作，尤其是设施蔬菜中水肥一体化系统的自动化控制及其在作物上应用效果研究。经过多年的发展，我国设施蔬菜水肥一体化技术有了很大的进步，但总体上我国设施节水灌溉技术在诸多方面相比发达国家仍存在较大差距，仍需要引进和吸收国外的先进技术。

　　（三）农用无人机自主作业

　　1. 技术特点　一是作业过程自主飞行控制。无人机不需要专业飞行员操作，通过软件设置飞行轨迹，无人机可自动沿设定轨迹飞行，正常情况下不需要人工干预飞行过程。

　　二是自主智能执行作业任务。农业无人机作业为低空、超低空飞行，必须自动与作物保持设定的相对高度，依据 GIS 信息和导航信息，自动实现对靶精准作业，避免人工操作带来的误差。

　　三是自主识别各种安全风险。农业无人机飞行高度低，使用环境复杂，需要对周围的人员、障碍物、地形地物等影响飞行安全的物体和突发事件进行识别和规避。

四是自主作业规划。在作业之前系统自主规划任务流程，统筹作业计划，实现最优的作业任务安排，减小能源消耗和作业时间。

五是自主作业信息统计。自动收集无人机作业信息，统计作业量，并运用大数据技术，实现对农情和农务信息进行宏观的把握。

2. 关键技术　一是智能飞行控制技术。受限于成本控制因素，目前国内市场上植保无人机飞行控制系统主要采用半自主控制技术，此类飞行控制系统集成多种传感器，实现自动增稳、航线飞行、自动起降功能。典型代表为汉和航空开发的直升机自动飞行控制系统，该系统能实现全自动、半自动飞行状态自动切换；具有气压传感、GPS传感、加速传感融合能力；可规划航路，定高飞行（精度达到0.5米）。此类控制系统具备了自动飞行控制功能，但是缺乏对外部作业环境突发事件的自主应对能力，对不同机型和作业过程中遇到的控制系统扰动缺乏适应性。由于农业无人机作业过程复杂，国内一些相关的科研机构开展了基于人工智能技术的飞行控制方法研究。南京航空航天大学张立珍运用计算智能方法，提出了改进型动态逆算法和基于函数连接神经网络的轨迹线性化控制算法，最大限度上实现无人机的自主控制，在此基础上设计了基于多智能体的无人机自主飞行控制系统的分层递阶结构，并对结构中的任务管理部分、决策协调部分和控制执行部分智能体的结构和功能进行了详细研究。

二是智能植保无人机喷洒控制技术。农业无人机变量喷雾是实现精准植保施药的一种重要技术方式，它通过获取作物的病虫草害、形貌和密度等喷雾对象信息，以及喷雾机位置、速度和喷雾压力等机器状态信息，并依据这些信息，智能控制喷洒系统压力、流量、喷洒时机。美国、西欧等发达国家和地区已经在变量喷雾技术及其无人机系统集成上取得了重要进展，我国也开展了相应的探索性研究。大疆MG-1采用压力式喷洒系统，可根据不同的药剂，更换喷嘴，灵活调整流量和雾化效果。标配的扇形喷嘴精密耐磨损，能长时间保持高效喷洒效果。全机搭载4个喷头，位于电机下方。旋翼产生的下行气流，作用于雾化药剂，让药剂到达植物根部和茎叶的背面，喷洒穿透力强。药剂喷洒泵采用精准控制的无刷电机，针对不同的农作物和药剂能实施合适的喷洒方案。中国农业大学王玲设计了微型无人机脉宽调制型变量喷药系统，并利用风洞的可控多风速环境，通过荧光粉测试方法对悬停无人机变量喷药的雾滴沉积规律进行了试验研究。变量喷药系统由地面测控单元和机载喷施系统两部分组成，基于 Lab Windows/CVI 的地面测控软件，采用频率为 10 赫兹、占空比可调的脉冲信号经无线数传模块远程控制机载喷施系统；机载喷施系统接收地面控制信号实时调节电动隔膜泵电动机转速，以改变系统喷雾压力和喷药量，实现变量喷雾调节。

三是智能作业路径规划技术。在作业航线规划方面，徐博等在多目标约束条件下，研究基于作业方向和多架次作业能耗最小的不规则区域智能作业航线规划算法，在不规则作业区域已知的情况下，根据指定的作业方向和作用往返总能耗，可快速规划出较优的作业航线，使整个作业过程能耗和药耗指标最优，减少飞行总距离和多余覆盖面积，节省无人机的能耗和药液消耗。

四是智能避障与地形跟踪技术。由于农田中还会有电线杆、树木和人员，其作业环境复杂，必须考虑障碍物规避的问题。张逊逊等人提出了一种基于改进人工势场的避障控制方法，将地表障碍物划分为低矮型和高杆型，并制订不同的避障策略，将无人机与障碍物的相对运动速度引入到人工势场中，给出基于改进人工势场的智能避障控制算法。

第三节　避免农业用歪脑

——农业人工智能发展注意事项

一、完善农村网络基础设施建设，优化农业人工智能保障环境

2018 年 1 月 31 日，中国互联网络信息中心发布了我国最新的《中国互联网络发展状况统计报告》。该报告指出：目前，移动宽带网络基本实现城市、县区的连续覆盖及发达乡镇、农村地区的热点覆盖，但是仍有 10% 左右的农村地区无网络接入，农村网络整体性能

情况不到城镇的 20%，大部分农田附近，移动网络信号不够稳定或根本不存在，很难在农田部署农业物联网设施，严重影响农业人工智能实施的效果与质量。尽管国家于 2017 年正式启动首个农业全产业链人工智能工程"农业大脑"项目，但实施效果还有待验证。另外，虽然国务院已经出台《新一代人工智能发展规划》，并明确提出发展农业人工智能的要求，但并没有具体实施措施和技术标准。

受农村地理环境复杂、农业运营效益低下、农民科技水平较低等因素影响，农村网络基础设施建设投入巨大，但收效甚微。因此，政府应继续加大农村信息化基础设施的建设力度，以政府主导与市场参与深度结合的方式，尽快实现网络基础设施在广大农村地区的全覆盖，同时完善优化农业人工智能基础保障环境。具体实施时需要注意以下 3 个方面。

一是确保建设技术先进、功能完善的三农信息网络基础设施，为农业人工智能应用提供坚实的硬件依托。

二是制定统一的软硬件标准、数据采集与通信标准、服务与运营标准等，为农业人工智能提供规范化的基础数据服务。

三是限于农业经营效益偏低，应尽可能避免出现区域重复投资现象，以免浪费社会资源。

二、出台发展规划配套激励措施，给予农业人工智能资金支持

近年来，国家部署了智能制造等国家重点研发专项，并于 2016 年印发实施了《"互联网＋"人工智能三年行动实施方案》，从科技研发、应用推广和产业发展等方面提出了一系列措施。经过多年的持续积累，我国在语音识别、视觉识别等人工智能应用领域的技术世界领先，自适应自主学习、直觉感知、综合推理、混合智能和群体智能等初步具备跨越发展的能力，中文信息处理、智能监控、生物特征识别、工业机器人、服务机器人、无人驾驶逐步进入实际应用，人工智能创新创业日益活跃，在国际上获得广泛关注和认可。但是，我国人工智能整体发展水平与发达国家相比仍存在较大差距，缺少重大原创

成果，在基础理论、核心算法以及关键设备、高端芯片、重大产品与系统、基础材料、元器件、软件与接口等方面与发达国家相比差距较大；科研机构和企业尚未形成具有国际影响力的生态圈和产业链，缺乏系统的超前研发布局；人工智能尖端人才远远不能满足需求；适应人工智能发展的基础设施、政策法规、标准体系亟待完善。

尽管国务院在《新一代人工智能发展规划》中明确指出要积极推动人工智能引领农业发展，但是无论人工智能基础性技术研发，还是农业工程项目实施，所需社会资源都远远超过个人或者少数企业能够承受的范围。面对这样的系统性工程，更需要国家战略层面的资金支持和参与，建议完善以下三个方面。

一是充分利用已有资金、基地等存量资源，发挥财政引导和市场主导作用，形成财政、金融和社会资本多方支持新一代人工智能发展的格局，并从法律法规、伦理规范、重点政策、知识产权与标准、安全监管与评估、劳动力培训、科学普及等方面提出相关保障措施。

二是确保国家对农业人工智能技术研发的稳定持续经费支持。政府工作重点在于政策引导与资金支持，特别是在基础研究领域中，抓紧制定政策，推出一批国家级、基础性、共性技术的人工智能研发基地和平台。

三是充分发挥高校与科研机构在基础与应用研究、人才培养等方面优势，同时积极鼓励有条件的高校开设人工智能研究所或学院等。

三、推进人工智能农业经济融合，创新农业人工智能发展模式

伴随"互联网＋"行动的深入开展，物联网、云计算、大数据等逐步得到落地应用，加速积累的技术能力与海量的数据资源、巨大的应用需求、开放的市场环境有机结合，形成了我国人工智能发展的独特优势，但绝大多数应用集中于工业自动控制、智慧城市、智慧教育等商业化程度高、运营效益好的领域，相关人工智能公司、设备制造商以及服务提供商还没有大力发展农业领域的人工智能应用。其原因是人工智能公司需要依靠大量数据累积、迭代和自动标注形成良性循

环，并在实践中进行适当训练；而农业生产实践中虽然有大量空间数据，但大规模数据只能每年产生或使用一次。因此，可能需要数年时间才能收集到具有统计意义的数据，并且农业领域收集的数据往往需要经过大量数据清洗，然后才能有效应用于人工智能算法训练。这种行业特征严重制约了人工智能公司从事农业人工智能应用研发的积极性。

精益方法论的核心是生产系统能够快速适应用户需求变化。然而，在农业生产领域，如地理位置、周围环境、气候水土、病虫害、生物多样性、复杂的微生物环境等因素都在影响着农作物生产。因此，一个特定生产环境中测试成功的农业人工智能模型，未必能够大范围推广。外界环境变换后，如何调整算法和模型是农业人工智能公司面临的巨大挑战，这需要来自行业间以及农学专家之间更多的协作。同时，农民也不会冒险在其土地上采用全新技术，总是希望在大规模推广前亲自体验到新产品或者新技术在自己土地上拥有上佳表现。因此，精益方法论的"快速进入市场"和"快速扩张"策略不太适合农业人工智能发展模式。

推进农业人工智能发展，应以点带面，逐步辐射农业生产的各个领域，渐进提升农业人工智能认知度和接受度，在规避农业人工智能风险的同时，完善农业领域新技术、新产品、新业态、新模式，促进农业生产力的整体跃升。为此，需要分以下三步走。

第一步，依据区域、行业特征，积极推进类似水果摘取机器人、病虫害预警、莴苣种植机器人、农村电子商务等类似投资效益明显项目，积极引导培育农业人工智能基础市场。

第二步，积极推进人工智能与农业经济深度融合，提升农业经营效益。将人工智能技术贯穿于农业生产、管理、流通和销售等各个环节，提高经营决策的智能化水平，保障农产品供给安全，提升农业整体生产力水平。

第三步，构建多元主体深度融合的智能生态圈，形成要素新供给。积极推动气候条件、地理位置、土壤环境等涉农领域数据开放，支持各市场参与主体充分挖掘农业数据的商业价值，辅助农业人工智能创新应用产品进行市场开拓，促进农业人工智能应用商业模式的创新，从而形成多元市场主体参与、深度协作、互利共赢的农业新业态。

四、实施智能农业技术培育项目，加强农业人工智能人才培养

农业人工智能的应用将在很大程度上改变就业结构。据统计，截至 2019 年年底，农村仍然有 55 162 万人口，占总人口比重的 39.4%。农业人工智能一方面消除农业对部分劳动力的依赖，另一方面还需要农业从业人员具有高素养和高技能，以适应农业新技术、新业态的发展需要。然而现实情况，一是大量青壮年农村劳动力外出进城务工，农村劳动力老龄化、女性化严重；二是存在被人工智能取代的大量传统低端就业岗位，为适应人工智能农业新业态对就业岗位的技能要求，需要重新培训来获得劳动技能，但重新培训的教育成本极高，几乎是高学历或丰富实践经验堆砌而成，一般农民很难获取培训机会；三是我国农村基层组织和农民科技意识淡薄，甚至对高科技农业存在抵触情绪等。因此，农业人工智能技术推广利用相对困难。

人工智能系统的有效实施，最终离不开人工智能人才的支撑，具体分为人工智能研发人才和人工智能技术应用人才。目前，虽然人工智能发展处于起步阶段，但行业应用却呈现出旺盛需求，人工智能企业所需人才规模巨大。然而，限于人工智能技术门槛较高，人工智能人才数量偏少，无法满足行业需求，尤其是高水平的人工智能从业人员数量严重匮乏，而且薪资水平都相当高。在这种竞争环境下，鉴于农业经营效益相对处于劣势，很难找到合适的人工智能人才，即使招募成功，长期留存也是不小的挑战。同时，农业人工智能新产品、新技术等的出现，都需要与其相匹配的人工智能技术推广应用型人才，这也进一步加剧了农业人工智能人才的匮乏程度。

推进农业人工智能良性发展，不仅需要使农业人工智能的理念、技术和效果深入人心，更需要大量农业人工智能人才支持。为此，需要开展以下 4 个方面的工作。

一是积极加强现有涉农科研机构、高等院校农学专业等与人工智能企业间产学研合作，构建多学科农业人工智能创新联盟，深度挖掘已有数据资源，积极研发具有鲜明特色的农业人工智能系统。

二是将人工智能深度融入现有涉农人才培养体系，适度扩大农业工程与信息技术领域的人才培养规模，以适应农业人工智能快速发展需要。

三是应完善"互联网＋"新农人培育行动计划内容，按需适度增加农业人工智能技术培训项目，同时加速实施行动计划，促进现有农业从业人员整体科技素养的提升。

四是需要适应性地创新模式，建立科技人员、地方政府、企业、农民合作组织、农民等多主体联合协作、协同参与的推广体系，强化农业人工智能的宣传，针对特定区域的特点不断推出适宜技术，开展综合技术规模化示范和知识培训。

总之，目前人们对"人工智能"的概念认同和接受程度不断提升，对其在农业领域的融合渗透越来越重视，现代农业也以其作为产业链结构调整转型升级的实现路径，因此，农业人工智能展现出非凡的生命力。但由于历史原因，我国农业人工智能发展基础薄弱，再加上农业具有投入巨大、风险高、收效慢等产业特征，因此，人工智能理念、技术等与农业有效深度融合，是一项需要农业领域全要素、全方位协同演进的系统性工程。为此，国家应以提高农业经营效益为总体导向，以农业供给侧结构性改革为契机，积极加大农村基础设施投入力度，尽快出台国家战略层面对农业人工智能的发展规划与配套激励措施，构建标准统一、可持续运营的农村信息化服务体系。同时，因地制宜创新研发并推广特色农业人工智能项目，以点带面，推动现代农业稳步健康和高效发展。

随着人工智能技术的不断发展，其在农业领域的大规模应用将最终实现。相信在不久的将来，人工智能能够更好为人类服务，改善人类的生活，带来巨大的经济效益。在人工智能的引领下，农业将迈入智能化的崭新时代。

第四章

数 据 有 话 说
——农业大数据

第一节　谁让数据会说话
——农业大数据揭秘

一、何为农业大数据

　　大数据的产生具有天时、地利、人和的有利条件。天时，大数据的产生具有时间上的连续性。以往的数据都是与一定的运营活动相伴出现的，并且需要进行专门的存储阶段。这个时期的数据是被动产生的，这些数据是运营式的传统数据。但是在大数据时代，随着计算机技术、云计算存储技术和自媒体技术的迅猛发展，大量的数据会通过移动终端和网络终端即时存储，这个阶段的数据呈现出自发性和主动性。数据在这个发展过程中慢慢脱离了人类主动存储的活动，打破了以往的时间限制，可以自发地、不中断地产生数据。地利，大数据的产生不受地域的约束。大数据在各个领域中相继兴起，互联网、金融及 IT 行业等虚拟行业的数据爆炸，随后延续到教育、科研以及物联网等实际领域当中。当然，产生大数据的行业并不仅仅局限于此，大数据完全占据了我们生活的方方面面，我们可以想象到的各个领域都在产生着大数据。比如考生的成绩、个人身份信息、商场购买的物品及会员信息、网络运营商中存储着的手机信息和通话记录等，只要有生活的痕迹，都会形成数据。因此，大数据的形成建立在地域限制性不断减小的基础上。人和，在人物方面，大数据的产生是人、机、物协同作用的结果。在数据不断发展过程中，数据的主体从以往的具有主体性的人慢慢演变为人、机、物三者以及三者的统一体。首先，人类的生产活动和生存活动都会产生大量的数据。其次，信息系统本身也产生大量的数据，这些数据以文件、图片、视频等形式存在，比如文件的复制和数据备份都属于这类数据，这部分系统本身的数据基数很大，不应该被我们忽视。最后，我们生活中的各类物品也会产生数据，比如各种地理信息采集设备、传感器和摄像头等数据采集设备，这些物品虽然是由人类生产制造出来的，但是一经成型便成为世界中的独立存在物。这人、机、物三者的相互作用是大数据产生的根本原因。

在互联网技术、计算机技术和云计算技术的相互作用下，数以千万计的传感器以及人、机交互下产生的庞大数据得以保存并可以加以利用。因为数据量庞大、数据结构繁杂，以往的数据分析处理技术无法处理如此庞大的数据，对这些海量数据也不能加以良好的运用，于是催生了大数据技术。大数据理论在 2008 年之前都属于提出的萌芽期，受到的关注度很低，2008 年之后开始慢慢受到关注，在 2013 年之后开始迅速发展，这是大数据理论发展的 3 个阶段。第一个提出大数据概念的是托夫勒，他在 1980 年的时候就前瞻性地提出了大数据的概念。因为作为一个未来学家，所提出的仅仅是概念性的理论，所以在信息资源并不是那么丰富的当时没有受到很大的关注。麦肯锡公司于 2011 年发布了一份大数据调研报告，题目是《大数据：下一个创新、竞争和生产力的前沿》。这份大数据调研报告显示出大数据慢慢受到人们的关注，其将大数据定义为一种超出传统数据库软件采集、储存、管理和分析能力的数据集。之后，在 2012 年出版的《大数据时代》中给出大数据的一种特性，指出大数据注重全面性和整体性，而不是在小规模数据上分析利用。在此之后，大数据的概念慢慢明晰，大数据的特点也慢慢被人们所接受。2013 年之后，进入大数据的第三个阶段，2013 年作为分水岭，也被大家称为"大数据元年"。大数据技术在此之后也慢慢发展，并且应用到了各个行业和领域，尤其是在前沿科技和物流领域中备受瞩目。

农业大数据是融合了农业地域性、季节性、多样性、周期性等自身特征后产生的来源广泛、类型多样、结构复杂、具有潜在价值，并难以应用通常方法处理和分析的数据集合。在农业生产过程中，耕地、育种、施肥、收获、加工和销售等环节都以一定的频率和周期产生大量的农业经济数据，对这些数据进行有效的分析和挖掘能够优化生产过程、提高生产效率，并把控农业经济的发展方向。大数据是一种快速变化的、拥有海量数据和价值的数据类型。农业经济大数据除上述特点外，还拥有农业经济所特有的特点。农业是很容易受到土壤、气候、市场、政策以及企业等因素影响的行业，并且农产品从生产到收获在进入市场的周期也较长，这就导致了在这些环节产生的数据存在一定的不确定性以及动态变化等特点。

国内第一个农业大数据的研究和应用推广机构"农业大数据产业技术创新战略联盟"于 2013 年 6 月 18 日在山东农业大学正式成立，标志着国内大数据技术在农业领域的应用又有了实质性突破。农业大数据的应用与农业领域的相关科学研究无缝结合，对从事农业教学科研的师生、社会公众、政府部门及涉农企业等提供了新方法、新思路。社员网搭建农业社会化综合服务体系，强调互联网技术研发能力，践行农村共享经济，扎根农村，服务三农，逐渐形成了中国特色的互联网和大数据服务社员体系。

近年来，大数据所隐含的巨大价值，越来越受到世界各国的重视。我国是农业大国，农业和涉农行业从生产、加工到销售时时刻刻都在产生海量数据，这些数据无异于是巨大宝藏。如何利用这些数据，来指导生产、提高生产效率和产品质量、节约资源成本、调节农业结构等，大数据、物联网等新一代信息技术的综合应用是我们开启宝藏的钥匙。

二、农业大数据的特性

大数据（BigData）已经是人们较为熟悉的现代化技术类型，它所拥有的"3 V"特征（体量大、模态多、生成速度快）为各个行业领域发展提供着较为强大且丰富的数据支持。正如 2011 年 6 月美国麦肯锡研究院所发布的研究报告中指出"大数据时代的到来必将促进未来生产力的高速发展与革新，它也会成为消费需求增长的重要指向标"。大数据驱动了农业自动化、智能化产业的有机发展进程，使得农业核心业务数据被更轻松掌握于发展者手中。在农业领域，大数据的提出主要针对各个农业对象，包括农业对象之间的行为关系、数量关系与质量关系，这些都可以通过大数据客观、真实、精确地反映出来。对大数据的应用应该切实融入天气信息、自然环境、食品安全、生产成本、消费需求与市场价格中，围绕大数据动态信息来预估农产品的价格变化走势，包括农作物种植过程中所需要了解的农田质量、耕地数量、气候变化、栽培技术、产业结构、农资配置以及农产品价格浮动等。将政府、科研机构、企业、高校等各个环节都联合联动起来，形成基于大数据的可持续、可循环的农业智能化生态圈。

1. 农业大数据的特征

一是从其领域来看，逐步拓展到相关上下游产业的同时，以农业领域为核心，将宏观经济背景的数据进行整合。其中包括统计精准数据、进出口数量数据、稳定价格数据、生产流量和数据，以及气象准确数据等。

二是从地域方面来看，主要以我国范围内区域的数据为核心，进一步对国际农业数据进行借鉴并且作为有效参考；这个数据不仅仅包括全国范围的数据，还应涉及各省份的数据，地（市）级的数据也不能被忽略，这些数据都会为精准区域研究提供有效的参考。

三是从力度来看，不仅包括统计的较精准数据，还包括一部分涉农经济主体的基本情况信息、投资融资信息、股东以及产权信息、专利享有信息、进出口数量信息、招牌信息、大众媒体信息、CIS坐标信息等。

四是从专业性来看，要一步一步实施，第一步是要构建并且整合农业领域的专业数据资源，第二步是对专业的子领域数据资源进行有序的规划。

2. 农业大数据的特性　数据量大（Volume）、处理速度快（Velocity）、数据类型多（Variety）、价值大（Value）、精确性高（Veracity）。包括以下几种。

一是从领域来看，以农业领域为核心（涵盖种植业、林业、畜牧业等子行业），逐步拓展到相关上下游产业（饲料生产，化肥生产，农机生产，屠宰业，肉类加工业等），并整合宏观经济背景的数据，包括统计数据、进出口数据、价格数据、生产数据乃至气象数据等。

二是从地域来看，以国内区域数据为核心，借鉴国际农业数据作为有效参考；不仅包括全国层面数据，还应涵盖省级数据，甚至地（市）级数据，为精准区域研究提供基础；不仅包括统计数据，还包括涉农经济主体的基本信息、投资信息、股东信息、专利信息、进出口信息、招聘信息、媒体信息、GIS坐标信息等。

三是从专业性来看，应分步实施，首先是构建农业领域的专业数据资源，其次应逐步有序规划专业的子领域数据资源。例如，针对畜品种的生猪、肉鸡、蛋鸡、肉牛、奶牛、肉羊等专业监测数据。

四是从精确度来看，农业大数据通过科学采集、预处理，精确的分析和挖掘，具有较高的精确度。

3. 根据农业产业链条划分农业大数据的领域　主要集中在农业资源与环境、农业生产、农业市场和农业管理等领域，具体如下。

一是农业自然资源与环境数据，主要包括土地资源数据、水资源数据、气象资源数据、生物资源数据和灾害数据。

二是农业生产数据，包括种植业生产数据和养殖业生产数据。其中，种植业生产数据包括良种信息、地块耕种历史信息、育苗信息、播种信息、农药信息、化肥信息、农膜信息、灌溉信息、农机信息和农情信息；养殖业生产数据主要包括个体系谱信息、个体特征信息、饲料结构信息、圈舍环境信息、疫情情况等。

三是农业市场数据，包括市场供求信息、价格行情、生产资料市场信息、价格及利润、流通市场和国际市场信息等。

四是农业管理数据，主要包括国民经济基本信息、国内生产信息、贸易信息、国际农产品动态信息和突发事件信息等。

三、农业大数据存在的问题与优势

1. 存在的问题

（1）资源浪费严重。据国家统计局统计，我国农业从业人员近

2.7 亿，劳动生产率仅为世界的 64%，有效灌溉面积 0.63 亿公顷，但农田灌溉水有效利用系数仅为 0.52，远低于发达国家 0.8 的水平；喷洒农药的利用率仅为 35%，比美国低 11%；化肥施用综合利用率不足 30%。这种粗放的发展模式造成了极大的资源浪费和食品安全问题，影响了人们的健康，影响了经济效益。

（2）信息滞后造成的供需失衡严重。近几年农产品市场频繁出现"蒜你狠""豆你玩""姜你军"等现象。价格大起大落，严重影响了居民生活质量。主要原因是信息滞后引起的供需不平衡，市场需要什么，农户不知道。当某一农产品价格上涨时，农户争相种植，造成供大于求，引起价格暴跌。最根本的原因是市场经济调节模式周期过长，不能实时反馈，更不能根据基础数据对市场价格进行准确预测。

（3）数据意识比较淡薄。一方面是农户缺少数据意识，不去积极主动的收集利用数据，生产种植凭经验；另一方面是相关部门企业对数据的时效性重视不够，虽然国家发展和改革委员会、农业农村部、商务部等都建立了价格监测系统，涉农网站 2016 年已达到 3 000 多家，但由于维护更新不及时，内容实用性、时效性、针对性差，导致网站形同虚设，对农户的帮助不大。

（4）存在数据孤岛。缺少数据共享机制，政府、企业、科研单位虽已认识到数据的重要性，但数据共享意识还有待提高，仍然将数据作为自己的秘密财富，不愿与外界分享，导致数据壁垒出现，甚至同一单位内部不同部门间，数据都无法做到有效共享。国家在数据公开共享等方面缺乏具体的标准和政策指导，导致政府、科研单位等公共机构，即使有数据共享的意愿，数据共享也较难开展。在各个单位之间以及单位内部不同部门间，由于各个信息系统建设时间、建设标准、建设目的不同，导致在不同信息系统间数据粒度、数据密度等都有较大不同，进行数据共享难度较大，即使有数据共享的意愿，数据标准化处理的难度也非常大。

（5）数据来源单薄，技术应用不足。农业数据采集系统多由政府、科研单位等公共机构建设，企业参与程度较低。由于农业相较于互联网、金融等行业发展较弱，农业领域内由企业提供的信息服务非常少，导致数据覆盖品种、面积有限，数据定制化服务缺失。数据采集多依赖人工采集，信息化程度有限，部分信息化程度较高的地区借助电脑终端、互联网进行信息录入、存储、传输，利用移动终端、移动互联网技术的移动采集实时传输的信息采集系统较少，利用物联网技术的自动化信息采集系统也较少，部分地区还依赖人工采集、纸笔录入、逐级上报的信息采集方式，导致信息采集效率低、误差率高、时效性差等问题。

（6）系统建设缺乏弹性，数据扩展能力较弱　农业信息平台多为特定目的建设，大多只能处理该系统设计范围内的数据，对于初期设计范围外的数据类型、来自其他信息平台的数据兼容性较差，平台扩展性较低。对于数据本身，由于缺乏统一的数据标准，导致数据采集、存储都依据初期设计时的标准采集，限制了后期系统升级、数据扩展以及不同平台间数据的共享。受限于数据平台的特定性，其数据来源、数据类型等特征较为相似，较难开展数据交叉验证工作，数据的准确性更多依赖于数据采集端，在数据平台本身无法再次校验数据。

（7）数据服务类型单一，数据使用门槛较高　大数据平台大多提供数据查询服务，但是缺乏结合海量数据和实际需求的深度分析服务，导致平台使用门槛较高，使用者多为具有一定数据分析能力的专业人士，而农场主、农户等接触数据分析经验较少的用户就很难有效利用数据指导生产、生活。现阶段农村从事种养生产的农户大多年龄偏大，而信息获取多依赖智能手机、功能手机等渠道。农户对信息需求强，但信息获取、应用能力较弱。现有农业大数据平台提供数据订制化服务能力较弱，部分平台开发了手机 APP，其功能多为数据推送服务，综合生产建议较少，农户应用难度较高。

2. 大数据在农业领域应用的优势

（1）大数据有助于解决资源浪费的问题，有利于精准生产。结合当地土壤、气候、温度、湿度和植物自身生长情况等特点，通过大数据的收集和分析，计算出农作物的需水量、需药量、需肥量，可以为农户提供具体到时间、地块、用量的最佳生产方案，最大限度减少资源浪费，节约农户资金投入，提高收益和产品质量。

（2）大数据有助于快速调整产业结构，有利于资源的精准分配。农户由于信息不对称，往往通过市场判断农产品的贵贱，以此决定下个周期的种植对象，而这个周期多则1年，少则数月，市场反应的滞后性往往会使农户作出不正确的决定，从而造成消费者和农户损失。而大数据却能很好地解决上述问题。由于大数据具有智能预测的能力，可以利用已有历史数据准确预测群众需求，再结合气候、土地数据预测当年的产量，进而指导农户进行精确种植，实现源头上的精确指导。在农作物生长的过程中，可以将实时数据和历史数据相结合，预测产量和消费需求，并将预测结果实时反馈给农户，实现过程上的精确控制。在流通环节，可以利用大数据精准播报农产品在各地的供求情况，利用市场进行跨地域的调配，从而平衡供给关系。可见，大数据通过对产前、产中、产后的预测指导，有助于供需的精准对接。

（3）大数据有助于农业灾害的预测预防，有利于粮食安全。可以通过遍布于耕地中的传感器提供的大量数据（关于历史气候、历年病虫害情况、种植业结构、菌源基数等），运用大数据处理技术，对造成病虫害的主要因素进行建模、分析，预测本地区可能发生病虫害的概率，提前发出病虫害的预报，提醒农户提前做好预防工作，减少自然灾害造成的损失，提高作物产量，这对于我国的粮食生产安全来说极为重要。

3. 大数据带来了思维的转变

（1）由利用抽样数据转变为利用所有数据。长期以来，人们缺乏有效的工具准确分析大量的、结构多样化的数据。随机采样只是在无法大规模收集到相关所有数据的情况下使用的。它自身存在很多缺陷，由于随机样本的成功秘诀主要在于采样的随机性，而现实中却很难掌握采样的随机性。一旦采样过程中出现任何偏差，得出的分析结果就会相差甚远。在数据分析技术还处于相对落后的时期，人们需要对数据进行分析从而认识世界，然而缺乏有效的用以处理采集到的海量数据的工具，导致了随机采样的产生。当今，技术环境有了很大程度的改善。数据分析技术已产生颠覆性的变革，随机采样已经意义不大，然而人们的思维方式却没有紧跟这种变革。在特定情境下，仍然能够运用随机样本的分析法，然而这已经不是处理数据所使用的重要方式。大数据技术的高扩展性的数据存储能力，成本更低，能够存储几乎全部的基础信息数据。信息处理已从"随机样本"扩展到"全体样本"，可以更准确地反映隐藏的内部规律与知识。大数据技术已经逐渐应用到人们日常生活的各个方面。人们也应该从更全面、更广阔的角度来理解事物，也就是把"样本等于总体"这种思维模式深入到思维方式当中。

（2）通过数据的普遍性来追求更精确的结果。在收集样本的时候，传统的样本分析师需要用全面的策略来减少甚至规避样本数据的错误，他们几乎不能容忍错误数据的存在，努力追求着样本的精确。然而，现实情况是尽管面对的只是少量的数据，用来防止与降低错误发生概率的这种策略操作起来仍然耗费巨大。在需要采集全部相关数据的时候表现得尤为显著，这种策略根本行不通。一方面，这种操作模式耗费过于巨大；另一方面，对海量纷繁复杂的数据收集要保持标准一致性实属不易。在数据缺乏的时代，人们普遍执迷于对精确性的追求。然而，在大数据时代，如果继续用传统的思维模式来思考的话，就可能会错过更重要的信息。大数据技术的高扩展性数据存储能力成本更低，能够存储所有基础信息，拥有的数据库更全面，几乎囊括与该现象相关的全部数据。因此，我们不必担心数据点会对整个数据分析产生不利影响。我们应该拥抱这些混杂的数据，并从中受益。在大数据技术高速发展时代，需要通过数据的普遍性来追求更精确的数据分析结果。

（3）由追求因果关系转变为相对关系的分析。大数据思维方式与传统思维逻辑大不相同。大数据技术是针对大规模数据进行聚类、搜索、分类及比较等统计性的归纳分析，它的分析结果与使用的分析工具和分析过程之间都存在着相关关系，这在一定程度上继承了统计科学的一些特点。实际上，在大数据技术产生之前，就已经有人证明了相关关系有大作用，但是对它的应用却相对较少。一方面数据量相对较少，另一方面对数据的收集与储存也相当费时费力。因此，统计学家就找到一个关联物，采集与这个关联物相关的数据作相关关系处理，进而检测该关联物的优劣。然而这个关联物有时也只是专家的抽象物，一种假想，这种假想需要进行反复试验。一方面这个过程过于烦琐，另一方面也可能会带来一种偏见蒙蔽人们的双眼，造成人们在构想假设以及选定关联物的过程中出现偏差。

在大数据技术高速发展时代，人们拥有海量数据，依靠大数据技术进行数据挖掘和计算分析，可以瞬间处理成千上万结构复杂的数据。人们已经不再依赖人工挑选部分相似的数据或关联物进行逐个分析。先前人类对世界的认识必须建立在对其的假设之上，而现在已经不那么需要了。

四、农业大数据在经济发展中的作用

大数据技术在农业生产、农产品流通、农产品质量监测方面都有突出表现，并且在搭建农业信息平台方面起着基础性作用，农业信息化、农业现代化需要大数据技术的支撑。在农业领域，不论是生产活动还是科学研究活动每一年都会产生庞大的数据，这些数据经过存储、分析和应用，能够对于现代农业的各个环节都发挥重要功效。从技术哲学的角度来说，大数据技术作为信息技术领域的新热点，它具有技术的一般属性。技术作为人类的一种理性活动的产物，可以满足人类改造自然、利用自然的需求，一般拥有两大属性：工具性和社会属性。技术的社会性指的是技术作为人的一种创造性实践活动从本质层面属于人与社会的范畴，不论是技术的产生和应用还是技术的传播和发展都要受到各类社会要素的限制，因此，技术的社会属性更体现出技术的本质属性。

1. 为精准农业提供实时的点位信息　在田间对土壤进行采样，通过配置的 GPS 接收机把样品采集点的位置精确地测定出来并输入到计算机，计算机依据地理信息系统将采样点标定，绘出一幅土壤样品点位分布图，由分布图控制田间各点的施肥种类和施肥量。在收割机上安装计算机、产量监视器和 GPS 接收机，就构成了作物产量监视系统，当收割作物时，监视器记录下作物的产量信息并通过计算机绘制出每块田的产量分布图，结合土壤养分分布图进行综合分析，找出影响作物产量的有关因素，为合理施肥和田间管理提供依据。

2. GPS 导航系统在无人机中的应用　当前，无人机在农业生产中也越来越广泛，如无人机播种、无人机喷洒农药，这些都要通过GPS 导航系统为其导航。利用 GPS 差分定位技术对农田喷洒化肥和农药时可以减少横向重叠，节省化肥和农药，避免肥害和药害，尤其在夜间使用，效果更好。

3. 在变量播种中的应用　土壤类型、养分、墒情、地形在田间分布存在差异，为了达到在整块田间出苗整齐，需要播种机在行进过程中，根据播种处方图随时调整下种量、下种深度，播种机的位置信息由卫星接收后，被传送至移动处理器，处理器读取播种处方图信息，通过液压系统控制播种机的下种量和下种深度，实现行进间变量播种作业。

4. 优化产业结构　农业生产极易受自然、市场、政策的影响，将大数据运用到农业中，对农业生产过程产生的海量数据进行科学的分析和深度的挖掘，能够很好地预测农业的发展动态。根据实际需要及时调整农业产业结构和农作物品种，有针对性地将优势资源集中于处于发展势头较好的农业生产方面，发展具有地方特色的农业，为地区经济发展提供助力。

5. 推动农业科学的发展　改进经营模式，与传统经营模式相比，大数据能有效避免农业数据的缺失和错误，通过对全体数据进行科学的分析，比随机抽取有限样本所得到的结论更准确和公正，能够更加科学地指导农业经济的改进，科学地预测农业的未来发展。促进农业转型，我国农业必须从传统农业向现代化农业方向转变，用先进的科学技术来指导生产，用信息技术等来准确预测，规避风险，在最大限度内保证农民的利益。

6. 指导农业相关企业发展　从农产品的产生到销售，整个产业链都需要相关企业或部门进行有效把控，这些企业或部门大致可分为生产资料供应农资企业、农作物回收企业、农作物加工生产企业、农作物销售企业，这些企业是促进农业发展、提高农民收入的重要保证。农业大数据在农业相关企业中运用能有效预测全国市场、旺季淡季，通过采用多种销售方式能优化产品存储、运输和经营策略，还能对客户反馈数据进行分析，从而提高企业运营效率，指导农产品的生产、研发和销售。

7. 完善农业政策决策 政府的政策是决定农业发展的最主要因素之一，农业大数据能帮助政府了解农业发展现状和市场情况，有助于政府管理农业经济提高管理效率。政府可充分利用大数据的快速等特点来有效调整农业活动，让农业更符合当地的实际情况和市场的发展要求，进而打造具有地方特色的农业经济，达到提高农民收入的目的。此外，政府应充分利用农业大数据动态的特点，及时调整政策决策导向，促进农业发展，增强企业核心竞争力。精准农业决策是指根据各个方面的农业信息制订出一整套有可实施性的精准管理措施。在大数据处理分析技术出现之前，专家系统、作物模拟模型、作物生产决策支持系统是主要的生产决策技术。大数据处理分析技术可以集成作物自身生长发育状况以及作物生长环境中的气候、土壤、生物等数据，同时综合考虑经济、环境、可持续发展的指标。这可以弥补专家系统，模拟模型在多结构、高密度数据处理方面的不足，为农业生产决策者提供更加精准、实时、高效的农业决策。

8. 应用于农情监测 农情监测的主要目的是根据监测耕地的变化、农作物产量变化、自然灾害发生概率等情况，更好地实现由"看天而作"到"知天而作"的转变。在大数据的基础上，根据数据处理平台的分析处理，使农情监测系统更加完善，给农情监测工作带来新的机遇。

自然灾害监测通过分析收集的气象数据，结合气象模拟、土地分析、植物根部情况分析等要素，增强自然灾害的预测预报准确率和改进灾害评估方法，提高预测的准确性。这种通过大数据分析来监测自然灾害的方法在国内虽然还未开始使用，但是在国外已有先例。作物估产及生长动态监测，农作物的生长监测一般采用遥感技术和作物模拟技术相结合的方法：遥感卫星监测从宏观上反馈作物生长数据，作物生长模型从机理上通过作物生长环境模拟其生长发育过程，结合在一起可以对农业生产提供系统全面的预测。针对遥感卫星监测提供的宏观数据，可以利用大数据处理平台进行全面分析，为作物估产和生长动态监测提供重要的信息情报。

9. 应用于农产品监测预警　农产品监测预警是指通过对于农产品质量、农产品市场的监测达到预防农产品的预测，从而使现代农业稳定发展。大数据时代的来临，为农产品市场监测预警工作提供了海量的数据支撑，因此，会推动农产品监测预警工作更加标准化、精确化。在农产品质量监测预警方面，大数据技术给农产品信息的全面收集提供了技术基础，使农产品质量能够进行全方位比对，增加农产品质量监测的准确性。由于大数据处理技术的实时性，也使得农产品质量在出现问题时，能够及时防止影响的范围扩大，从而使农产品质量预警机制更加及时高效。在农产品市场监测预警方面，由于数据获取技术更加快捷，所以农产品市场信息的流动会大大加快，从而减弱不同地域的市场信息不同步产生的市场风险。同时，大数据分析技术更加注重全面分析而不是抽样分析，因此，农产品市场监测预警更加精准。

10. 应用于农村综合信息服务系统的搭建　国家农村综合信息服务系统的搭建有助于农业信息的传播。农村综合信息服务是指按照"平台上移，服务下延"的思路，集成与整合各分散的信息资源与系统，在全国范围实现信息资源的共享。在信息服务平台搭建过程中数据资源体量大、数据处理流程复杂、信息服务模式多样，需要实现海量农业信息化数据获取、传输、加工、服务一体化处理。因此，在研究复杂多样的用户需求、实现信息服务按需分配及处理大规模的资源数据中，就必须利用大数据处理分析技术。农业大数据的应用研究为农村综合信息服务系统的搭建提供了必要的技术支撑。

第二节　巧助数据多讲话
——农业大数据创建

一、农业大数据信息化应用体系中的若干技术分析

1. 农业生产环境数据获取技术分析　在大数据背景下，农业数据采集自动化、智能化取代了传统的人工化，它提高了数据输出与输

入的实时性与高效性，证明了农业大数据的现实优势。具体来讲，它的技术体现也分布于各项子技术中，例如，最为常见的农业生产环境数据获取。该技术是指针对动植物生长过程所提出的有关空气温湿度、土壤温湿度、CO_2 含量、营养元素、气压、光照等环境数据调节的行动动态监测与采集过程。它主要采用了农业智能传感网络技术，实现了多学科技术的相互交叉与综合应用，同时还融入了诸如 MEMS 微电机系统、光纤传感器、电化学传感器以及仿生传感器技术，这些技术配合大数据就形成了智能化综合数据获取与分析系统，提高了农业生产环境数据监测的精度与广度，其监测频率也有大幅度提升。在运用大数据以后，农业数据获取的渠道及范围也在不断拓宽增多，其获取成本相应降低。就目前来看，像分布式、多点部署的农业环境数据获取技术已经相当成熟，它在数据量获取及应用方面已经拥有了长足进步。

2. 生命信息智能感知技术分析　生命信息智能感知技术主要针对动植物的实际生长过程展开分析，其可以细化到对动植物生理状态、发育过程以及活动规律的全面细化数据提炼，所获取的生理数据相当细腻。例如，对植物中氮元素含量变化数据的提取、动物运动轨迹、体温变化数据的提取等。另外，还有以生命信息感知为主的光谱技术、人工嗅觉技术、机械视觉技术等。它们都是基于大数据结合生命信息智能感知系统来为农业生产运作所获得的重要生命信息，其本身就是对农业生产对象的数字化描述，也能够形成对生命个体的全程行为监控管理。

3. 农业遥感数据获取技术分析　农业遥感数据获取技术主要利用到了 RS 遥感技术、通信卫星技术与飞行器技术，它能够实现大目标、大范围数据监测，并实现远程数据获取。详细来讲，遥感技术所提供的就是一种空间信息获取技术，它具有数据获取范围大、获取信息速度快、获取周期短、获取信息方法多的特点，同时也能贴合大数据的海量数据标准。在农业遥感技术中，为农作物生态环境与作物生长提供了各种动态信息数据，实现了对农用地资源的有效监测与保护，并且针对农作物进行实时的、大面积的长势估算监测。另外，它还能够针对农业气象灾害进行监测分析，通过作物模拟模型来反映某一区域内大面积、长时间的农业生产状况。总之，它就是能够长时间、宏观、全局的反映农业生产层面的有效动态数据。

4. 农产品市场经济数据采集技术分析 这里所提到的农产品市场经济数据采集技术主要针对农产品生产之后的市场销售环节展开，例对，农产品的销售、质量把控、需求满足、库存计算、进出口商贸等，基于市场行情来采集调节其产品价格，明确产品性质与质量安全。客观讲农产品市场数据采集技术具有一定的突发性、动态性、变化性与实时性，许多农产品生产企业都通过智能终端配合大数据通信网络的模式，借助专业技术人员团队来开展农产品市场经济数据采集。主要基于智能终端来优化农产品市场经济数据内容，再基于 4G 基层农业技术推广平台来实现对典型农产品市场数据的有效采集和应用，为将来的农业生产提供参考数据。

5. 农业网络数据抓取技术分析 农业网络数据抓取融合大数据后可以形成全新的网络爬虫技术，这种技术对涉农数据的动态监测过程非常精确，能够按照一定技术法则来自动抓取网络中的所有信息程序与校本，同时拓展出深度优先与广度优先两种技术。就当前农业互联网层面的大数据技术发挥来看，这种网络数据抓取技术能够客观反映农业生产实时数据的规模、动态变化、分布性以及异构性。同时它也建立了农业搜索引擎，基于主题网络爬虫技术来构建大数据信息化农业应用体系平台，为农业网络数据获取奠定了一定技术基础。

6. 适用于农业领域的聚类算法 数据挖掘的方法有很多，广泛应用于农业数据挖掘的方法可以归纳总结为聚类挖掘、分类挖掘、关联规则挖掘、偏差挖掘分析等。聚类挖掘算法是应用最为广泛的方法，该方法可以探索发掘事物之间的存在关系。聚类算法根据数据对间的相似和差异，可以将数据分类，每类中的数据具有很高的共同点，不同类别间的差异性很大。聚类挖掘算法的出现解决了很多实际数据挖掘问题，然而选用快速可靠的编程技术同时也影响着聚类的精度和速度。对于农业数据来说，在许多实际应用中，农业大量采集获得的数据都没有先验知识，所以对农业数据进行挖掘的时候聚类算法是首选的方法。谱聚类算法是一种聚类效果很好的数据分析方法，由于它的聚类效果较好，所以被广泛应用，算法的优越性表现为以下几点：只需要通过求解一般矩阵的特征向量即可完成聚类；谱聚类不局限于具体的模型，即在进行聚类时，不用假设数据点是来自于哪种空间分布；谱聚类算法可以在任意空间形状的数据集中进行运算；谱聚类算法聚类过程不易陷入局部最优解；在对高维数据计算时，可以将 n 维数据压缩成 k 维数据，能够完成数据降维。谱聚类的重点是找到一个衡量数据点之间的相似程度的方法，通过划分相似图里的节点把数据聚到相应的簇里。所以如何测量数据点间相似度直接影响聚类结果。谱聚类算法没有先验知识可用，采用恰当的距离度量相似程度可以准确反映数据点之间的相关性，建立准确及可行的相似度矩阵是衡量谱聚类算法优劣性的关键，提升谱聚类算法的表现性能，聚类结果也就更加合理。

7. 数据可视化技术　数据可视化技术通过图形的科学研究与展现，给用户视觉上带来全新的数据认识。它是将数据和存储的信息转译为图形中的可视特征，达到人类肉眼可以直接对大量的数据信息进行快速判断、分析、理解。通过可视化技术解释的数据可以清晰、高效的反映隐藏在数据间的知识，来完成数据信息的传递和简化理解。数据可视化模块根据最终产生的图形可以划分为简单统计学图形和数据类型图形。统计学图形包括了简单的折线图、柱状图、饼状图等，该类图形可以根据平台存储数据直接作出用户请求的结果。数据类型图则包括了地理信息图、平行坐标图、树结构图等图形，该类图形则首先通过平台的聚类技术处理后再将结果润色后呈现给用户的一种可视化方案。

二、构建大数据平台的目的与意义

随着农业现代信息化进程的不断发展以及农业种植业、畜牧业、渔业、农产品加工业、气象等数据的不断积累，农业数据正以前所未有的速度不断增长并形成了海量数据。包括农业网站每日更新的各项农业数据、高校科研使用的实验研究数据、农业普查统计数据。这些海量的农业数据均有待于开发利用，然而大多数都被掩埋在数据库中、资料室中，失去了数据的潜在价值。如果开发一个功能齐全的平台，应用相应的关键技术，对农业数据统一管理、分析、利用，就会为农业发展提供数据帮助，为农业生产提供指导建议。这样的平台不但可以整合这些数据，平台的管理功能还可以完成数据交换功能，丰富平台的数据量。成为一个集成海量农业数据的系统，再经过平台的关键技术处理和分析，为政府、学校等提供最全面的科研数据，为农民提供农业生产上的知识，为政府提供正确的农业发展决策，加快我国农业向数字化转变的进程。我国农业领域数据具有数据实时性强、维度高、数据存储分散、难以综合分析等特性。一方面是因为我国农业结构复杂，农业数据涉及多个领域；另一方面农业数据又容易受到地理环境、土壤、天气、作物、病虫害等的影响。农业领域的大数据需要经过有效的分析后才能指导农业生产，发展农业大数据的精确管理、精确处理、精确分析是发展智慧农业的重要支撑，必将为中国农业实现信息化、智能化、现代化服务作出不可或缺的贡献。这些数据的有效利用需要相应的大数据平台作为支撑，大数据平台可以整合农业领域的数据，提供查询、下载、上传、可视化等功能，平台的数据挖掘方法可以挖掘隐藏在农业数据中的知识，发现规律，大数据平台还可以为农业工作者提出决策意见和指导建议。

农业大数据平台作为农业信息资源的重要载体发挥着重要作用。整理和开发具有管理、分析农业大数据功能的平台是解决目前农业领域大数据利用效率低的问题的关键。中国农业科学院对农业信息化的发展，提出想要发展农业大数据就需要对农业数据分析技术开展研究，找到合理高效的分析手段；想要对农业信息化产生的大量数据进行管理、整合、分析就需要开发具有更高技术的应用平台。这些技术需要支撑平台实现数据采集、数据存储、数据处理、数据分析、数据展现等功能。只有在这些技术的支撑下，农业大数据平台才能更好地发挥作用；只有平台将大数据技术和农业领域深入耦合，才能对我国农业市场进行监测预警，才能实现智慧农业指导生产管理，才能对我国农业发展方向作出科学决策；只有在关键技术的支撑下，对农业数据进行采集、标准化处理、公开发布、展望预测，才能影响预期，管理未来农业。

农业领域存在的诸多问题都可以通过农业大数据平台进行解决，农业大数据平台的开发具有以下几点意义：农户可以通过大数据平台查询生产资料信息，解决一些实际问题；农业大数据平台便于为农户提供田间信息，分析土壤营养成分，提供自动配肥方案；在农业大数据的帮助下，平台可以根据涉农气象数据展开分析，为农户提供合理的天气预警预报，指导农户如何应对突发自然灾害，降低损失；农业大数据平台可以依照田间物联网数据进行分析，为农户提供病虫害、疫情分析预警；农业大数据平台可以为用户提供多元数据并为用户提供展现分析工具，方便涉农用户查询学习；农业大数据平台可以挖掘农业数据中隐匿的信息，为涉农行业提供新的想法和发展思路。

现如今，粮食安全、农业技术指导等问题都在中国占据相当特殊和重要的战略地位，因此农业大数据平台的设计问题也应该被赋予重要地位。当信息化已经成为推动社会发展的重要驱动力，随着信息技术的飞速发展，物联网、云计算和移动互联网终端等最新的信息技术不断被应用于农业领域。农业管理、科研、生产、流通等各个环节正在不断产生海量的数据。假若农民可以及时准确掌握这些数据，就可以对何时进行施肥、何时灌溉、种植品种等行为进行决策，从而提高农业生产效率、降低农业生产成本，实现农民增收。农业大数据具有异构性的特点，而数据格式类型多种，包括结构化、非结构化、半结构化数据等类型，同时数据量大，这使得传统的数据加工处理技术不适用于对农业大数据的挖掘分析，达不到及时、有效处理实时数据，获取有效信息的目的，也无法应对目前所产生的大量数据的处理要求。

因此，建立能够自动获取数据、农业数据可查询、农业数据可分析、农业数据可报表、农业数据可挖掘的平台成为目前农业大数据发展的趋势。通过对现有农业大数据网站的研究发现，各大农业数据平台都可以实现农业数据的查询功能，如《猪易网》能够提供实时更新的猪生产过程数据,为养猪户提供查询服务;《农业大数据应用云平台》则实现了农业数据的查询和数据可视化功能;《艾格农业数据库》则可以完成进出口数据、行情报价和研究报告等功能。以上各大网站都可以实现数据的实时更新和查询功能,但是各有侧重,并没有实现对数据的整合、挖掘分析和指导等功能。因此,开发能够针对用户的不同需求,实现数据查询、数据可挖掘、数据可视化的平台显得尤为重要。

三、构建大数据平台的方式与方法

为了不断推进农业经济的优化,实现可持续的产业发展和区域产业结构优化,进一步推动智慧农业的建设进程,需要全面及时掌握农业的发展动态,这需要依托农业大数据及相关大数据分析处理技术,建设一个农业大数据分析应用平台——农业大数据平台来支撑。

农业大数据平台整体设计应具备以下原则:平台能够适应现代大数据处理的需求,达到处理速度快、运行稳定的要求;平台需要按照不同农业数据的特性,选择正确的数据挖掘算法。

1. 平台的实用、简单、易操作性 农业大数据平台的设计过程需要结合当下中国农业发展的实际情况进行设计,从而确保平台的设计符合现阶段农户和用户对数据的需求。平台针对农业方面人员设计,主要面向中国农民,然而这部分用户群体并没有较多的网络和计算机知识,所以本平台设计一定要简单、易操作。平台在设计过程中尽量使用简单的下拉框、复选框和单选框的形式,实现直接进行数据的查询、交换等功能,节省用户使用时间。

2. 平台的稳定性 农业大数据平台开发运行要确保平台的稳定性,所以在设计过程中,平台需要采用稳定的操作系统和语言进行开发,这里包括了系统的选择、数据库的选择和开发软件的选择等,开发的过程中尽量避免漏洞的遗留问题,还要经常对平台开发的软硬件进行整改和完善。

3. 平台的先进性 农业大数据平台既要学习和参考如今主流的农业数据云平台,还要在这基础上做到创新和补充。平台开发的同时需要选用当今前端的设备和软件版本，避免造成日后系统升级维护带来的费用。

4. 平台的易开发性　农业大数据平台可以让后台管理人员进行简单操作，一键式设计数据库表单形式，保证管理人员根据不同的业务需求，制订新的业务表单、报表和统计分析模型，从而符合大环境和监管变化的要求。

5. 平台的可维护性　农业大数据平台的设计必须具备可维护功能。程序的编写过程需要有完整的注释，比例应该满足 1.5∶1 的要求，方便日后对平台源代码的修改和完善。

在技术上，该平台应该充分运用先进数据管理技术和数据仓库技术，建设具有高效性、先进性、开放性的商务智能项目。在结构上，该平台应具有良好的可配置性，满足资源、业务流程的变化。同时随着业务的发展，业务量的增加，系统也应该具有良好的应用及性能的扩展。

平台基于农业信息管理应用划分为管理类与经营类，其中再按照现代农业生产职能进行细分，结合大数据技术理论，将平台划分为 5 个现代农业职能管理类模块及 3 个现代农业经营类职能模块，它们分别从横向与纵向信息管理方面描述了农业生产的实际应用需求，为现代农业生产建立生产链、资金链、信息链与物流链，而且 4 条产业链相互贯通联系。具体来讲，5 个现代农业职能管理模块包括农业机构管理模块、农业学科管理模块、农业时空管理模块、农业科技管理模块和农业网站管理模块；3 个现代农业经营职能管理模块包括农业采购管理模块、农业销售管理模块和农业生产管理模块。在大数据时代，这些模块能够合理基于大数据技术渗透实现对农业现代化的精准评估与功能优化，同时进一步划分农业管理的精细度。不过考虑到农业信息管理存在一定难度，所以平台建设也采用了 ABC 管理模式，分别将上述 8 个现代农业职能管理模块进行整合归类，最终实现分类管理。利用 ABC 管理模式主要是希望基于大数据技术功能将现代农业职能进行更深层次的划分管理，同时区分农业信息管理中的能颗粒度大小，明确并优化各个模块职能。具体来讲，A 类管理模式主要基于大数据来设置农业信息编码库表，基于 A 类职能管理对象来进行管理过程分析，解析诸如农业科技成果、学科及相关科技人员对象所涉及的相关数据信息问题。B 类职能管理对象主要是单独设立大数据编码库表，并进行内部信息分类编码，B 类职能管理相对更为重要，它能够单独控制一个农业信息体系，对农业生产中所涉及的所有基本信息进行管理，例如，农产品生产地所处区域、农业技术内容以及农户基本资料等。C 类职能管理对象主要是构建编码表较为短小但应用频度较大的编码对象，该类职能管理对象的管理过程主要针对那些在农业生产中不太重要的对象信息，例如，农业应用标准基础信息等，但考虑到该平台拥有数据信息共享功能，因此该类信息也必须纳入平台管理体系中。

四、农业大数据平台拟实现功能与目标

通过平台的建设，汇集各方资源，构建农业领域特色的大数据研究中心；通过数据整合、采集和加工处理，建设中国第一个专业的农业数据资源中心；依托农业大数据相关技术数据采集技术、存储技术、处理技术、分析挖掘技术、展现技术等构建农业大数据应用平台；通过分析应用平台，进行成果发布，形成农业领域专业研究的权威成果发布平台，服务于高校和政府、涉农企业、社会公众等。平台的优势与特点如下。

1. 创新采集技术，汇集多源海量数据 大数据平台创新数据采集技术，针对历史数据平台结合 ORC、人工智能等技术，自动将储存于纸媒、磁带、光盘等介质的数据电子化、结构化并自动归类储存，极大地提高了历史数据的可用性、准确性。针对现有信息系统，平台通过开放数据接口，只需简单地配置即可接入不同信息系统的数据，不受原信息系统开发技术的限制，同时，系统管理员还可配置共享数据权限，保护数据隐私，大幅度降低了数据共享的难度并有效保护了隐私数据不外传。针对大数据平台直采数据，平台提供数据采集接口，可直接入物联网传感器、RIFD 采集器、二维码读取器等设备采集的数据，平台根据相应的技术，将原始数据自动结构化。对于人

工采集的数据，平台根据 GPS 坐标、系统时间等指标进行综合验证，大幅度提高了数据采集、传输的速率和数据的准确性。大数据平台通过广泛链接各类数据源，将储存在纸媒、磁带、光盘、私有信息系统中的孤岛数据汇集，并通过各类数据接口，实时汇集异源数据，建立了一个包含多来源、多类型、多层次的海量数据平台。

2. 依据标准处理，建立统一大数据云平台　大数据平台接入来自不同信息系统、采集系统、历史资料的数据，这些数据有不同的数据结构、数据特征。根据数据接入的更新频率不同，大数据平台使用中间件技术或标准（ODBC/JDBC）或非标准的数据访问接口（API）来统一处理，由发布系统与应用层交互，应用层只需专注于业务需求，不需考虑异源异构数据特征，大幅度降低数据的使用难度。针对异源数据，大数据平台会依据数据相关性利用人工智能技术进行交叉校验，从不同角度检验数据的准确性和可靠性，可以发现单一系统中无法发觉的数据错误，大幅度提高了数据的真实性、准确性和可用性。

3. 开放创新，满足不同类型的数据需求　大数据平台针对不同数据分析能力、不同数据需求的用户，开放不同层级的数据应用。针对数据需求复杂、具有一定开发能力的用户，大数据平台提供二次开发 API 和一些基础数据分析模块，使用户可以基于大数据平台进行二次开发，利用平台的海量数据和弹性计算能力，开发出能更好满足用户数据需求的产品。针对开发能力较弱的用户，大数据平台提供可视化分析功能，仅需拖拽即可生成多种不同的分析报表，并可根据用户的数据分析需求进一步修改报表，使用户可以便捷地利用海量数据进行分析建模工作。针对数据分析能力较弱的用户，大数据平台提供个性化数据订阅功能，用户可以订阅对自己生产、生活影响较大的关键数据，也可以购买第三方服务商的分析报告，提高了数据的时效性，降低了数据使用的门槛。针对大数据平台的海量数据，平台还提供数据交易服务，使数据能更好地匹配需求方，平台也通过技术、法律等手段，保护数据供给方的利益。"互联网＋"具有跨界融合、连接一切、开放生态的特点，基于"互联网＋"的农业大数据平台广泛汇集育种、生产、流通、销售等各个环节的数据，进行标准化处理和交叉验证，建立数据开放应用平台，实现了海量数据整合共享、多源数据实时汇集、数据服务易用，为政府决策、农企高效管理、农民生产增收提供有力支持与有效指导。

第三节　避免数据说谎话
——农业大数据风险规避

随着近年来信息化的持续发展，云计算、移动互联网、智慧物联网等的广泛应用，信息数据量不断飞速增长。为快速有效的应对大量数据对信息的存储读取和检索等，大数据技术成为业界关注的热点。而由此也带来了新的安全挑战，需要应对更多的安全风险。现今时代的网络安全风险，已经变得更加多样化、复杂化。如何在当前环境下确保数据安全，如何为客户提供更精准的安全控制策略等问题需要深入研究和探讨。同时大数据也为信息安全的发展提供了新的机遇。具体分析如下：

（1）数据安全面临着严峻挑战。大数据时代，网络数据价值不断凸显（网络数据包括了个人信息、企业数据和国家数据），以数据资源为目标的安全威胁行为越来越多地涉及经济利益，甚至国家利益的争夺，安全监管和执法面临严峻挑战。

（2）IDC 频受攻击，数据丢失及泄露风险加大。大数据平台集中着大量的政府、企业和个人的核心业务服务器和重要数据，作为重要的信息基础设施，其安全地位日益凸显。近年来，针对大数据平台的攻击日趋增加，数据泄露风险不断加大。

（3）新型网络攻击手段复杂隐蔽，现有数据防护技术难以抵御。新型网络攻击技术复杂性和隐蔽性越来越高，威胁范围不断扩大，现有安全技术措施难以有效发现及应对，常常造成数据大规模损毁和泄露等严重后果。

（4）用户隐私数据泄露事件接连不断，亟须加强监管保护。近年来，用户隐私数据泄露事件成倍增加，事件带来的损失不断扩大，用户隐私信息保护已经成为全球各国网络空间安全监管的巨大难题。

（5）数据交易黑色地下产业链活动猖獗，仍需展开长期治理工作。我国的数据交易地下产业链的规模、产值不断扩大，不仅侵犯虚拟数据资产，更带来了实际的经济利益损失，对数据安全和经济安全构成了极大威胁。

（6）数据开放和共享的需求强烈，开放共享与安全防护水平之间的矛盾凸显。随着数据价值的体现和科技的发展，以经济和民生需求为导向的数据开放共享需求日益强烈。在数据开放和共享的同时，提升数据安全保护措施和技术已成为长期存在的难题。

（7）数据跨境流动成为关注热点，国际博弈激烈。随着数据资源共享的需求日益强烈，数据跨境流动也日趋频繁，由于数据跨境流通的安全难以明确界定，各国针对数据跨境流动监管态度各异，国际博弈激烈。

一、了解数据安全技术，分析数据风险

（一）风险分析

数据从产生、采集、传输、存储、共享、挖掘、交换、应用到销毁全过程的生命周期中，存在的风险有多种，所有对网络空间的安全威胁，同样会威胁到大数据系统，如黑客的入侵、恶意代码的侵害、数据的泄露、交易中的抵赖问题等。

1. 数据生成与采集阶段的风险 数据生成、采集存在的风险首先是大数据权属需要确认的问题，目前已经发生了数据资源被复制的情形。任何数据在生成过程中都面临着被泄露和被未授权改变的风险，还存在数据与源数据的错位、国家秘密与个人隐私泄露、源数据存在有恶意代码等问题。

2. 传输风险 大数据的传输存在于全生命周期的多个环节，如出现在采集到存储之间、分类分级过程中、分析挖掘过程中、应用过程中、交换与交易过程中。随着大数据应用中网络节点数增加，网络安全面临更大的风险，网络防御形势更加严峻，网络传输过程中的安全性很难得到保证，攻击者常利用传输协议的漏洞进行数据窃取、数据拦截。当前，大数据技术甚至被应用到攻击手段中，攻击者通过对

大数据技术收集、分析和挖掘情报，使得各种 APT 攻击更容易成功。

3. 大数据存储安全威胁　海量和多源异构数据的汇聚，对大数据分析平台提出了更高的要求，主要体现在对结构化和非结构化数据的存储、海量数据的处理以及大规模分布式数据存储和集群管理等。复杂多样的大数据存储，数据存储管理安全防护措施难免存在漏洞，造成数据失窃和篡改。同时，各种类型的数据集中存储，也使得大数据应用系统更容易成为入侵者攻击的目标。

4. 共享、交换中的风险　大数据系统根据职责不同，存在相应的六大角色，即数据的使用者、数据的提供者、大数据框架提供者、大数据应用提供者、系统协调者和大数据资源的觊觎者。在数据的共享、交换中缺乏数据拷贝的使用管控和终端审计，存在数据泄露、行为抵赖、数据发送错误等问题。

5. 挖掘过程中的风险　在大数据挖掘过程中，主体访问的不是一个客体的全部，而仅仅是某些客体的某些特征量，这一点与信息系统中的访问是有区别的。因此，主体对客体的访问也不应该是客体的全部，而只是这些与特征量相关的信息。特征信息之外的信息内容，不应该授权进行访问，否则就可能出现大数据的滥用问题。当前可扩展和可组合隐私保护数据的挖掘及其分析、知识控制、机器学习、人工智能技术的研究和应用，使得大数据分析的力量越来越强大，同时也对个人隐私的保护带来更加严峻的挑战。

6. 应用过程中的风险　大数据或经过分析挖掘后的数据，其应用价值得到极大提高，也会产生一系列的应用。在应用环节存在数据的泄露、数据的完整性被破坏、未授权访问、恶意代码、源数据完整性被破坏等风险。

7. 销毁过程中的风险　与其他的数据一样，大数据也需要定期的废弃和销毁，这样会腾出相应的存储空间。在利用新的数据存储和应用过程中，会存在错误销毁、数据残留导致的数据泄露等风险。

(二) 大数据本源风险类别与特征

1. 大数据本源风险类别　纵观国内外大数据的运用情况，大数据本源风险包括了大数据技术风险、大数据欺诈风险、大数据泄露风险和大数据法律风险。

一是大数据技术风险。大数据的运营高度依赖于相关技术的同步创新和升级，因目前国内的大数据产业发展尚处于初期，产业的技术支撑还不够成熟。大数据的技术风险包括技术不足风险、技术开发风险、技术创新风险、技术使用风险、技术保护风险、技术转让风险等。这些风险的叠加给大数据的运用带来严峻的威胁与损失。例如，针对大数据平台的高级持续性威胁（APT）攻击、网络病毒、Dos/DDos 攻击等非常常见，而依靠传统的防火墙、防病毒、入侵检测、访问控制等单一的安全防护技术已无法有效应对。

二是大数据欺诈风险。随着大数据的运用，消费者个人信息在网络环境下被反复调取和利用。不法分子通过搜集到的用户信息，利用诈骗电话、钓鱼网址、伪基站短信等手段实施精准诈骗，其手段的复杂性、隐蔽性和更新性给广大消费者带来不同程度的损害。据调查，2014—2019 年，网络诈骗人均损失呈逐年增长趋势，2019 年，猎网平台共收到有效诈骗举报 15 505 例，举报者被骗总金额达 3.8 亿元；举报者人均损失为 24 549 元。在网络虚拟环境下，欺诈风险已成为当前大数据中不可忽视的重要风险类别。在金融领域特别是在个人消费金融业务中，大数据欺诈风险是金融机构所面临的大风险隐患，严重影响金融行业的健康发展。加大研发反欺诈技术成为各行各业在大数据运用过程中的重要风险防范举措。

三是大数据泄漏风险。在大数据时代，随着产生、存储、分析的数据量与日俱增，隐私的边界在缺乏行业界定和保护的情况下不断被模糊，用户隐私信息的泄露风险已经成为大数据行业的重大风险类别。一方面，在利益的驱使下，触犯商业诚信原则和公司价值观底线的行为横行，终端恶意软件、恶意代码成为黑客攻击大数据平台、窃取数据的主要手段之一；另一方面，网站、应用系统、云存储、安全检测防护等网络基础设施或技术的漏洞导致黑客组织乘虚而入，对用户的价值信息进行伺机窃取和加工交易，从而谋求暴利。大数据信息泄露给专业能力较弱的中小消费者用户造成巨大损失，严重影响了行业发展的正常秩序。

四是大数据法律风险。大数据的价值在于对海量的用户信息进行撷取并分析，从中获取商业价值。然而，大数据企业在对个人和企业用户重要数据信息进行采集、整理、分析、使用等过程中所牵涉的法律风险不容小觑。大数据法律风险主要体现在以下2个方面：一方面，传统的相关法律法规已不适应于大数据场景，如在用户的数据权属问题上，若用版权的方式来进行操作和保护可能存在一定的局限；另一方面，大数据在运用过程中产生了新的法律问题，对包括同意权、获取权、知悉权、使用权、补充权在内的个人、企业等数据主体的一系列权利进行界定较为困难，用户的隐私保护难度也较大。

2. 大数据本源风险特征　基于以上大数据本源风险的类别，与其他行业风险相比，大数据本源风险表现出了信息噪音大、交互传染广、价值密度低、隐蔽渗透深等主要特征。

一是信息噪音大。大数据时代，用户数据来源众多且多来自异构环境，其中包括结构化、半结构化以及非结构化的数据，这种多源异构信息的融合是大数据运用得以发展壮大的关键和价值所在。大数据这种价值的体现也正是基于数据信息的真实有效。而随着大数据几何倍数的增长，劣质数据信息充斥着整个市场环境，数据质量低、信息噪音大。据国外权威机构统计，美国企业数据信息系统中1%～30%的数据存在各种错误和误差。大数据信息噪音大主要基于以下2个方面：一方面，在信息源上，市场空间中充斥着伪造或刻意制造的数据，而错误的数据信息被提取运用后往往会误导企业作出错误的经营管理决策和市场预测。例如，一些点评网站上"水军"的虚假评论数据混杂在真实评论中，使得用户无法分辨，容易误导用户去选择那些实际上非常劣质的商品或服务。另一方面，在信息传播上，数据存储和分析处理过程中存在"黑箱操作"，人工主观干预的数据采集过程可能出现误差，导致数据失真与偏差，最终影响数据分析结果的准确性，这种信息噪音降低了大数据的运用效率。

二是交互传染广。将"人、机、物"三元世界的各自价值信息进行有机融合，通过交互式分析方法和交互技术迭代，有利于人们更为直观和高效地洞悉大数据背后的使用价值。但与此同时，这种广泛交互也带来许多问题和挑战。由于用户信息数据的交互传输直接导致安全边界不断模糊，加速了风险的外溢和传染。大数据不再只是被动记录用户的行为信息，而是通过算法演化积极参与到用户的行为决策中，也就是说大数据具有内生性特征，而这种内生性特征使得大数据在交互过程中具有传染性。其一，大数据交互打破了风险传导的时空限制，同时又缺乏风险防火墙机制，使得风险传染的速度更快、传染面更大；其二，跨行业、跨场景、跨区域的大数据产品和服务日渐丰富，其风险易被层层的产品包装所掩盖，难以有效识别和度量，使得风险传染的隐蔽性更强，这种交互传染加剧了大数据的风险传染和外溢。

三是隐蔽渗透深。随着大数据的不断延伸，用户行为习惯不断在虚拟网络空间留下"烙印"。在加密技术、爬虫技术、信息隐藏技术、挖掘技术等新型网络技术的驱动下，虚拟网络空间的复杂性和隐蔽性越来越高，危害范围不断扩大，大数据本源风险具有明显的隐蔽渗透深的特点。在数据存储环节，随着信息隐藏分析方法的不断创新，用户对各自信息的控制权明显下降，用户个人信息特别是有商业用途的价值信息容易被恒久暗藏，导致个人数据能够被轻易收集储存而丝毫不被察觉。在数据挖掘环节，受人为设定的"黑箱模型"影响和约束，信息披露的透明度降低，其风险通过大数据产品和服务深层渗透网络中，给服务器内存储的用户名、密码以及服务器证书、私钥等敏感数据安全带来严重隐患。据 2017 年 5 月 15 日环球时报报道，互联网上出现针对 Windows 操作系统的名为 WannaCry 的勒索软件，利用此前披露的 Windows SMB 服务漏洞攻击手段，通过大数据技术向终端用户进行渗透传播，目前已有超过 150 个国家的 20 多万家机构的电脑渗透感染，并在不断变种渗透，大数据本源风险这种隐蔽渗透深的特征加大了风险防范的难度。

四是价值密度低。大数据的来源广泛，主要由移动计算、社交网络、监控设备和传感器等信息源产生，囊括了海量的用户基本数据、消费数据、行为数据、地理数据、社交数据、财富数据等多渠道的异构信息。这种海量数据信息来源的复杂性和信息类型的多样性使得数据在完整性、一致性、关联性、准确性等方面易出现质量问题，进而导致挖掘出的价值信息相对于用户数据体量而言非常小，表现出大数据价值密度低的特征。用户的这些低质量数据信息与用户的行为特征相关性较弱，无法直接通过严谨的因果逻辑关系联系起来。如果在大数据分析中不关心因果关系，忽视数据之间的生成机制，那么也就无法处理用户有意识的行为变化影响数据根本特征的问题，这种价值密度低增加了大数据运营成本。

（三）数据安全技术

网络信息安全技术是一门涉及计算机、网络、通信、密码、信息论等多种技术的综合学科，随着信息化应用的不断发展，安全的内涵在不断地延伸，在机密性、完整性、可用性的基础上，衍生出了身份真实性、系统可控性、行为可审查性等特性。目前，随着云计算、移动互联网、大数据等新技术及多元化应用的不断涌现，网络信息安全技术向着融合、智能、统一、精细、主动等方向发展。防火墙、入侵防护等设备功能以及网络设备和安全功能不断融合，并向虚拟化环境渗透；统一认证、统一风险管理管控、统一终端安全管理成为趋势，访问控制、恶意代码、异常流量等安全防护向多层次防护及七层全防护发展，基于情景感知的身份认证技术、针对 APT 的主动安全审计技术得到业界充分重视。随着网络设备、应用系统等性能的不断提升以及安全重要性的日益凸显，高性能需求的安全基础设施的应用提上日程，如 DNSsec、RPKI 等。此外，敏感信息及个人隐私保护受到热议，相关技术得到快速发展。

大数据安全技术是实现大数据平台安全保障体系的重要手段，从物理安全、主机安全、网络安全、数据安全、应用安全等方面，结合认证、授权、访问控制、安全审计系统实现监测与识别、安全主动防御和审计与恢复三大防护能力。基础设施主要包括大数据平台物理设备所在机房的机房环境、提供存储和计算服务的主机、承载大数据平台的网络等。数据安全的生命周期包括数据的生成、变换、传输、存储、使用、归档以及销毁。大数据应用过程可以划分为采集、存储、挖掘、发布等。

数据采集传输安全：海量大数据的存储需求催生了大规模分布式采集及存储模式。在数据采集过程中，可能存在数据损坏、数据丢失、数据泄露、数据窃取等安全威胁，因此，需要使用身份认证、数据加密、完整性保护等安全机制来保证采集过程的安全性。数据传输的安全一般需具备：机密性、完整性、真实性、防止重放攻击。为达到数据传输的安全性要求，主要采用如下方式：数据传输的机密性通过数据加密来实现；数据传输完整性通过在密文后附件消息认证码来实现；数据传输真实性通过在接收端验证发送端的身份来实现；数据传输防止重放攻击通过在数据的分组中加入不可重复的标识或时间戳来实现。

安全机制的配置意味着额外的开销，引入传输保护机制后，除了安全性外，对数据传输效率的影响主要有 2 个方面：一是加密与解密对数据速率造成的影响；二是加密与解密对于主机性能造成的影响。在实际应用中，选择加密、解密算法和认证方法时，需要在计算开销和效率之间寻找平衡。

1. 大数据平台的数据类型

（1）身份信息　包括个人身份信息、单位身份信息、代办人身份信息等。

（2）业务/合作信息　包括各类用户的业务登记资料、入网协议、业务申请/变更/终止协议、与客户单位签订的各类商业合作合同、业务招投标书等。

（3）通信信息　包括通信详单、原始话单、用户定位（位置）信息、用户身份鉴权信息，如用户的服务密码、用户登录各类业务系统的密码等。

（4）消费信息　包括用户的业务号码（包括固定电话号码、宽带账号、移动电话号码等），使用通信服务订购的业务信息（如套餐、增值业务信息等），综合级的账务信息（如缴费信息、欠费信息、账户余额变动信息、账户信息）等。

2. 大数据平台的定义　为精细化管理用户个人信息，根据用户信息的敏感程度，划分为低、中、高 3 个级别，具体定义如下。

（1）低级用户信息。主要为用户的消费、业务以及合作类的信息。

（2）中级用户信息。主要为涉及用户具体身份的信息，如用户名字、电话号码、家庭住址、身份证号码、银行卡号信息等。

（3）高级用户信息。主要涉及用户具体通信内容的信息，如用户的详细话单、（实时）地理位置信息、用户账号密码等。

对数据库中的数据需识别出哪些是敏感信息，针对识别出来的敏感数据不仅需进行分类和加密保存，还需跟踪敏感信息的去向（如敏感数据被哪些用户下载了）、控制敏感数据的下载周期，特别是高、中级用户信息必须做脱敏处理。通过记录分配数据标签方式和对表的透明访问（基于内置的算法），实现对敏感数据的保护。

二、了解风险评测内容，管控风险保稳健

信息安全驱动确定了必须被描述安全需求的主要来源，包括：相关法律法规、业务需求及风险。内部需求的关键来源是业务领域，必须利用新的业务机会来满足他们的当前客户。外部需求包括安全威胁、法律遵从性的要求。在整个安全规划中，安全体系结构是其中的最重要部分，主要由安全控制、安全技术结构及安全操作构成。

大数据安全保障体系设计遵循全面性、平衡性、实用性、前瞻性和兼容性五大原则，具体如下。

（1）全面性。体系能够涵盖大数据安全工作的各种产品、各个层面，以及大数据安全风险管理的全过程。

（2）平衡性。体系充分考虑管理与技术 2 个保障手段，坚持管理与技术并重的原则。

（3）实用性。突出重点与适度保护，最终形成的大数据安全保障体系应该是可量化、可考量、易建设的。

（4）前瞻性。体系设计具有良好的前瞻性和扩展性，充分考虑未来新技术、新产品的发展。

（5）兼容性。体系和规范能够向上兼容国家政策、上级主管单位

关于风险评估、等级保护、信息保密等安全方面的要求，同时与内控安全管理的要求兼容。

大数据安全架构体系的目标是采用技术和管理相互结合的方式，完整并准确的实现数据安全策略，同时结合防护、检测、响应和恢复等环节，为大数据平台的安全建设提供指导和参考，满足大数据安全需求。大数据平台的安全架构在技术方面需紧密围绕大数据全生命周期，贯彻数据从产生、采集、传输、存储、处理、分析、发布、展示、应用直到产生新数据等各个阶段，防止敏感数据的泄露、篡改、丢失，数据越权访问，泄露秘钥、用户隐私被侵犯等问题的出现。具体需包含大数据平台的物理安全、主机安全、数据安全、网络安全、应用安全、访问安全、审计安全、运营安全等方面内容。只采用技术手段是不够的，还需辅以相应的安全管理制度。采用科学有效的管理方法，能够降低安全隐患、提高生产效率，更加安全、有效的从海量数据中挖掘数据价值。具体来说，安全管理可以从几个方面着手。一是大数据建设方面：需建立统一的管理制度或框架，实现各类信息系统的网络互通、数据采集和数据共享规范化。在大数据平台的建设方面需部署安全防护设备，如防火墙、入侵检测设备、防病毒设备、安全审计设备、隔离设备等，提高大数据平台的整体安全防护能力。二是大数据资产管理方面：需要对数据元素进行明确定义，具体包括数据的格式、数据别名、数据统计表格以及数据的其他特性标识符号等；对数据的信息来源及数据元素信息进行描述；对数据的使用信息进行记录，主要包括数据的产生信息、数据修改记录、数据的访问记录等。三是大数据使用维护方面：需做好安全风险评估。各种类型的数据在不同形式及状态下都存在不同程度的泄密风险，需划分好数据的安全风险等级，加强安全防范意识，明确安全风险治理目标，消除安全盲点，降低数据泄露风险。四是人员培训和教育方面：通过培训教育等手段，一方面提升人员对大数据安全威胁的识别能力，使人员了解数据的价值，认清自己的角色、地位和作用；另一方面通过定期攻防演练，使人员掌握实操经验和技能，逐步具备应对突发情况的能力。

三、建立风险管理制度，防范风险于未然

（一）大数据生命周期各阶段的保护目标及策略

1. 数据产生与采集环节的安全目标 数据产生、采集环节，要对数据的真实性、原始性进行确认，并保证数据的完整性。同时，还要对可能涉及的国家秘密信息进行预警和报警，并能将国家秘密信息分离，不使其混入其他的数据集合，对涉及国家秘密信息进行恰当的保护。保护策略主要使用区块链技术对源数据进行源认证和完整性保护，使用涉及国家秘密信息的检测预警工具对采集的数据进行检测。对于数据的真实性，可利用大数据本身进行真实性检测，也可以从立法的角度，对伪造数据者根据情节作出必要的处罚，以保证采集数据的真实性。

2. 传输环节的保护目标及策略 传输环节安全目标是保证通信所传输的数据不泄露、不被未授权的改变，保证通信信道畅通，同时防范可能的重放攻击等。保护策略主要使用加密技术对数据进行加密传输，也可使用区块链技术对传输的数据进行完整性保护。

3. 核心基础设施的保护目标及策略 存储、挖掘、交换、应用往往需要有共同的平台来支撑，大数据保护的核心就在于此。这些环节的保护目标是确保授权访问，未授权人不能越权访问目标数据，确保数据的机密性、完整性和可用性。安全策略要求所有的操作必须是经过授权的，包括读/写、复制、传输、授权等各类操作。授权人的权限应该遵循最小授权的原则，进行细粒度的划分并且要有制衡措施。授权人不允许访问数据，所有角色的操作必须有相应的审计机制。

（二）大数据本源风险的治理策略

大数据是把"双刃剑"，在挖掘社会价值的同时其本源风险日益积聚和突出，如不能妥善治理，将会造成"大数据就是大风险"的后果。如何积极治理大数据本源风险，正确地引导大数据创新、健康、可持续发展，成为业界需要思考和解决的问题。大数据本源风险需要从以下 6 个方面进行针对性治理。

1. 建立大数据信息安全保障体系 搭建大数据信息安全保障体

系，有效应对大数据运用发展中存在的信息安全挑战，将有助于整个大数据生态环境的净化，为互联网加固"安全阀"。

一是加强大数据安全技术产品研发和推广。加快建立大数据在互联网环境下的数字认证、授权审计、加密体系，加大研发大数据安全保护产品和解决方案，并及时推广防泄露、反欺诈、防窃取、匿名化、分布式等大数据保护技术产品，从技术层面落实个人信息安全的保护。

二是建立可追溯的大数据保护责任链条。大数据运用本身对信息基础设施、存储、网络、信息资源等提出了更高的信息安全要求。通过大数据产生、存储、加工、使用、传播等环节建立可追溯的信息安全机制，避免消费者的信息发生泄露、篡改、盗用等情况时无从查起。

三是增强大众用户的信息安全意识和能力。大众用户往往是大数据信息源头，其在网络环境下的一言一行都掌握在相关运营商系统中，包括购物习惯、通信记录、朋友圈等。通过常识化普及宣传教育活动，增强大众用户的网络信息安全保护和风险防范意识，对个人敏感性、隐私性信息在互联网移动设备上进行谨慎授权操作处理。同时，掌握有效防范技能并树立维权意识，一旦发现个人信息遭到泄露，要积极向相关管理部门投诉举报，维护自身合法权益。

四是将国家信息安全纳入大数据安全体系中。各参与主体要重视大数据安全和国家信息安全之间的关系，特别是涉及国计民生、政府执政、军事教育、医疗健康等方面信息时，应尤为重视，增强保护国家信息安全的意识。

2. 落实大数据企业规范管理 落实大数据企业分类制管理，明确监管部门、准入门槛及运用标准，规范大数据在不同环境下的综合运用，能够切实引导大数据向有利于行业整体稳定的方向创新发展，从而规避大数据生态先污染后治理的"弯路"。

一是明确监管部门。大数据产业需要明确相关监管部门，可以结合其他行业监管规范，按行政区域和数据版块进行自上而下、条块分明的管理组织架构。在明确管理部门的情况下，制定出大数据管理制度体系，明确监管职责、监管内容和问责机制，规范引导大数据在各领域运用的市场秩序。同时，对涉及非法经营大数据的企业及个人要实施严厉制裁，对优质大数据企业要落实相关税收减免优惠、发展基金扶持等政策。

二是明确准入门槛。在大数据运用中，对于涉及个人投资及个人信息安全的大数据企业准入必须一开始就进行分类规范，实行相应的前置审批，规定相对应的准入条件和门槛，通过相应的制度来约束。同时，严格监管、限制境外机构实施数据的跨境经营。对于境外机构在国内提供涉及大数据信息服务，应对其进行更为严格的网络安全审核和门槛准入，确保其数据存储于境内的服务器，严防涉及国家信息安全、国民信息安全的隐患。

三是明确运用标准。目前，我国已出台《促进大数据发展行动纲要》，这份纲要从国家大数据发展战略全局的高度提出了我国大数据发展的顶层设计，是指导我国未来大数据发展的纲领性文件。应在此基础上积极推动大数据产业具体标准的制定工作，特别是大数据在细分领域统一开放的共建、共享、共用标准，明确行业标准界限，让大数据企业在统一行业标准的引导下开展大数据经营业务。

3. 加强大数据法制管理　大数据有序运用有赖于相关法律法规的明晰、稳定和科学，从而实现大数据运用的法制化管理。大数据法制化管理是顺应行业发展的市场需要，健全大数据相关法律法规体系有利于划清大数据运用的边界，引导大数据朝着正向创新的领域规范发展。

一是健全和完善对大数据隐私保护的立法。大数据运行模式与传统信息保护法律法规表现出了不相适应的情形。相关部门应加快相关立法的进度，强化消费者个人隐私、企业商业秘密、国家安全信息等保护力度。相关法律法规要确保数据库经营者在搜集、整理和运用的过程中不会损害国家利益和公共利益。

二是明确规定大数据运用边界。针对大数据库的建立、拥有、转让、接收、使用、开放与共享，研究制定出专门的法律规则，明确大数据生态中不同主体的权、责、利，规范商业利用与隐私保护之间的关系。

三是对大数据各环节的违法犯罪行为进行严厉惩戒和打击，特别是涉及国家信息安全的行为，依法追究相关责任主体的刑事责任。通过加强大数据法制化管理，实现大数据本源风险治理有法可依、执法必严。

4. 完善大数据配套设施建设 建立大数据相关配套的基础设施是优化大数据生态安全环境的重要根基。大数据相关配套基础设施的完善将有利于辅助大数据运用的全面统筹管理，防范大数据行业系统性安全风险。

一是通过搭建一批区域性、行业性大数据产业和应用联盟，加强对数据服务器、存储设备、数据库管理系统、DNS应急灾备系统等大数据行业核心软硬件设备进行开发，打好大数据软硬件设施基础，树立大数据行业的国际竞争力。

二是培育一批大数据领域的咨询研究、安全和质量评估标准验证、测评和隐私认证、技术和知识产权、投融资等专业化服务机构，为大数据运用树立行业规范。

三是组建和发挥大数据行业协会的自律力量，强化行业自律管理，弥补大数据管理漏洞和不足，加强大数据经营者的职业道德操守建设，引导企业承担社会责任，树立正确的经营理念和意识。

5. 优化大数据人才供求管理 大数据人才资源是行业发展的关键要素和核心。优化大数据人才供求管理是充分发挥大数据优势的重要着力点。立足于当前大数据人才队伍的供求矛盾，相关部门应树立"人才引领产业，产业集聚人才"的人才理念，高度重视和加大对大数据人才队伍的培育和优化，搭建出与"产业链"相配套的"人才链"。

一是通过发挥高等院校、科研院所的职能，明确数据科学家的核心教育需求，适时将大数据相关技术的学习纳入现行各级高校的教育课程体系中，通过系统化理论课程的学习机制推动建立大数据人才培养模式。同时，发挥政府、协会等部门的资源协调整合优势，将高校、企业、社会等多方人才资源充分互动共享，健全多层次、多类型的大数据人才培养体系，实现大数据人才"产学研"联动，保证人才储备的充足性。

二是建立区域范围内的大数据人才基地或发展联盟，着手推动以区块链、人工智能等为代表的金融科技人才的培育，提升大数据人才在区域内、领域内的集聚效应，保证人才水平的高端性。与此同时，在借鉴发达国家先进做法的基础上，构建国内大数据人才的培养体系和引进计划，通过政策激励的方式加强对国外大数据人才智库的"引进来"，提升国内大数据行业的国际化水平，保证人才战略的国际性。

6. 培育大数据风险管理文化　大数据风险管理文化是大数据企业全体员工为实现企业自身生存发展目标所进行风险管理的活动方式和成果。有效的大数据本源风险治理体系建设必须以先进的大数据风险管理文化培育为先导。风险管理文化决定了大数据企业在经营管理过程中的风险管理观念和行为方式，是大数据企业内控体系中的"软因子"，在大数据企业的日常经营管理中占有十分重要的地位。抓好风险管理文化建设是大数据企业的可持续发展之基。大数据风险管理文化并非一朝一夕就能培育和营造的，而是需要经过长期持续性的建设和沉淀。具体而言，大数据风险管理文化的培育可从以下几个方面着手。

一是风险管理文化是企业文化中不可分割的重要组成部分，应将大数据风险管理文化建设融入大数据企业文化建设全过程中，营造好企业风险文化氛围。

二是加强对大数据风险管理理念、知识体系、业务流程等关键内容的培训和宣传工作，树立风险防范意识和责任担当。

三是大数据企业应普及和加强全体员工的职业素质教育，制定员工诚信道德和职业准则，形成合法合规经营的大数据风险管理文化。

四是在整个大数据行业范围内还需要针对具有不当行为的员工个人进行人事备案，加强负面清单管理。只有培育良好的大数据风险管理文化，把风险管理理念贯穿于大数据业务的整个流程，使风险管理内化于生动的企业文化当中，形成公司员工的自觉意识和行为习惯，才能使风险管理机制有效发挥作用。

第五章

酒香不怕巷子深

——农业电子商务平台

第一节　谁让酒香飘开来

——农业电子商务平台疏解

一、何为农业电子商务

作为典型的传统行业，农业具有以下特点：一是地域性强；二是季节性明显；三是生产者文化层次不高；四是产品标准难以统一；五是受自然环境和天气的影响，产品的产量和品质均可能出现较大波动；六是农业通常面临着较大的市场风险。基于这些特质，为有效的规避风险，有效、高效的推动农业产业化的步伐，农业电子商务应运而生。当前，农业生产者和农产品消费者之间还存在着较为明显的信息鸿沟，农业电子商务的发展通过加快信息沟通速度，提供更为便捷的信息沟通渠道，将有力促进农村经济的发展，并且最终成为推动农业产业化步伐的手段。

关于农业电子商务的定义，有广义和狭义两种说法，狭义的农业电子商务是指农户、农企和消费者之间通过计算机网络完成关于农产品的买卖；而广义的农业电子商务则是指通过最新的信息技术来改变农业电子商务活动的方式，主要有农业电子商务的信息流（农业相关的资讯、农产品的供求信息、农业市场的行情等）、农业电子商务的资金流（网络合同、农产品交易资金的在线支付等）、农业电子商务的物流（农产品的在线销售渠道、农产品的储存与配送体系），所覆盖的农产品从栽种、收割、加工，最后流向消费者的全部过程。农业电子商务的发展需要计算机和网络基础硬件设施、网络与平台软件等基本要素，通过现代网络信息技术，在线完成传统的农产品生产和销售。当前，农业生产者和农产品消费者之间还存在着较为明显的信息鸿沟，农业电子商务的发展能够加快信息沟通速度，提供更为便捷的信息沟通渠道，有力促进农村经济的发展。

自计算机网络技术在我国得到应用和推广以来，我国信息化建设进入快速发展阶段，在农业领域相继开通了农业信息网、农业科技信息网等专业技术网站，同时，信息技术在农业领域的应用研究开始取得显著成效。主要表现在，很多农业单位和行业协会建立了农业综合数据库，并有针对性地研发了应用系统。农业农村部作为中国农业信息网的主办机构，为农业信息的发布和农业市场的规范提供了示范作用，该网站综合利用了网络通信、数据库及查询等技术，具有涵盖面宽、信息存储处理强、信息资源丰富等特点。其互联网用户超过了3 000家。我国内地涉农网站已达到6 000余家，超过了大部分发达国家，算上港台的涉农网站，涉农的中国网站总数量可排进世界前十位。但是，我国农产品市场还是以传统营销方式为主导，电子商务的发展处于初级阶段。当前农业电子商务模式主要包括信息联盟服务、农民信息服务、企业信息服务等，具体模式如下。

一是第三方电子商务交易平台。农业电子商务的发展，信息平台的建设与服务是最为重要的，政府部门要加大对涉农网站的建设，将农业信息及时准确地发布到网站，农户才能更好地掌握最新信息，避免农业知识的缺乏而造成损失，更好地提升农产品价值，把信息联盟服务商务模式建立起来。如已覆盖全国各地的三农网，将全国各地串联起来，给全国的农户提供了一个无限潜力的交易市场；又如致力于建设"安全农产品产供销泛电子商务"服务体系的村村通网，它是我国三农信息化服务的重要平台，已经成为我国农业电子商务平台的领先者。

二是企业自建电子商务平台。我国很多农户分布于偏远的农村，获取农产品相关的价格、市场需求等信息相对困难，农业电子商务网站的建立能够解决这类农户的信息需求。但是这类农户的受教育程度和文化意识相对较低，认识不到相关信息的重要性，而忽略了对于这类信息知识关注，直接影响了涉农网站的发展。

三是综合信息服务平台。该模式主要是用于服务涉农企业，为农业发展建立起互联网与电商相连接的企业信息数据库。如湖南省农业厅建立的"一站通"平台，可以利用农业网站发布农业相关信息，对农产品进行整合及分类管理，这样可以方便各企业在网站上进行相关查询，整个过程有政府农业相关部门的参与，让农产品龙头企业能从企业库中获取到相应信息。企业库中拥有的丰富农业信息，可以帮助企业寻找到更多的合作伙伴，最大限度地产生收益。

在了解农业电子商务的概念以后，进行进一步的思考，即农业电子商务发展的意义何在？在这里将其归纳为以下两点。

一是对内有利于推动农业产业化的进程。所谓农业产业化，指的是挣脱小农意识的禁锢，树立新的农业经济观念。农业产业化是通过社会化生产的经营理念和组织模式，以现代化的市场运作方法为标准，使农业与市场有机的结合，从而提升农业生产效率。电子商务作为现代科技的衍生品，能把农业产业化推到新的平台，使单个的农产品交易实现组织化、规模化。在农业企业的带动下，农业生产过程中的许多环节都可以得到有效的整合，使之满足市场的需求。

二是中国加入世界贸易组织。电子商务作为桥梁，在我国农产品和世界农产品市场的对话中起到了一个纽带的作用，加速了我国农业贸易国际化。当前有许多国家的农产品都是以出口为目的，各个国家因为在地理位置等方面的差异，导致其农产品也具有很大的差异。农民可以通过国际间的貌似理解自己的产品优势，从而增加自己的收入。同时，电子商务还能帮助农民解决语言问题，农民可以跨越语言障碍找到自己想要的信息，及时掌握世界范围内的农产品需求，并根据国际的发展趋势调整农业生产以达到效益最大化的目的。

二、农业电子商务的独特之处

电子商务是一个很大的概念，各行各业都有应用，因为农业是一个比较特殊的产业，所以农业电子商务和其他行业电子商务的特点也有所区别。想要了解农业电子商务的独特魅力，不妨先来探究国外农业电子商务的发展状况。在美国，农村关于信息技术的基础设施建设非常受政府重视，特别是互联网在农业信息技术传播中的作用。根据美国农业部门的相关报告，至2013年，拥有或者租用电脑的农场数量占全国所有农场数量的86%。美国现已建立全球最大的农业电子商务网络 AGNET，大型农业网站约500个，实现共享的专业农业数据库超过50个。据统计，2014年美国50%的农产品都是通过互联网进行销售的。美国农场主除通过网络销售自己的产品外，一些大的网站还定期更新产品及农资价格、政策、市场、行情、天气预报等信息，从多个角度为农业生产服务。在加拿大，省级政府和联邦政府会为农场主、农产品经销商、乡村居民以及加工企业设立专口的农业信息服务中心，免费为他们提供关于农业政策和法规、标准、灾害预警、经营管理知识及农产品的实时供求信息等服务。同时还会组织农民进行培训，特别是在咨询信息，上传、获取和使用信息等方面。韩国在2000年就开发了电子商务平台，一定规模的农业电子商务交易平台在韩国市场上已经有了很大的比重，农民能从韩国农林水产信息中心免费获取相关的农户主页信息和软件，并能在此学会如何利用网络开展电子商务活动，达到让更多人参与进来的目的，通过农业电子商务，农民的收益比前提升了18%。在日本，日本农林水产省先后制定了有关农业和农村信息化的政策，重点内容就是着重发展农业电子商务。构建了如"乐天市场"这种集购买、拍卖、出售各种农副产品于一体的商务平台，在该平台上，农产品价格透明，信息完全公开并且实施实时交易，很大程度地节省了流通环节的费用，所以，这种专注于农产品在线商店能和实体市场进行竞争。农业协会的工作人员通过消费者在线挑选产品，提交订单，就能把选中的商品送货上门，服务十分贴心。

通过国外多年来发展的经验借鉴，可以总结出农业电子商务的独特之处。主要体现在以下几个方面。

1. 农业电子商务的用户特殊　农业电子商务主要对象是农民，而农民相对来说是比较传统而且还是受到习惯影响比较大的群体，不太容易去接受一个新的发展模式而摒弃传统是模式，同时，农民也是一个很容易受影响的群体，对于那些对他们有好处的事情，比较容易接受，因此相对而言是一个比较容易引导的群体。

2. 农业电子商务交易的产品特殊　农产品种类繁多，相互之间也没有很好的区分标准，因此对农产品质量的信息相对于其他电商产品的要求更高。而且农产品因为自身的特殊牲，对运输过程中物流的要求极为苛刻，特别是以生鲜产品为主的冷链处理成为了制约我国农业电子商务发展的主要原因。

3. 农业电子商务面对的市场特殊　农产品产业的集中化水平不高，我国目前仍然是小农为主导的农业经济，而且在未来很长一段时间内都会处于这种状态，农户现在也不只是以消费者的身份存在，而且还会以生产机构或者企业的形式存在，一些简单的模式很难满足用户不断增长的需求。

4. 农业电子商务的构成要素特殊　农业电子商务的 4 个要素分别是：信息流、资金流、物流和安全，这 4 个要素在整个电子商务活动中不可或缺，每个要素对农业电子商务都有非常重要的作用，是农村电子商务发展的基础。在这 4 个要素中，物流是农产品流通环节的物质基础，信息流则贯穿于整个农产品电子商务的过程，引导着资金的流动方向，安全是农产品电子商务运行过程是否顺利的必要条件。对比与传统的商务活动，农产品电子商务最大的优势表现在信息流上。

三、农业电子商务平台的效用

农业电子商务的发展对我国传统农产品市场起到了巨大的提升作用，不仅改造了其流通的过程，还有效提高了流通效率。具体来说，农业电子商务平台的效用总结为如下 5 点。

1. 减少农产品生产的盲目性　农产品的市场风险主要来源于农产品信息传递速度慢、农产品信息不具体等。买卖双方信息的不对称会导致农产品的生产经营计划具有一定的盲目性。农业电子商务能在生产销售过程中为农户和企业及时地提供全面的市场供求信息，能让农户和企业清楚的了解市场的需求情况，从而灵活的应对市场，信息的获取也能够帮助农业企业和农户科学地进行产品规划从根本上减少，并尽可能地消除农产品市场的信息不对称现象。

2. 降低企业成本，提高工作效率　涉农企业通过在网络上发布农产品信息，进行订单处理，分配农产品资源。使得供应链中的每个成员都可以及时地从互联网上获得信息，省去中间环节，缩短了农户与市场的距离，相比传统营销手段，成本更低，环节更少，交易更快，费用更少，大大提高了工作效率。

3. 打破了区域和时间对农产品的限制　农业电子商务利用互联网技术手段改变了农业企业的市场格局，将条块分割的农产品市场进行了整合，摆脱了市场区域性的限制，为农产品跨区、甚至跨国的销售提供可能，形成了一个统一而且有序的超大市场，让供求双方都拥有更大的选择空间，农业电子商务彻底打破了农产品传统交易中受区域和时间约束的问题。

4. 实现农产品的组织规模化　农业电子商务利用网络和互联网交易平台，将分散在不同地区的农产品交易集中起来，形成了规模化、组织化的网络市场。在每个市场中，农民群体和企业作为买卖双方，他们的地位是平等的，他们通过公共平台进行充分沟通，通过虚拟市场实现交易。

5. 对农民进行快捷方便的教育与培训　农业电子商务可以通过建立虚拟网络学校，让农民在家就能够接受关于网络和电子商务的培训，不仅具有极大的便捷性，还更加具有针对性，极大地降低成本。通过网络能够让农户更快的了解最新的农业生产技术和市场需求动态，促进农民素质的大大提升。农业电子商务不仅能够有效地促进新技术在农村的传播，还能够通过新的交易模式深入地推进农业产业化发展。

第二节　助力香酒销四海
——农业电子商务平台搭建

一、第一步：打牢基础很重要

如果准备建立一个良好的农业电子商务平台，必须建立较为完备的基础设施，最重要的就是以下几点。

1. 完善网络基础设施建设　农业信息化基础建设主要涉及农业信息网络基础设施建设及农业信息资源开发与利用两方面。农业信息网络基础设施是开展农业电子商务活动以及促进其发展的基础，而农业信息资源的开发与利用就是农业电子商务活动的血液，为其提供源源不断的动力。畅通的网络设施以及先进的信息化设备有利于保证农业电子商务的普及和广泛应用。从信息网络建设本身来讲，农业信息网络基础设施的建设为网络进入农村做铺垫，为村民的信息交流、村村之间的信息交流以及村镇之间的信息交流打好基础，彻底解决农业环境信息传递的孤岛问题，建议建设县级的农业信息网站，从区域环境出发，拟定相关农业信息网络建设的规划。

农村本身就是农业信息资源的集散地，其丰富而又特色的信息资源可为农业电子商务的持续开展提供源源不断的血液。主要从 3 个方面给出信息资源开发利用的建议：其一，整合并完善当前的信息采集渠道途径和信息采集切入点，各地区必须加强各自的信息采集工作，确保信息采集的及时、准确和全面，并进行整理；其二，建设并推进简便的信息采集报送制度和信息采集评价指标体系，制定统一的农业数据标准，接入公用模块，并且开发相对通用的信息采集软件或工具，一站发布，而实现各相关部门的农业信息资源共享，进而达到全面提升农业信息资源开发水平的效果；其三，加强信息资源的共享、整合的深度和广度，建立信息资源交换的制度体系，深度主要体现在农业信息资源的多类型，广度主要体现在信息资源共享的主体——各个农业部门，实现农业信息分布采集、中心拥有及集中及时发布、高效开发的和谐局面，实现农业信息共享；其四，建立农产品及农机信息的公开机制，定期公开。

2. 加强农业信息资源建设　在农产品的电子商务平台建设过程中，农业信息资源建设是一个很重要的部分，只有充足的农产品需求信息，才能提高农产品的资源匹配效率。但是，在农业信息资源的建设过程中，要不断提高农业信息采集的标准，完善各种数据库的建设，要注重对各种有效信息的收集和发布，对各种农产品的信息进行采集，保证相关数据的准确性和真实性。农村信息服务体系的构建及完善是加强农业信息基础设施建设的筋骨。一方面，培育并完善农村信息服务市场，推进信息服务程度市场化。从培育农村信息服务市场这一起点出发，结合农产品、农资、种子相关部门以及农业服务中介机构的力量，推进农村信息咨询服务业的发展。另一方面，完善农业技术信息服务体系。主要从方法和区域入手：其一，形成以农技110为主导信息服务宣传手段，包括充分利用电视、广播以及各种户外广告等多种农业技术推广形式为重要手段的体系；其二，结合基层信息服务、畜牧、水利、气象等部门，整合以上相关部门在基层所采集和开发整理的信息资源。

3. 做好农产品物流基础设施建设 物流是电子商务体系中必不可缺的一环，农产品驾上电子商务的顺风车，物流便是轮子。按农产品物流服务对象来分，农产品物流包括农作物物流、水产品物流、畜牧产品物流、林产品物流，还有其他农业辅助产品的物流。由于农产品的不同，对物流运输及储藏的要求也不相同，需要完备的运输装载工具同它配套，还需要科学的储藏技术来支撑。对农作物要做好保鲜、防霉、防潮工作，在一定程度上推动新农村建设的步伐。农业电子商务平台的建立能提高农业资源的高效配置，促进农产品的销售速度，减少由于销售渠道而产生的积压现象，拓展农产品的销售渠道，在一定程度上能促进农产品交易的顺利进行。

农产品物流方面，可以借鉴美国的成功经验，其农产品的运输模式是直销模式，农产品的采摘—农产品的冷藏—冷库车运送—批发—超市—消费者，这样造成的农产品损失率极低。借鉴其模式可从如下几个方面开始：第一，加强物流基础设施的投入。由于农产品不易保存的特点，其物流运输及储存的要求也相对其他物品高。应加强基础设施的建设，包括交通和仓储等，还有物流相关方面的科研、物流人才的投入，为农产品的运输减负，废除不合理的道路收费。第二，政府方面应加强农产品流通的调控和支持力度。对于一些地区的特色农产品，政府应当优先开展产品的大范围流通，并建立农产品批发市场和农贸市场，农产品的不易保存特点也导致了其对冷库的依赖，政府应加大对冷库的用电优惠，为农产品流通提供良好的外部环境。第三，加大农产品流通、储存的信息化程度。建立先进的物流信息化系统，一方面及时掌握农产品动态，保证产品的有序流通；另一方面有利于了解农产品市场的需求量。

二、第二步：功能设置要完善

完善的功能是电子商务平台建设的核心任务，一个良好的农业电子商务平台通常应该具备以下功能。

一是信息展示功能。信息展示的内容主要有当季粮食、蔬菜、水果等实时的种植信息、交易信息，以及农户休闲旅游相关的交通信息、餐饮信息、住宿信息等，信息展示的手段主要采用地图检索、全景照片、视频播放等。信息展示功能主要提供在线咨询服务，以利于开拓市场，挖掘潜在客户。

二是预订功能。预订功能主要提供粮食、蔬菜、水果的订单服务，以及与农户相关的餐饮、住宿等项目的预订服务，这也是每个平台的核心业务，并及时向农户和预订者提出确认要求、发送确认信息。这项功能能够为农户提供预订数据，有利于农户的种植和经营。

三是管理功能。管理功能主要提供实时生产及物流信息，以便相关管理部门对客流进行均衡分布，提高农业电子商务平台的服务质量。在实际操作中可采用超载预警、预订分布图等方式。

四是个性化服务功能。该功能提供界面让供给双方把消费需求或生产设想发布到平台网站上，在平衡了投资回报后再进行选择性开发，逐步形成项目开发市场化的良性循环过程。

五是客户关系管理功能。该功能主要记录客户的注册信息和消费记录，以便农户根据历史消费数据，应时应节提醒客户进行再次消费。

以湖南村村通农业电子商务平台为例，对电子商务平台的功能进行探究。

湖南村村通农业电子商务平台定位 B2B 农业电子商务平台，在功能设计上主要包括几大板块：信息发布、价格协商、网上商铺、网络广告、项目对接、团购、网上展会和活动交流等。具体如图 5-1 所示。

1. 信息发布　信息发布主要是与宏观经济发展、中观层面的产

图 5-1   湖南村村通农业电子商务平台功能

业政策以及微观层面的企业动态等相关信息的发布。具体包括，一是政策法规解读：主要包括农业政策、法律法规等行业信息；二是专家观点：专家行业分析与产品行业和价格的预测等，为用户提供生产交易的参考；三是三农咨询：提供关于三农问题的行业资讯。四是行业新闻：农业各产业的相关新闻，如农业信息化、农业机械化、农业领域的相关会议等新闻。五是企业动态：典型企业的发展动态等相关信息。

2. 价格发布与磋商   关于价格发布、查询和磋商。具体包括商家价格发布、客户网上询价、市场价格公布、价格制定。

3. 网上商铺   公司可以在网上开店，发展网上客户或在网上完成交易。一是订单管理：进货单、已买到的产品、已经卖出的产品、退款管理；二是销售管理：发布供应产品、管理供应产品、运费管理、发货地址管理；三是采购管理：发布采购需求、管理采购需求、收到报盘反馈、收货地址管理；四是账号管理：绑定收款账号。

4. 网络推广   企业进行公司宣传或者产品的推广。通过村村通农业电子商务平台进行简单设置就能做免费推广，提升店铺和产品在百度等搜索引擎中的排名，提高店铺访问量。具体来说：一是关键词搜索固定排名，用户申请成为会员，就能够利用该应用进行营销推广，通过设置关键词广告，让企业的关键词在客户搜索时排名在前，优先展示；二是精准投放，自助竞投产品详细页的推荐产品广告位，让买家浏览同类、相似、配套产品时发现自己的企业；三是网络广告：通过发布广告获得更高的关注度。

5. 项目对接   具体包括：一是项目发布：企业有好的项目需要寻找合作伙伴可以通过项目发布来寻找潜在合作者，通过平台来发布项目不仅可以更快速地找到合作伙伴，还能起到宣传的作用；二是企业招商：企业通过平台发布招商信息，宣传公司招商政策、寻找潜在的经销商，平台有更为广阔的客户资源，能够获得更多的信息；三是寻找项目：投资者或者经销商通过村村通农业电子商务平台可以寻找合作项目或者代理产品，快速对接适合自己的项目。

6. 团购　平台定期开展网络团购活动，一方面吸引人气，形成快速销售，帮助企业消化库存；另一方面在保证质量的前提下，为消费者提供价格优惠。同时，团购还可以有效降低企业交易成本，转变传统消费中因为市场的不透明和信息的不对称，导致的消费者弱势地位。团购还可以让客户更好地了解到产品的规格、性能、合理价格区间。根据团购组织方和消费者对产品的客观公正评价，在购买中占据主动，买到质量好、价格好、服务好的产品，让消费者省时、省心、省力、省钱。村村通农业电子商务平台要求团购参与方提供产品的价格低于产品市场最低零售价；对产品质量和服务负责。通过团购，将分散的购买力变成集中的大宗购买，让顾客购买到优质的产品，并享受到最低的价格和最好的服务。

7. 网上展会　村村通农业电子商务平台定期组织网络展会，及时发布线下展会信息。一是组织展会：村村通农业电子商务平台组织网上展会，成立网上展厅，企业可以进入网上展厅展示公司形象和产品信息，还能发布产品促销信息；二是发布线下展会信息：线下农业相关的展会信息发布，这些信息较为集中，解决展会组织方和参展企业之间的信息鸿沟问题，为他们提供联系交流的桥梁；三是网上参展；通过网络报名参展，还可以在网上组团参展；四是展会动态：展会的新闻和相关信息发布。

8. 互动交流　具体包括：一是微博互动：湖南龙迅村村通新浪微博、腾讯微博等宣传平台，能够通过微信平台与粉丝形成互动，交流更加便捷，交流方式亲民；二是微信公众平台互动：运营微信公众号，定期发布相关信息，并形成互动交流；三是专家互动：定期组织专家进行在线答疑，还有常规知识问答展示，方便有需要的客户或者公司查询学习；四是在线客服：平台提供在线客户，随时解答平台政策、会员服务、交易等问题。

9. 平台品类发展现状 湖南村村通农业电子商务平台的服务商家和客户涉及农业的各个领域，包括食品、养殖、种植、园艺、花卉、水果、农用机械等 20 余个品类，较为全面的覆盖了农业的各个领域，形成了完备的产品体系。

三、第三步：服务管理不能少

目前，大多数农业电子商务平台运营面临的最大的问题就是客户增长速度缓慢，提供的商务服务不够细致，导致平台价值不明显，故完善细致的服务管理非常必要。良好的服务管理应该注意以下几点内容。

1. 不断增强客户资源 有两种途径来实现，一是加强搜索引擎推广；潜在客户大多会通过搜索引擎来寻找自己需要的信息及服务，可以采用引擎优化的推广方式，选择涉农的优质价格信息来作为主要的推广内容，即发布大量的与平台相关的优质内容来提高平台在搜索引擎中的排名。二是通过自身的政府及行业关系资源，将更多的涉农企业引入到村村通农业电子商务平台。

2. 不断提供更加深入的服务 随着平台会员数量的逐渐增多，可以相对应的在平台中增加在线洽谈、系统智能优化推荐、大型在线农产品采购会等功能，促进平台增加交易量。同时提供线下实地考察企业、第三方资质认证等服务，给客户营造出一个诚信安全的商务环境。

3. 不断提升平台盈利能力 一是实现规模效应盈利，需要加大资金投入，增加客户数量，保证供求客户的正常比例，针对供方客户，加大推广平台的付费服务。二是实现交易服务盈利，交易服务费用可以向客户双向收取，服务可包括：线下农博会服务、在线农博会服务、智能推荐交易服务等。还可开发远程查验货、物流智能控制等服务来推进平台交易量增加，从中赚取更多的交易佣金。

以湖南村村通农业电子商务平台为例，对电子商务平台的服务管理进行探究。

由于会员单位的电子商务发展阶段和技术水平不一致，标准化服务难以适合企业的个性化要求。村村通农业电子商务公司为会员提供几个不同层次的技术管理服务，分别为自助式、协助式和托管式。具体如表 5－1 所示。

表 5－1　湖南村村通农业电子商务平台服务管理

会员类型	服务内容
自助式会员	企业商务平台建设 在线商机信息配合管理 赠送 3 600 库币（报价使用，不折现） 中国行业网联盟推广（2 897 个行业平台上推广） 全程式电子商务服务，第三方支付 商机信息匹配（跨地区、跨行业数据共享、商机自动匹配） 数据库免费使用 二级域名免费赠送，一级域名费用 120 元另交（协助企业进行备案） 报价询价系统（工具） 商机信息管理（工具） 客户管理系统（CRM） 平台正常运营维护与管理
协助式会员	协助企业获得可能得到的政府政策性补贴 电子商务应用型人才培训（2 人，销售主管，集中培训） 企业商务平台建设 在线商机信息配合管理 电商解决方案咨询 国家相关政策信息传递与引导 赠送 3 600 库币（报价使用，不折现） 中国行业网联盟推广（2 897 个行业平台上推广） 全程式电子商务服务，第三方支付 上下游行业的商机信息匹配（跨地区、跨行业数据共享、商机自动匹配） 数据库免费使用 经工商注册的用户赠送一级域名（协助企业选择备案），个人用户赠送二级域名 报价询价系统（工具） 商机信息管理（工具） 赠送内页广告位半年 客户管理系统（CRM） 平台正常运营维护与管理

（续）

会员类型	服务内容
全托式会员	政策补贴：协助企业获得可能得到的政府政策性补贴 SEO推广：两个关键词的推广，其中一个关键词效果在4页以内 产品报价：帮助企业进行产品报价 域名赠送：经工商注册的用户赠送一级域名（协助企业进行备案），个人用户赠送二级域名 网库帮帮：每天8小时在线，实时反馈信息给客户 专人负责：提供1个专业人员负责全托式会员的管理与对接 博客推广：每月30条博文 论坛推广：每月20条论坛信息

四、第四步：信息交流要做好

网站的建立为电子商务的开展提供了可能，信息成为电子商务的核心内容，在信息技术日新月异和市场竞争激烈的环境下，我国农业电子商务发展较好的地方有山东、江苏、浙江及广东等沿海省份，这些省份在发展过程中积累了不少经验。做好信息资源的共享，有利于农村电子商务的整体推进和发展。

1. 营造良好的发展环境 政府部门应主动发挥宏观调控作用，制订相应适合农业产业化中发展电子商务的总体规划和发展步骤，加大对农业网站的建设及投入，大力发展农业产业化组织规模，促进农业科技在农业产业化中的应用，制定相关政策和法规，严格监管农产品市场，保证农产品有效流通，可以建立有关农产品网上交易管理部门，专门负责农产品网站建立的批准以及标准，控制、指挥及协调农业产业化经营组织之间的关系，合理引导交易，推进电子商务在农业产业化中稳定发展，积极发挥政府的引导职能，为电子商务在农业产业化中发展提供良好环境。

2. 主动攻克技术方面的难题 一方面，政府应巩固加强农业信息化基础设施建设、农业卫星遥感技术、农产品加工以及储藏基础设施等方面的建设；另一方面，政府应加强农业信息网络基础设施的建设，确保农业信息网站顺利运行并发挥其应有的作用，争取村村通网络，实现农业信息交流进入每家每户。同时，可以从培育完善的农村信息市场、加强农技信息服务体系建设等来不断完善农村信息服务体系建设，加强整个农业信息化基础建设，确保农业电子商务网络运行的畅通，实现电子商务在农业产业化中的应用。

3. 做好相关信息有效流通　应确立与其他省份在发展农业电子商务方面的合作竞争立场，分析自身发展的特点，合理定位；应利用互联网与在各省份间建立信息交流机制和平台，在平台上加强信息交流与合作，积极学习吸收各个省份农业电子商务发展所得到的宝贵经验，可以从农业信息化基础设施的建设、电子商务平台建设、农村信息网络基础设施建设以及农业信息化人才的培养等方面加以借鉴，从中得到经验教训，充分利用先进的农业信息技术来为自身的电子商务的发展服务；应结合自身特点与优势，把握政策机遇，充分利用自身优势，走出一条具有本地特色的电子商务在农业产业化中的发展道路。

以广西电子商务发展为例，对电子商务平台的信息交流进行探究。

农业网站的建立为农业信息的及时采集和发布提供了可能，农业信息的采集和发布关系到用户能否及时抓获市场信息，并合理安排农业生产和产品销售等。目前，广西壮族自治区已形成相对稳定的农业信息采集、发布系统，相关部门定期采集农村政策动态、自然灾害、农民收入等信息，了解农业生产动态。通过调查得知，农业信息工作人员通过收集农业信息，通过专业信息软件处理加工相关信息，并定时对农产品月度、季度信息加工并分析其经济形势，发布于各市、县农业信息网站上。区政府和相关部门正致力于制定出合理的信息分析预测制度和相关信息专业软件的研究，加强各地农业信息采集、加工和分析能力，建立能够覆盖全区农村和农业经济领域的信息采集和发布系统。目前大多数企业和互联网用户主要通过农业网站来获取农业信息，而农户对互联网的应用比较少，主要是通过传统的农业信息传播媒体来了解农业信息。

由于农户的网络化知识水平不高，农业信息传播媒体仍然是农户获取农业信息的主要渠道。在广西农业信息工作中，有广西人民广播电台的"金土地"和广西电视台的农业栏目"走进农家"等节目，有关农业信息的专业报刊有广西农业厅主办的《广西农学报》、广西农业科学院主办的《广西农业科学》、广西热带作物学会和广西亚热带作物研究所主办的《广西热带农业》和区科协主办《南方科技报》、区科学技术厅主办的《农村新技术》等，传统的传播媒体为农业信息化建设打下了牢固的基础，为相关政策实施以及农业信息传播提供了较好渠道，同时为电子商务在农业产业化发展知识的传播提供了一个广大的宣传平台。就目前广西农业信息化基础建设情况来看，广西具有一定能力的农业信息化基础。政府加强对农业信息化基础设施的建设，为农业产业化经营组织开展电子商务提供了基础硬件保障，为农业电子商务的开展提供了一定的基础，为推进电子商务在农业产业化中的应用打下了一定的基础。面对竞争激烈的市场，农户由于认识程度不够以及知识水平所限，对电子商务的应用程度非常低，主要是涉农企业对电子商务的需求越来越强，其中农业产业化龙头企业对电子商务的开展取得了一定的成绩。

第三节　平台沽酒话诀窍
——农业电子商务平台发展问题防范

一、完善政策基础，为发展保驾护航

从国家发展战略导向来看，第十二届全国人民代表大会第三次会议上，李克强总理提出要制定"互联网＋"的行动计划。强调"要推动移动互联网、大数据、云计算等技术发展，促进电子商务和互联网金融健康的发展，引导互联网企业拓展国际市场。2016年中央1号文件《关于落实发展新理念加快农业现代化实现全面小康目标的若干意见》明确指出"要促进农村电子商务发展，形成线上线下相融合、农产品进城、农资及消费品下乡双向流通格局。"2016年中央1号文件更为加大了关于"农村电商"的篇幅，并4处提及农村电商发展问

题，而且在文件中更强调了解决问题的方法，为农村电商落地实行提供了诸多有力保障。2016 年，国务院及各部委又密集出台农村电商相关的一系列的重磅文件，力挺农业电子商务的发展。这些政策体现了国家发展的战略导向。

从行业支持力度来看，2015 年 9 月 24 日，农业部、国家发展和改革委员会、商务部联合印发了《推进农业电子商务发展行动计划》，提出到 2018 年，农业电子商务要实现基础设施完善，健全制度体系和政策环境，要培育一批拥有影响力的农业电子商务品牌企业，在农产品流通中电子商务的比重要大大提升，完善农产品市场流通体系、提升消费需求、繁荣城乡经济。2015 年 8 月 21 日，商务部等 19 个部门联合发布了《关于加快发展农村电子商务的意见》。提出推进农业电子商务，包括农产品和农村手工艺品等，提高电子商务交易比例。2015 年 8 月，国务院出台的《关于推进国内贸易流通现代化建设法治化营商环境的意见》中强调，大力促进农业电子商务发展，引导农民和涉农企业积极参与农产品电子商务，大力支持各地打造具有各自特色的农业电子商务产业链。2015 年 5 月，国务院发布《关于大力发展电子商务加快培育经济新动力的意见》，强调大力发展农业电子商务，鼓励涉农企业发展电子商务。

由上可知，农业信息化建设作为我国农业发展的重要方向，对于其发展环境和基础设施建设的依赖程度相当高。电子商务属于投入资金大、投资回收期长的产业，只靠企业自身来发展是不够的，这也提高了进入农业电子商务行业的门槛，因此，需要政府作为主导力量来加速发展，通过加大政策的扶持力度来提升行业发展的信任，从而切实提高行业发展的速度。首先，需要从政策层面对行业发展方向进行引导，政府应该加快对农业信息化工作的整体规划和政策制定，打造更多全国性的单品，网络交易平台，提供更专业的产销动态、市场需求、价格行情等相关信息服务。借助于平台推荐更多的涉农企业、农民合作社和优质农产品，加大品牌宣传，提升品牌形象，大力提升农产品的市场竞争力。其次，加大资金扶持力度，电子商务平台的建设投资金额大、投资回收期长，许多涉农企业都面临着巨大的资金压力而发展缓慢。在平台实地调研过程中，普遍存在的问题是，平台要想存活下来，就必须要赚到更多的钱。因此，他们推出分级会员制度，基本内容之一就是会员按交会费的多少来被分等级，不同的等级分别享受不同的服务。这样一来，一些小微企业及个体农民因为资金方面的原因，享受不到优质的信息服务。对于平台而言，农业电子商务平台如果没有更多的收入来源也难维持企业基本的运转。政府应该提供更多的资金扶持，帮助小微企业参与到电子商务活动中来，既为小微企业提供了线上机会，又为电子商务行业的整体发展注入了活力，为电子商务平台运营商提供了支持。

二、广泛发动参与，使平台不断壮大

当前，我国农业信息化的主要问题还是人才的问题，在硬件建设已经达到了一定规模程度，人才问题已经成为农业电子商务发展中的最大问题。农业电子商务平台应积极指导、大力扶持电子商务。将互联网、电子商务平台、农民有机地联系起来，带动区域农民共同致富。

1. 应注重人才的初步培养问题　农业信息化建设中对能掌握多种专业知识的复合型、应用型人才越来越需求。人才构成层次上，也形成了以通用型为主，开发型、研究型为辅的农业电子商务人才需求的多层面格局，这就决定了农业电子商务人才的培养不能全部着眼于高层次人才的培养，而应从实际需要出发，分层次开展培养。在培养形式上，应采用学校教育、继续教育、网络教育、短期培训教育等多种方式和途径来同步进行。而这其中见效比较快、培养人才数量比较多、且又经济实用的人才培养方式和途径，莫过于充分发挥中高等职业院校教育培养和短期培训教育相结合的培养形式。中高等农业职业院校是我国农业电子商务发展拥有源源不断的人才供应的中、长期保障。在应用型、复合型人才培养方面，当前我国农业信息化人才需求与发展软环境方面的主要矛盾是缺乏既懂电子技术，又懂网络贸易，还熟悉农业生产与农产品特点的应用型人才。因此，短期培训工作就应该以此为目标和切入点，抓住培养复合型、应用型人才这个牛鼻子，重点抓好对已经从业在岗的农业电子商务人才的"知识短板"方面的短期培训，弥补知识缺陷。

2. 要在人才的培养和应用中抓好侧重点 引入农村经纪人概念，指导、培训并扶持一批具有电子商务操作能力的农民首先致富，作为中介实现农民与电商平台间信息互动，将农民手中数量少、较分散的农产品进行组合，通过电子投标等方式，提供给进行原材料采购的相关企业，实现 C2B 业务。除此之外，还可以通过公益团购等方式，销售给普通消费者，实现 C2C 业务，并通过这些"农村经纪人"先富的示范效应。

3. 引导农业电子商务合作社建设 农村合作社是同类农产品的生产者、经营者自愿联合、民主控制的互助性质的合作组织。这种形式的组织可以保护组织及成员的合法权益，规范自身成员的行为，增加农民收入，促进农村经济发展。组织化的经营模式是促进农业电子商务发展的必需条件。组织化的生产和经营有利于促成农产品生产及经营的标准化和规模化。相反，个体化的经营模式很难形成统一的标准，农业生产基本依赖个体经验，成本高而风险大，而且信息交流的阻碍，会造成效益偏低，不适合农业电子商务的发展。政府应该从两点加强农村合作社的建设。第一，充分利用各方力量，扶持农村合作社的建设。政府应当做好政策导向作用，放开农业发展合作社的政策和资金红利，充分发挥全市各部门的服务职能，从各方面支持合作社的建设。目标是示范带动、重点扶持，从不同地区选择符合规范标准的合作社，重点加以扶持，从而带动合作社形式向复合型的转变，并实现区域辐射。第二，抓紧落实合作社的各项制度，完善管理体制。一方面，制定各方面制度，对合作社开展制度化管理。另一方面，实现合同化管理，社员和合作社之间的管理和生产销售应订立合同。

三、走专业化道路，令平台更加优质

广大农民需要一个专业、权威、诚信的平台来推介销售自己的农产品，所以应根据农业发展和农产品生产销售特点，突出主要农产品的优质特色，建立农产品电子商务交易平台，以及特色农产品交易平台，充分发挥电子商务在组织交易、物流调配、规避风险、传递信息等方面的功能，促进农产品"走出去"，为农民增加收入，为企业增加效益。

在这里可以借鉴日本在农业电子商务方面的先进经验，2000年，日本为了缩小农村与城市之间的信息化差距，活跃农村经济，日本农林水产省就制定了农业和农村信息化战略。战略主要是致力于发展农业电子商务，在全国建立大型综合电子商务交易平台，主要以网上交易市场、农产品网上超市以及农产品电子交易所等形式建立网上交易平台，大力推动农产品流通方式的根本变革。日本政府鼓励和支持农业协同组织建立组合网站，在网站上详细介绍农业生产技术、先进优良品种、先进机械设备以及实时更新农产品市场行情信息等内容。如果会员想要了解农协在某个地方的办事地点和所能提供的服务项目，直接可以通过农业协会网站查询就能得知，农民还可以通过网站及时了解以上相关信息，与农业协会保持密切联系，网站实现能够及时竭诚为农民和客户服务；农产品通过农业协会组合网站进行展销，消费者只要通过网站了解农产品价格信息，通过网上交易或者电话，农业协会工作人员就把农产品送货到消费者家里，为消费者提供周到满意的服务。同时，日本政府制定农业电子商务相关法律，加强对农产品订货、发送、结算等标准，实现农产品电子交易的标准化，推动电子商务在农业产业化中的应用。

专业化的农业电子商务平台，需要注意以下几点：一是要满足农产品的标准化，这也是今后农产品的生产和销售的方向。标准化包括农产品的生产标准化、销售标准化、质量标准化，用同样的标准对农产品进行要求，通过不同的标准对农产品的质量等级进行详细的划分，以标准化加快农产品发展的步伐。二是软硬件配置的专业化，网站托管方式可采用虚拟主机或整机托管方式，避免采购、维护计算机和网络设施的费用，以较低成本获得安全、高效的网络处理。农户客户端配置一般使用具有宽带上网功能的计算机或具备上网功能的手机，此类终端能够接收和确认订单信息，回复客户咨询，提供客户服务。三是人员配置的专业化，人员配备方面需要3~5名信息管理人员，负责项目考察、数据采集整理、网站维护、客户订单管理、系统综合协调等工作。前期可以乡镇为单位负责收集相关资料，由网络公司完成制作，后期的维护和日常管理需配备专门信息管理人员。

农业电子商务的服务功能向专业化、全程化发展，通过不断渗透到农业生产和经营的全过程，促使农产品的生产、加工和流通逐步实现精细化、标准化和现代化，推动现代农业生产经营水平不断提升。

四、加大宣传力度，为发展拓宽道路

当前很多农业电子商务平台的宣传推广少，消费者对其认知度不高，在充满海量信息的互联网中，其影响力小，知名度不高，因此，即便平台上提供优质的农产品，由于消费者不了解，其网络销售也不理想。同时，在农业电子商务平台中，农业政策、指导农业生产等信息比重较大，行业协会主导的电商平台更多的是反映本协会企业信息，而对于市场交易所需的具体农产品展示、购物交易流程等内容较少，这也导致相关的农业电子商务平台的访问量较少。

1. 要创新农产品网络营销模式　积极开展和创新农产品的网络促销活动，可以将地域品牌作为整体，通过在天猫、淘宝等综合性电商平台建设地方特色馆等形式，扩大该地域农产品的整体影响。农业企业积极参与各个电商平台的网络促销活动，通过节目赞助，公益事业参与等方式提升企业品牌的形象和影响力。

2. 加大农产品电子商务平台的营销推广　吸引更多的用户访问和使用农业电子商务平台是当前发展的重点，其关键是做好电子商务平台的网络推广。可以通过传统的媒体渠道，如电视、广播、报纸、杂志等进行宣传，并借助互联网、新媒体、百度推广，网站链接，移动互联网等加大宣传力度，扩大农业电子商务平台的网络影响力。

3. 积极营造发展农业电子商务意识氛围　农业电子商务在地方的发展不仅需要良好的政策环境、充沛的资金支持，也需要一个良好的发展氛围和多数农户的参与。政府可通过建造专门的农业电子商务产业园区将大量相关企业集中在一起，在产业园区的各企业之间的联系会更加紧密，合作成本和交易成本会降低，多数公司的集中发展会逐渐产生集群效应，吸引更多企业进入产业园，加入农业电子商务领域中，众多企业的参与必然会推动这个行业的快速发展，增大农业电子商务的发展规模，而规模的扩大转而又会吸引更多企业和个人对这一领域的关注，并加入这一领域，这样的良性循环不仅有效促进农业电子商务的发展，也形成了一个较浓厚的发展氛围。农业电子商务领域的发展氛围终究是由参与者营造出来的，因此，要通过多种途径和渠道大力宣传农业电子商务，为农业电子商务的发展制定相应的税收优惠、融资便利等政策，并组织相应的大型活动，引导更多企业和农户了解农业电子商务的优势和意义，鼓励更多企业和农户加入这个行业中，支持企业或农户采取多样化的营销组合手段吸引更多用户。农业电子商务的蓬勃发展必然会吸引越来越多的参与者，而参与者数量的增加也会反过来进一步推动该行业的发展，而农业电子商务良好的行业发展氛围也会由于企业和农户的大量参与、用户数量的增加、政府的大力支持等而逐渐形成。

第六章

奔跑吧，信息
——农村信息化服务体系

第一节　谁让信息跑起来
——农村信息化服务体系解析

一、何为农村信息化

1. 农村信息化的定义　目前，关于农村信息化的定义有许多，学术界对其表述不一。贾善刚（2000）提出：农村信息化的概念不仅包括计算机技术，还应包括微电子技术、通信技术、光电技术、遥感技术（Remote Seniing）等多项信息技术在农业上普遍而系统应用的过程。梅方权（2001）指出：农村信息化是一个广义的概念，农村信息化应当是信息技术和信息管理在农村中的广泛应用，是农业全过程的信息化，是用信息技术装备现代农业，依靠信息网络化和数字化支持农业经营管理，监测管理农业资源和环境，支持农业经济和农村社会信息化。其内涵包括 6 个方面：一是农民生活消费信息化；二是农业生产管理信息化；三是农村科学技术信息化；四是农业经营管理信息化；五是农村市场流通信息化；六是农村资源环境信息化。这一观点是目前比较权威的概念，也与中央提出的新农村信息化建设的含义相吻合。郭书普（2005）认为，农村信息化是以生物技术为内容，信息技术为支撑，信息和知识为必要的生产资料，对农业生产、经营管理、战略决策信息资源的自然、经济、社会信息进行采集、分析和处理、集成和存储、传输与应用，其手段是数字化和网络化。陈良玉

（2005）则认为，农村信息化是一种社会经济形态，是农村经济发展到一特定过程的概念描述，是传统农业发展到现代农业进而向信息农业演进的过程。

现在学术界比较一致的观点认为，农村信息化指的是在人类农业生产活动和社会实践中，通过普遍地采用以通信技术和信息技术等为主要内容的高新技术，更加充分有效地开发利用信息资源，推动农业经济发展和农村社会进步的过程。农村信息化是社会信息化的重要组成部分，它首先是一种社会经济形态，是农村经济发展到某一特定过程的概念描述。而且它不仅包括农村信息技术，还应包括微电子技术、通信技术、光电技术等在农业生产、农村生活、社会管理等方面普遍而系统应用的过程。同时农村信息化包括了传统农业发展到现代农业进而向信息化农村演进的过程，又包含在原始社会发展到资本社会进而向信息社会发展的过程中。

2. 农村信息化的内容

（1）农村资源、环境信息化。大家熟悉的土地、水、土壤、大气等都属于农村资源与环境范畴。这些资源均是广泛分布在地球表面且不断发生着变化的自然资源。要想合理利用农村资源，就必须掌握它们的分布、性质及其变化，并取得实时性资料，而常规技术是无法实现的。建立农村资源、环境信息网络，可以正确、及时地了解农村资源和环境变化，制定相应的政策与对策，从而达到既高效利用资源，又保护生态环境，实现农业可持续发展的目标。因此，农村资源与环境的信息化是整个农业信息化系统的重要基础，其关键内容是建立各种农业资源与环境数据库及其相应的检索系统。

（2）农村社会经济信息化。农业发展的目标就是要促进农村经济的繁荣和社会进步。农业人口变化，教育、科技普及程度，农民收入水平，农村道路、能源、卫生情况等都应当建立相应的信息系统并进行有效整合，以便全面了解农村社会情况，为制定正确的发展战略提供依据。农村社会信息化将使农民在工作、消费、教育、医疗、家庭生活、文化娱乐等社会活动领域里实现全面的信息化。农村信息化的发展，将有效地加强农村资源的共享，提高农村信息资源的利用程度，提高农业生产和农产品销售的经济效益，从而增加农民的收入。

（3）农业生产过程信息化。农业生产过程的信息化是指作物栽培、动物养殖管理的自动化、网络化和智能化，从而大幅度地提高农业生产的精确度，最大限度地降低资源的消耗，达到农业生产的高效益。农作物品种与栽培技术，尤其是每时每刻都在变化着的气象与病虫害，造成了农业生产的不稳定性。以计算机和现代通信技术为主的农业信息技术在农业上的广泛应用，可以促进农业生产过程自动化，提高农业生产效率，提高病虫害预测预报和防治水平，提高人类对自然的认知能力，最大限度地控制和利用水、土、气等自然资源，减少农业生产的不稳定性。

（4）农村科技信息化。信息交流是促进农业科技进步和成果推广的重要手段。农村科技信息化主要包括建立和完善农业文献数据库、农业科技成果数据库和农业科技信息网络，以便农业科技人员交流和共享科技信息资源。因此，必须借助现代农业信息技术，建立农村科技信息网络，加快科技成果交流与推广应用，促使农科教各个方面在市场经济中找准各自的位置并有机结合、相互促进，最后推动农村经济的发展。

（5）农村教育信息化。农村教育信息化是指农村教育和培训手段的自动化、网络化、数字化和智能化。农村教育的信息化，是 21 世纪农村教育的一个新变化。大部分生活在农村的农民与农业技术人员可以通过计算机网络、多媒体学习各种农业知识，广泛、快捷地传播农业技术、科普知识，更快、更好地培养农业科技人才，通过这些人才，进一步推广、普及农业技术和科普知识，提高农民的整体科技和文化素质，从而解决农业生产中遇到的问题。

（6）农业生产资料市场信息化。农业生产资料市场信息化是将种子、种苗、种畜、化肥、农药、饲料、兽药、农业机械、农用薄膜等各种农业生产资料的供求信息建立数据库上网运行，并逐步开展农资电子商务，加快农业生产资料供求信息的传输和交流，降低经营成本，减轻农民负担，杜绝假冒伪劣农资侵害农民利益的现象，促进农资生产和经营企业效益的提高和农业生产的发展。

（7）农产品市场信息化。农产品市场问题直接关系到农民的收入和一个地区的经济发展。为了使各地农产品销路畅通、供销协调，建立以计算机网络为基础的农产品市场信息网是一项关键性的措施。农产品市场信息化将农产品的市场供求和价格信息全面、系统、及时、准确地上网运行，并逐步开展农产品电子商务，从而达到保证基本农产品的充足供应和销路畅通、保证合理稳定的市场价格、保证合理有序的市场竞争、保证清晰的市场透明度等目标，使其成为引导农民调整农业产业结构和产品结构，发展优质、高效农产品生产，开拓国内外市场，增加收入的重要手段。

(8) 农村管理信息化。农村管理信息化是将农村行政管理实现计算机网络化管理，提高农村管理的透明度、效率和公平程度，促进农业和农村经济的发展。农村管理信息化是实施农业科学决策的重要手段，是为了最大限度地保证宏观决策的合理化、经营管理的现代化和生产过程的科学化，为生产和管理者作出科学而有效的决策提供支持。同时，还能促进政府职能的转变，逐步树立公开、透明、公正、高效的政府形象，减少工作环节和工作环节中人、财、物的浪费。

(9) 农民生活信息化。农民生活信息化包括生活、文化、娱乐、医疗、卫生等各方面的信息化。以计算机、网络和现代化通信等为代表的高科技，已经渗透到人类社会生活的各个方面，信息技术正改变着人类生活与社会的面貌。新兴的语音识别技术等会在智能家居中得到广泛的运用。远程医疗和健康监护等自动化技术也将进入寻常人家。数字技术改变着人们日常理财的方式，金融卡、电子银行、网上保险、理财软件等越来越多的数字工具为农民储蓄提供了多样化的理财方式，个人理财已经从计算器加流水账步入"e时代"。

3. 农村信息化的特点

(1) 农村居民居住分散，信息化建设成本高。农村居民居住在广大的农村地区，特别是西部地区农村居民居住非常分散，单位面积的人口较少，同时农村居民居住面积大、户与户之间的间距大，进行通信设备和网络搭建等信息化基础设施建设的成本高。

(2) 农民文化水平低，接受新技术不高。当前，我国92%的文盲半文盲在农村。在农村4.9亿的劳动力中，小学文化以下的占

40%，初中文化的占 48%，高中文化的占 12%，其中受过职业技术培训的农民不足 5%，受过技能培训的仅仅 1%，我国农民素质整体不高已成为制约农业发展和新农村建设的关键因素。而信息技术的应用需要较高素质的载体去实现，农民素质不高，必然引起接受新技术的能力不高，制约了信息技术的应用和农村信息化建设。

（3）农村需求的多样化和个性化。农村信息化需求，包括政务管理需求、农业生产需求和农民生活需求，包括政府行业和农民 3 个层面。这 3 个层面对信息化的需求各不相同，如政府以提高管理水平和提供多样化服务为主，行业主要是以提高农业生产水平为主，农民主要是以提供便捷的社会化服务为主。同时每一个层面也有各种各样的不同需求，因此农村信息化建设呈现多样化和个性化的特点。

（4）农民收入水平低，要求物美价廉的产品。2019 年，农村居民人均可支配收入为 16 021 元，城镇居民收入是农村居民的 2.6 倍，农民的购买水平明显低于城市居民，并呈现不断扩大的趋势。从农民购置信息化产品的档次和现代通信设备的使用费用承受能力上讲，均明显低于城市消费者，因此，要求市场能够提供物美价廉的产品，才能被农村消费者接受。

（5）农村信息传输渠道较少且不通畅。据调查，农村获取信息的渠道仍然以电视、广播等传统的媒体为主，以互联网为主导的现代传输渠道占的比例很小。

农业信息服务网络不健全，向基层网络延伸才刚刚起步，涉农企业、生产和经销大户入网率低。在不少地方，传统媒体与信息网络之间缺乏有效整合，使得信息服务难以形成整体优势。中央到地方各级，对信息化建设的管理体制不顺，缺乏对信息化建设的有效领导，多头管理，各自为政，信息化资源难以得到有效整合，各类信息资源的共享度不高，浪费较大。信息传播渠道不畅还表现在信息服务进村入户处于起步阶段，传播渠道、传播方式缺乏有效的持续运行机制，信息发布、传播的覆盖面窄，信息到基层和农民手里"最后一公里"的问题没有得到有效解决。

（6）信息技术应用以无偿或低价格为主。农村在产业基础上以农业为主，在使用对象上以农民为主，在信息技术应用上特别是信息服务上以无偿或者低价格为主，更多地体现城市带动农村、工业反哺农业的特点，如补贴电话费、上网费或给予一定程度的优惠、无偿提供各种农业技术服务等。

二、何为农村信息服务体系

1. 农村信息服务体系提出的背景　2005—2007 年，中央 1 号文件高度关注农业信息化，明确地提出了"加强国家基地的创新能力建设，加快信息技术等高新技术的研究"，同时"要按照强化公益性职能、放活经营性服务的要求，加大农业技术推广体系的农业公共信息和培训教育服务等职能"以及"尽快建立农产品市场信息体系等七大体系"的战略方针。2008 年和 2009 年中央对农业信息化的关注已经从农业生产经营渗透到整个农村社会管理和公共服务领域。《2006—2020 年国家信息化发展战略》在我国信息化发展的战略行动中，已经把发展农村信息化上升到国家发展战略的高度，对我国广泛深入开展农业信息服务体系建设给予了国家和政府的最高关注和政策支持。

要加快农业信息化进程，就必须尽快建立信息收集、处理、传播、应用一体化的现代农业信息服务体系，为农业生产者、经营者、管理者和决策者提供信息服务，并指导农业的产前、产中和产后各个环节，充分发挥信息技术在农业中的"信息支撑"作用，为农业信息化提供技术和组织保障。

2. 农村信息服务体系的概念　农村信息服务体系是指信息服务主体、服务客体、服务渠道、服务内容、服务的利益分配机制以及服务的支撑与保障体系 6 个部分相互作用、相互联系而形成的一个有机整体。其服务体系见图 6-1。

农村信息服务体系建设主要包括基层信息服务站点建设、农村信息员队伍建设、农村信息服务组织建设等方面的内容。

三、农村信息服务体系构成的基本要素

农村信息服务体系是指农村信息服务领域有关的信息资源、机构

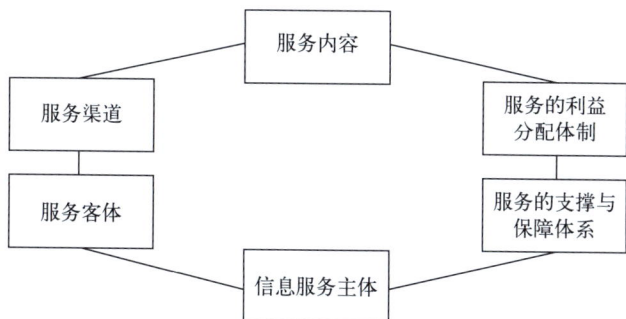

图 6-1 农村信息服务体系

组织、服务人员、服务模式等要素构成的一个整体。在这些要素中，机构组织和服务人员是实现农村信息服务的保障，属于服务体系的内在部分，相对于农民用户来说是透明的。而信息资源是信息服务的基础，服务模式是信息服务的形式，它们是通过与农民用户交互为其提供服务，从而满足农民需求的外在要素。从农村信息服务体系构建的目的出发，与农民联系较为紧密的 2 个基本要素是信息资源和服务模式。

1. 农村信息服务体系中的信息资源 信息资源是农村信息服务体系中的基础性要素，是信息服务的源头，而农村信息服务体系建设的根本目的是为农民提供有价值的、相关的信息资源，满足农民的信息需求。因此，在进行信息资源建设时，首先要明确农民的信息需求，根据信息需求内容开展信息资源建设。近年来，随着农业农村经济的发展、农业市场化进程的加快，农民信息需求呈现出多样化特征。除了传统的农业生产信息的需求外，增加了关于农产品市场信息的需求；除了常规性养种植技术的需求外，增加了对高科技产品信息及相应技术的需求；除了传统的政策法规信息的需求外，增加了对劳务打工信息的需求。这些多样化的信息需求决定了信息内容的多样性。

从农民的信息需求可以看出，农村信息服务体系中信息资源内容应包括以下几个方面。

一是农业生产信息。它直接影响到农民生产活动的产出效益，尤其是高科技农业产品信息及相应技术。据调查，一些适合于当地的高科技农业产品及技术信息，如良种开发信息、特种经营技术信息、新型肥料、高效生物农药、植物生长调节剂等信息普遍受到广大农户的欢迎。

二是农业市场信息。这方面信息主要包括农产品的供求及价格情况的有关理论、方针、政策等，农产品的储藏、加工和销售等方面信息，它直接影响到农民在农业生产中农作物种类及品种的选择。

三是政策法规信息。它对农民在农业生产中生产结构的调整具有重要的指向作用。

四是种养殖技术信息。当农民在农业生产中遇到技术难题时，所需要的各种种养技术信息及灾害预警、病虫害、动物疫情等相关信息，对发展高产农业非常重要。

五是劳务打工信息。它可以帮助农民在农闲时外出打工，从而争取更多的就业机会。

六是农村文化生活信息。如提供有关文艺、休闲方面的报纸、杂志、书刊等，或开展"电影下乡"活动，以丰富农民精神生活，提高农民文化素质。

在进行信息资源建设时，首先，应注意相关信息资源的科普性特征，以简单生动的大众普及性知识信息为主，以适合农民用户的阅读和理解。其次，应在信息资源的深加工处理上下功夫。多提供具有指导性、预测性的高价值信息，以帮助农民利用信息资源实现经济效益。同时，应注意相关信息资源采集的全面性和及时性，并扩大信息开放与共享范围，以充分发挥信息资源的效用。最后，要对不同类型、不同来源的信息资源进行整合，实现资源之间的交互操作，并以统一的界面提供给用户。

2. 农村信息服务体系中的服务模式　信息服务模式是农村信息服务体系的最终表现形式，它直接关系到农民对农村信息服务体系的满意度。采取恰当的服务模式为农民用户提供信息服务，可有效满足农民的信息需求。目前，由于信息资源的类型多样化和信息技术的广泛应用，信息服务模式在不断变化和更新。针对农村信息服务体系中农民用户和信息资源的特殊性，其信息服务模式也具有独特性。农村信息服务体系中的服务模式可采用以下几种方式。

（1）信息检索与浏览服务。随着计算机的普及和互联网的应用，通过网络平台提供信息服务已成为可能。将与农村农业信息相关的各种数据库、网络信息资源、农业科技讲座视频等虚拟资源存储在网络服务器中，通过互联网和用户终端，为农民群众提供信息浏览与检索服务。农民通过浏览或检索网页，观看科技片、讲座视频等多媒体资源，从文字、声音与图像中直观地获取有用信息。这样既可以提高农民的信息识别与应用能力，又可帮助其掌握农业实用技术与操作技能。

（2）信息咨询与交流服务。它是一种较深层次的服务模式。即以一定数量的农业技术专家或专家组为"信息源"，随时接受农民用户通过电话、网络、书面或现场等形式进行信息咨询与交流，帮助农民解决疑难问题；或通过网络论坛的形式促进农民与专家、农民与农民之间的信息交流和经验交流，实现信息资源的广泛共享。

（3）定题跟踪服务。它是信息检索服务的延伸，主要是针对农民用户遇到的专业技术问题开展的专题跟踪服务，满足农民需求全过程。网络环境下的定题跟踪服务通过计算机网络检索与传递，更具有主动性、动态性和时效性，能快速准确地满足农民用户需求。这一服务模式更专业化，服务内容也更具有针对性，适用于解决农民遇到的专业技术难题。

（4）通过科技下乡等活动普及农业信息。由专门机构（政府部门或图书馆）组织专业人员，依据当地农村经济发展的特点，广泛搜集、发掘、筛选、整理相关的科技信息资料，编写科技索引，编印科技简报、资料传单和信息小手册等，制作信息资料展板、宣传栏，组织农业知识讲座与培训，甚至对有特殊信息需求的农民用户进行跟踪服务，帮助农民解决农业生产过程中遇到的难题。这种信息服务模式可以把丰富的科技信息传送到农民群众手中，既可提高其文化素质，也可达到增收致富的目的。

（5）通过设立农村信息亭、成立乡村文体活动中心等形式提供农村文化信息服务。在我国偏远乡村可设立信息亭，提供有关农业政策、农业技术、养殖、法律、文艺等方面的报纸、杂志、书刊，供农民免费借阅；并设立意见箱，收集有关农民用户信息需求的意见，定期汇总意见和更新信息亭内资源，以更好地满足农民的需求。通过成立乡村文体活动中心，设置不同兴趣活动室，如戏剧曲艺活动室、书画室、老人谈心室、少儿活动室、电脑学习室等，让农民闲暇时进行文体活动，以丰富和提高农村精神文化生活。

四、农村信息服务体系建设的意义

1. 有利于农业产业结构的调整　近几年，我国在改革传统农业产业结构、创新经济增长方式方面取得了显著的成果，但同时也暴露出一个很大的问题，农户对市场信息把握不准确，不能及时根据市场信息合理安排农业生产类型和规模，最终导致市场供求失衡、经济效益低下，而农村市场经济发展程度不高、市场活力不足、政府宏观调控效果有限等一系列问题要求农村信息服务及时完善。农村信息服务体系建设，加强信息基础设施建设，扩宽信息传播渠道，使农业生产从单纯的种植领域扩展到流通领域，实现农业产业化、规模化经营，进而提高农业生产的专业化水平，使资源配置更优化、生产经营更合理。同时，农村信息服务体系建设是广泛运用科技的成果，由于最新科学技术知识更大范围和更高水平的使用，有限的农业资源得到了更高程度的流通与分享，农村各生产要素得到合理的重组。此外，农村信息服务将政府、农民、企业紧密结合在一起，信息的双向、多向流动作用明显，农户可根据政府扶持投入确定生产类型，企业则可根据多项信息确定经营动向，最终有利于改革农村经营模式。

2. 有利于提高农民素质、转移农村剩余劳动力　农民是农村和农业的根本，长期以来，我国农村地区普遍存在教育落后、农民科学文化素质不高的现状，而农民文化素质的高低直接决定了农民信息意识、信息能力的高低。加强农村信息体系建设，通过加大政府财政投入、改善农业经营结构、加强基础设施建设、深入科学技术教育，提高农民的科学文化素质。加强农村信息服务体系建设，先要改善传统农业经营方式，促进资源的流通与优化配置，带来农业产业升级，有利于劳动力的有效转移；信息技术的普及与采用，大量信息的涌入，使得农村剩余劳动力能及时掌握到劳动力市场需求现状及动向，有利于优化农民就业结构，建立农村劳动力信息系统，真实反映农村劳动力就业情况，实现剩余劳动力的高效转移。

3. 有利于完善农村市场体系，降低市场风险 最大限度地扩大农村市场，刺激农村市场发展，提高农民消费能力，是推动社会主义新农村建设的一大突破口。一方面，目前农民普遍反映农村消费"不方便，不安全，不实惠"；另一方面，农产品流通领域阻塞现象严重，农民"卖难"突出，不利于农民收入的增加。此外，农村信息化服务跟不上市场脚步，导致农村市场存在"三不"现象，即不知道市场需求，搞不清种什么；不知道卖给谁，不能扩大生产；不知道行情，卖不上公道的价格。这些都阻碍了农村市场化进程的发展，成为新农村建设的瓶颈。由于农民的消息不灵通、消息闭塞，导致农业风险始终处于相对较高的水平，农村市场经济交易水平不高、缺乏活力。农村信息化服务为农村市场的供求双方起到了牵线搭桥的作用，打破了信息不对称的弊端，使交易双方分别产生直接的联系，在很大程度上减小了市场的盲从性，从而提高了农村市场的流通效率。不仅降低了农村市场一直存在的弊端，也大大降低了市场的风险性。

4. 有利于增加农民收入 对于农村的各项改革而言，增加农民收入是最主要的目标。目前，我国城乡收入差距仍然很大，而多数的农户家庭采取外出务工的方式增加家庭可支配性收入，农村多出现"空村""留守村"的现象，也出现了大面积的废弃田，这些都是农村市场经营成果不高、农民家庭收入偏低的表现。进行农村信息服务体系建设，先进的农村信息为农民生产经营活动提供及时准确的销售、流通、售后信息，大大拓宽了农村市场的销售空间，增加了农民收入。此外，根据上文的叙述，加强农村信息服务体系建设，有利于转变传统的农业生产结构，提高农民信息利用能力，这些都将带来生产观念和生产方式的明显变革，从长远角度着眼，必将有利于农民收入的增加。

第二节　怎样让信息跑起来
——农村信息化服务体系组建

一、农村信息服务发展现状分析

（一）信息化基础设施建设情况

1. 广播、电视　为解决广大农民群众听广播、看电视难的问题，1998年国家启动广播电视"村村通"工程。据统计，到2006年6月底，全国各级政府共投入资金36.4亿元。11.7万个听不到广播、看不到电视的已通电行政村"盲村"和10万个50户以上已通电自然村"盲村"完成了"村村通"建设，修复"返盲"行政村1.5万个，解决了1亿多农民收听、收看广播电视问题。到2010年底，全国20户以上已通电自然村的农民群众都能够收看、收听到8套以上电视节目和4套以上广播节目；无线覆盖地区的广大农民群众能够无偿收看、收听到4套以上无线电视节目和4套以上无线广播节目。

我国14亿人口，60%以上在农村；全国3.78亿户家庭，2.4亿户在农村；全国有线电视用户1.4亿户，农村有线用户仅有5 490万户，70%以上的农村群众主要依靠无线方式接收广播、电视，其中收听、收视质量不高的又占了相当比例。无线覆盖是一种传统覆盖技术，接收设备简单，可以做到一开就响、一按就亮，无偿收听、收看，不增加农民负担，是农村群众最经济、最便捷的收听收看方式。随着生活水平的提高，广大农民群众越来越迫切地要求收听收看中央的广播电视节目，及时了解党和国家的方针政策，接受科普教育，提高自身素质，丰富文化娱乐生活。目前，我国已经形成了一个遍布城乡、覆盖全国、有相当规模和实力的广播电视无线覆盖网。

由于无线发射台、转播台只有投入、没有产出，一些地方存在着重有线、轻无线的情形，况且多年来我国无线转播实行无偿转播的政策。对无线发射台、转播台的投入严重不足，无线覆盖已经成为我国广电发展的薄弱环节。目前全国有无线发射台、转播台6.6万座，98.87%在市、地、县，这些台（站）不仅要转播当地的节目，还要无偿转播中央和省级节目，承担着对广大农村覆盖的任务，这给当地财政支出造成了很大的压力，而当地广电部门的收入又难以弥补无线发射台、转播台的资金不足，2006 年县级广电部门的收入仅占全国广电系统总收入（1 099 亿元）的 15.9%，其广告收入仅占全国广电系统广告收入（527 亿元）的 7.2%，因此，许多地方的无线发射台、转播台的设施设备陈旧老化，日常运行维护经费普遍缺乏，"三满"播出无法保证，一些县级无线台（站）甚至不能正常工作，我国农村广播电视无线覆盖在一些地方严重滑坡，已经成为制约我国广电全面协调可持续发展的"瓶颈"。根据 2006 年 2 月国家广电总局的普查，目前在转播中央节目的发射设备中，1995 年以前启用的占 40% 以上，其中各省份骨干发射台（站）的 3 千瓦以上发射设备，1995 年以前的超过 50%。部分设备已无法正常运行；全国大、中功率（50 瓦以上）发射机央视综合频道无线覆盖率约为 38%，大部分省份央视农业频道无线覆盖率较低。这一严峻局面，已经严重制约了农村广播电视事业的发展。广播电视事业建设的重点是覆盖，覆盖的重点在农村，农村的关键是无线。2005 年，国家广电总局投入 3 000 多万元（大致每 1 位农民投入 1 元），在江西进行了无线覆盖工程试点，使中央广播电视节目在江西无线覆盖的人口覆盖率从过去的 20% 提高到 70% 以上，解决了广大农村地区听不好、看不好中央广播电视节目的问题。

2. 电力、通信　第二次全国农业普查数据显示，2006 年底，全国 81.9% 的乡镇已经完成农村电网改造，98.7% 的村通电，98.3% 的自然村通电，97.6% 的村和 93.7% 的自然村通电话，81.1% 的乡镇有邮电所。从地区发展情况来看，西部地区的电力和通信基础设施建设要落后于其他地区。西部地区已经完成农村电网改造的乡镇仅占 67.2%，落后全国平均水平 14.7 个百分点，有邮电所的乡镇所占比例为 71.6%，落后全国平均水平近 10 个百分点。

2004 年 1 月，信息产业部和中国电信、中国移动等联合开展了"村村通电话工程"。目前，在全国已有 29 个省份实现所有行政村通电话的基础上，2008 年在四川和西藏分别完成了 641 个、681 个偏远行政村的通电话工程，全国行政村通电话比重提高到99.7％，自然村通电话比重达到92.4％，8个省份实现所有自然村通电话。此外，新疆、黑龙江等地952个农垦兵团连队和农林场矿业开通了电话。

3. 计算机与网络　互联网的迅速发展离不开电信基础设施的支持。截至2007年12月，中国光缆线路长度已经达到573.7万公里，其中长途光缆线路长度达到77.4万公里，固定长途电话交换机容量达到1 747万路端，局用交换机容量达到51 116.3万门，移动电话交换机容量达到85 316.3万户，互联网宽带接入端口达到8 539.2万个。

中国互联网整体处于快速增长的势头。截至2007年12月，网民数已增至2.1亿人，年增长率达到53.3％，总体互联网普及率已经达到16％。快速增长的农村网民构成了新增网民的重要组成部分。2007年农村网民规模年增长率超过100％，达到127.7％，农村网民数量达到5 262万人，远高于城镇网民38.2％的增长率。7 300万新增网民中的四成，即有2 917万来自农村。目前，全国97％的乡镇能上网、95％的乡镇通宽带；在27个省份实现"乡乡能上网"。全国能上网的行政村比重达88％，已有17个省份基本实现行政村"村村能上网"。

尽管农村网络水平发展迅速，但城镇与农村仍存在很大差异，从互联网普及率来看，城镇居民的互联网普及率是27.3％，农村仅为7.1％。同时农村在互联网基础信息资源上的发展水平也相对不高。据统计，目前全国34 000多个乡镇中，有独立政府域名的乡镇政府仅2 719个，不到全国乡镇政府总量的1/10。乡镇一级政府信息化建设仍处在初期状态，政府管理信息向下传达，乡镇实际生产、生活信息统计提交，仍使用传统的会议和纸面方式。随着互联网的兴起，互联网已经成为反映民意的一个重要渠道。由于经济的不发达，农村在法制意识和执行等各个环节都比较薄弱，在社会上的声音比较小。在互联网上，农村网民的声音也略逊一筹。根据中国互联网络信息中心统计，农村网民在网上发帖（回帖）的比例是21.5％，比城镇网民的36.8％低了15.3个百分点。

农村地区经济水平不高，家庭上网设备和上网接入设施相对较少。网吧在信息渠道上，给众多网民，尤其是农村低收入网民提供了一个重要的信息渠道，农村网吧发展规模快速壮大。据统计，农民在家上网的比例为53%，在网吧上网的比例为48.5%。即5 262万农村网民中，网吧网民已经达到2 552万人。

（二）农村信息服务组织和队伍建设情况

近年来，各级政府非常重视农村信息服务点的建设工作，先后出台了一系列政策和措施。如农业部2002年发布了《关于做好农村信息服务网络延伸和农村信息员队伍建设工作的意见》，信息产业部删2006年颁发了关于开展农村信息化综合信息服务试点工作的有关文件，其中包括《关于开展农村信息化综合信息服务试点工作的意见》和《农村信息化综合信息服务试点管理办法（试行）》；信息产业部在16个省份开展了农村信息化综合信息服务试点工作，捐赠了信息大篷车和电脑，向六大电信运营商、联想、海尔、微软等企业授予了"支持农村信息化综合信息服务试点荣誉企业"的称号；科技部开展了"星火科技"活动。在党和各级政府部门的大力推动下，我国农村信息服务点建设如雨后春笋般地发展。总体来说，通过农村信息服务点建设使得我国农村信息化基础设施得到了极大改善，大大提高了农村基层人员对农村信息服务点的认识，培养了一大批农村信息化服务人才。同时，给广大农民群众提供了许多非常有价值的信息服务。

1. 农村信息服务点 农村信息服务点是由政府、网络运营商和社会力量共同参与运营的。目前，我国农村信息服务点服务的形式多种多样。如农业呼叫中心、农村党员现代远程教育点、农村商务信息服务站、农村中小学远程教育系统、阳光工程、农村信息服务站（农村网吧）、"三电一厅"等农业综合信息服务站、县乡行政服务中心、农经站、农业科技服务站、国土资源所、广播站、各类农产品批发市场、县乡医院和卫生所以及其他农村公共服务设施。

国家气象局建立了国家、省、市、县四级信息中心并延伸到乡镇服务站，通过"中国兴农网"建立的省、市、县分支机构。基本形成了一个辐射全国农村的信息服务体系。一些省市政府主管部门动员社会力量，结合农民实际需求，组织建立了包括农业技术、政策法规、质量标准等内容的共享信息数据库，为广大农民提供信息服务。由中组部主抓的全国农村党员干部现代远程教育试点工作，在山东、湖南、贵州 3 个试点省和安徽省金寨县累计建成现代远程终端站点 16 万个，在 9 个新开展试点工作省（自治区）的 25 个试点市（地）共建成终端站点 2.2 万个，占乡村总数的 50%。为充分发挥农村妇女、共青团员、中小学生等的生力军作用，科技部门依托基层妇联组织，在 8 个省份的 16 个县（市、区），建起了 16 个农村妇女科技指导站，实现农业科技信息的实时和高效传播。星火计划农村信息化青年科技行动依托农村共青团组织，在三峡移民开发区、科技扶贫和信息扶贫地区以及中西部不发达地区的多个单位，通过赠送服务器、网络计算机等配套设备的方式，组建基层农村信息服务站。目前，各基层农村信息服务站基本开始运营，有的已经取得了初步效果。科技部与联合国开发计划署合作开展的"信息技术扶贫能力建设"项目在 5 个县、10 个乡镇、22 个村共 37 个点进行了示范。目前，陕西省已建成 11 个市级农业信息平台、90 多个县级农业信息服务平台、500 个乡级（农业专业合作社、农产品批发市场）农业信息服务站、400 多个村级（专业大户、农民专业合作社）农业信息服务点，并与 13 个大型农产品批发市场和一批农业产业化龙头企业联网，逐步实现农业信息"进村入户"。

2. 农村信息员　农村信息员是农村最重要和最活跃的信息主体组成部分，是解决信息服务"最后一公里"问题的有效载体，目前重点在龙头企业、农民专业合作社、农村经纪人、种养大户和村组干部中培训、发展农村信息员。为加快农村信息服务体系建设，建立一支技术先进、制度规范的农村信息员队伍，2005 年农业部颁布了农村信息员资格认证暂行办法，对农村信息员的资格条件、工作要求、资格培训及认证，以及日常管理都制定了详细规定。

2006 年 10 月 23 日，农业部社会主义新农村建设示范村（场）信息员初任培训班在北京开班。培训班对全国 35 个农业部新农村建设示范村（场）信息员进行为期 1 周的培训，使示范村（场）信息员达到能熟练采集、传播信息；能根据村民的需要，查找下载及审核发布信息；能组织村民收看农业电视节目；能指导村民上网获取信息；能利用信息服务站的设备支持示范村（场）管理等"五能"要求。通过开展农村信息员培训和资格认证工作，我国农村信息员数量快速增长。

四川成都联通公司的"天府农业信息网"十分重视信息员的选拔工作。成都联通公司将招聘范围锁定在三类人群中：镇村政府干部、各专业大户、媒体人员。成都联通公司对选拔的信息员进行了分批分期的集中培训和考核，未通过考核的一律不允许上岗，确保了信息工作的规范化和科学化。

武汉制定了农业信息员奖励制度。目前，湖北武汉市已初步建立起上联国际国内、下通乡村农户、集信息采集与发送服务于一体的农业信息网络。特别是武汉市制定的农业信息员奖励制度，在激发信息员积极性的同时，让农民也得到了信息化带来的实惠。农业部门对信息员建立目标考核制度，根据信息使用率和效益进行评估，市政府从农业推广资金中提取奖金奖励优秀信息员。

农村信息员是向农民提供信息服务非常关键的角色，是推进农村信息技术应用的重要保证，经过几年来的发展我国农村信息员队伍已经有了一定的规模，但对满足农村信息服务的需求还存在很大的差距。今后，应完善农村信息员的培训和认证体系，充分发挥政府主导作用，调动民间力量，采用多种培训方式，建立一支稳定的信息化人才队伍。

二、不同地区信息服务体系的构建与实现

以区域的经济条件和信息化发展水平为依据，将全国划分为发达地区、欠发达地区、不发达地区和边远贫困地区 4 种类型区域，根据各区域的特点进行规划、设计和实施，因地制宜构建农村信息服务体系。

1. 发达地区　发达地区包括北京、天津、上海、广东，以及东

部沿海地区和大城市的郊区县。这些地区具有较为发达的网络条件，信息化设施齐全，农村信息服务网络通畅，人员素质高，运用和接受信息技术的能力强。该区域重点是进一步完善网络体系，整合资源，提高信息服务质量。

发达地区农村信息服务体系建设见图6-2。

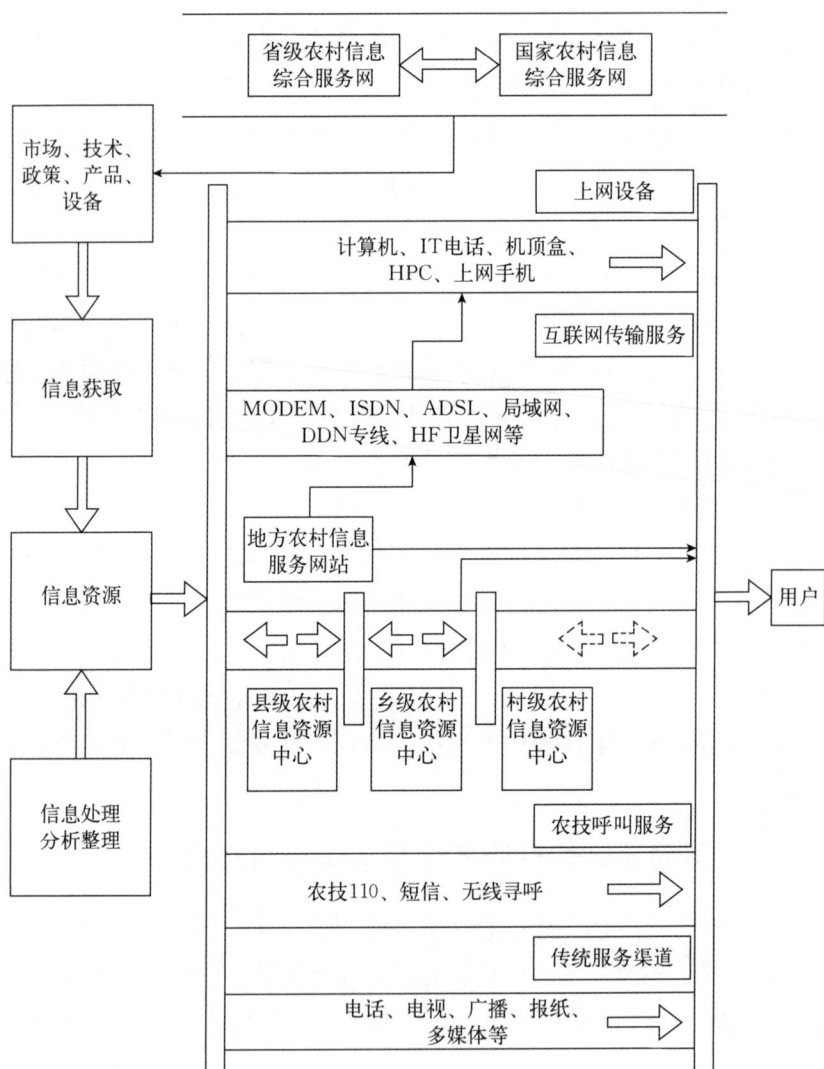

图 6-2 发达地区农村信息服务体系建设

该地区服务体系的构建和实现要加强信息服务网建设，以互联网为主体的电话、电视或其他方式为辅的网络化的信息传播服务体系。重点是加强农村信息资源建设，并通过发达的计算机网络，充分利用互联网技术、数据库技术实现信息的高效传输和充分共享，进一步拓展互联网应用的范围，构建以网络为中心的信息传输体系，通过各种网络载体和网络终端实现网络化服务。研究开发适于网络环境的流媒体系统（如多媒体课件）、信息管理系统、数据管理系统等，实现一站式管理、多用户、互动式服务。同时辅之以农技110、电视等其他服务手段，较好地解决信息服务的"最后一公里"问题，为广大农民提供及时、准确、科学的信息服务。

2. 欠发达地区 欠发达地区包括黑龙江、陕西、山西、河南、河北等地。

该区域，农业生产所占比重较大，是我国农业的重点区域，农业推广体系比较健全，但农村信息服务系统还没有形成，信息服务能力较弱。该区域是农村信息服务体系建设的重点区域，重点是提高农村信息服务能力，加强乡镇以下的信息服务传输通道建设。

该区域要发展以网络和电话语音服务为主的服务体系，注重与传统媒体相结合，实现服务模式的多样化和多元化。省、地（市）、县以网络和互联网为主要传输通道，以农技110电话服务作为服务手段，并在其基础上通过传统媒体扩展服务渠道。第一，加强农村信息资源建设，加快信息资源的集成、整合和共享。特别是加强本区域农业和农村信息资源的采集、加工、集成与整合。通过分布式共享方式与上级资源实现共享，并将本区域所需资源下载为其所用。第二，疏通省到县的信息传输通道（重点是网络传输通道），保证信息的高效传输。将该信息通道与政务信息网相接受，充分利用现有的资源。建立各级信息服务中心和服务网站，为区域的用户提供信息平台、交互平台。第三，以电话呼叫为重点加快农技110服务体系建设。鉴于该区域电话用户多而计算机用户少的特点，将互联网通道和电话服务通道有机结合，实现优势互补、取长补短，而且根据各地特点，辅之广播、电视、报纸等传播方式，将信息进行加工、处理，满足农民的需

求。同时，建立完善的专家数据库和专家服务群，通过网站的 BBS
和留言板、电话或手机短信等方式将用户反馈的信息及时解决，实现
互动式服务。

欠发达地区农村信息服务体系建设见图 6-3。

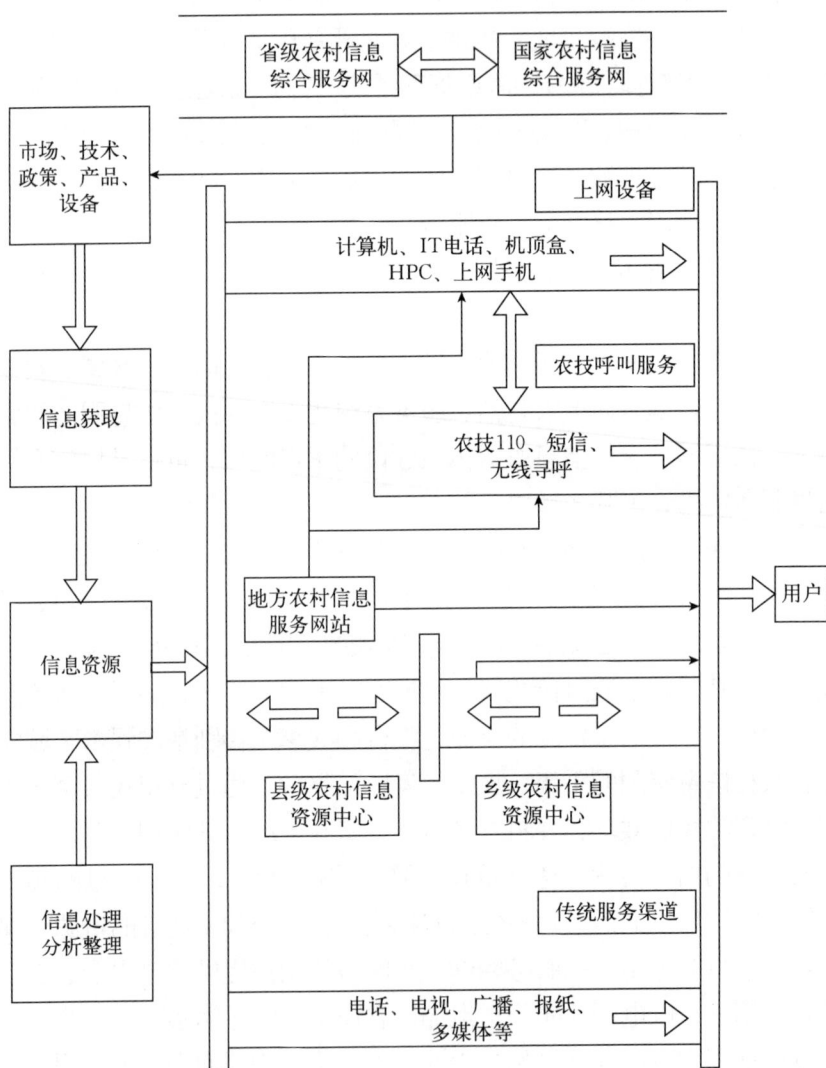

图 6-3　欠发达地区农村信息服务体系建设

3. 不发达地区 不发达地区包括西南地区（云南、贵州、四川、重庆、广西）和青海东部、宁夏、甘肃等地。该区域农业生产管理水平落后，信息服务能力弱，信息传输成本高，信息断层严重制约着该区域的经济发展。

该区域的服务体系构建和实现要以中小学校为主，联合妇联、共青团等，借助这些团体和组织建立起多元化的信息服务渠道，并与传统媒体相结合（如广播、电视、报纸和高音喇叭、"明白纸"、宣传册等形式）。充分利用现有的设备和人力，实现信息服务渠道的畅通。

通过建立县级农业和农村信息服务中心，进行数据的加工处理，将信息传输到乡信息服务站，然后通过中小学校、妇联、计生办、共青团、邮政系统等机构和组织，将信息直接传递到农民手中，并反馈相关的信息需求，及时解决农业生产和农民生产中出现的问题。同时，对信息进行加工处理，将时令技术信息和市场信息等通过广播、电视和报纸等传统媒体向下传输，满足农（牧）民的信息需求。

不发达地区农村信息服务体系建设见图6-4。

4. 边远贫困地区 边远贫困地区包括西藏、新疆、内蒙古和青海西部。该区域农户居住极为分散，信息入户成本高、难度大。

这一区域服务体系的构建和实现要以卫星入乡、信息入村为途径，在乡镇建立卫星信息接收站，通过农村远程教育网和卫星上网，实现信息的有效传输。在省级、地级和县级农业主管部门或科技部门建立信息采集与发布站，通过卫星通道向乡镇或村卫星基站（接收终端）传输，然后将接收的信息进行整理向村或农户发布，解决人口分散地区的信息传输问题。同时在乡镇建立农（牧）民网校，通过卫星上网，为农（牧）民提供免费的信息查询、发布和技术培训。

在服务形式上，一方面可以依托基层的各种组织和机构（如共青团、妇联、邮政系统等），向下辐射体系向农村服务，并将反传送的信息及时传送到县级信息服务机构，解决农（牧）民的信息需求问题；另一方面，充分利用中小学校的信息中转站作用，农村中小学校具有人才优势（教师一般素质较高）、设备优势（随着"校校通"工

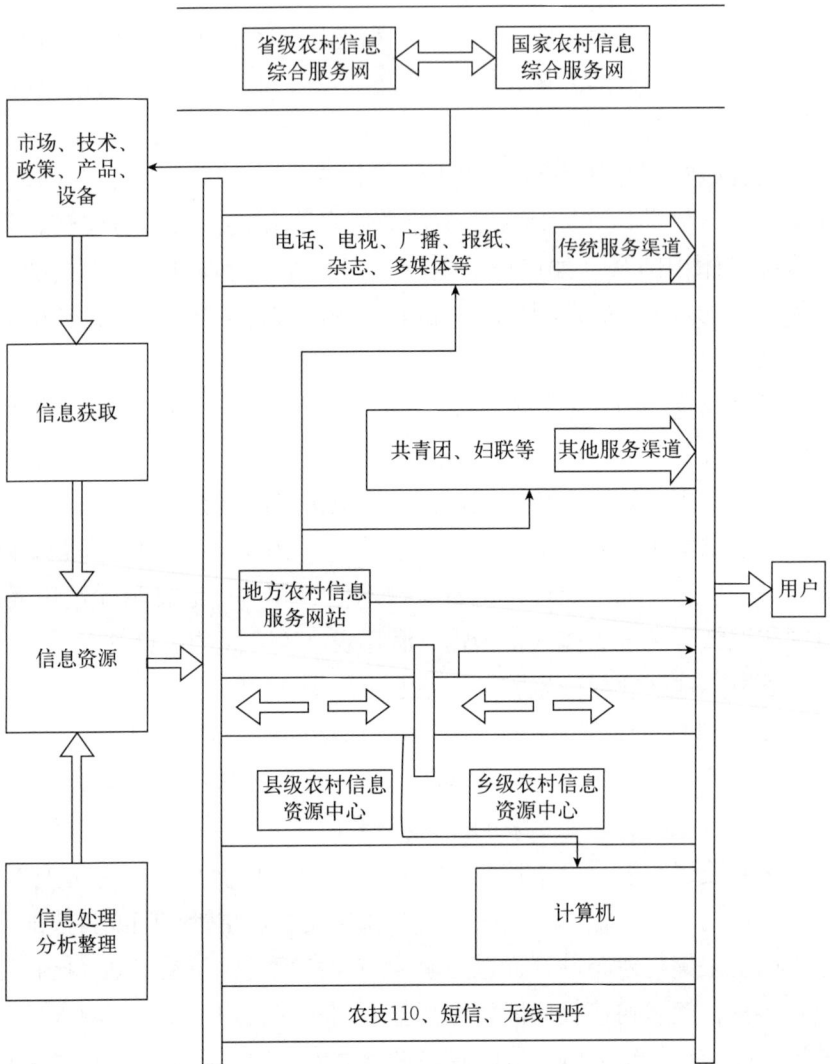

图 6-4　不发达地区农村信息服务体系建设

程的实施，有较好的网络条件和信息接收设备)、联系广(来自很多
家庭)、反馈及时(学生与家长可及时进行信息沟通)的特点，可以
作为边远贫困地区的重要信息通道，以此作为信息中转站，实现信息
向农户的有效传输。在当前的条件下，以中小学学生作为农村信息服
务的重要载体，在边远贫困地区将发挥重要作用。

边远贫困地区农村信息服务体系建设见图6-5。

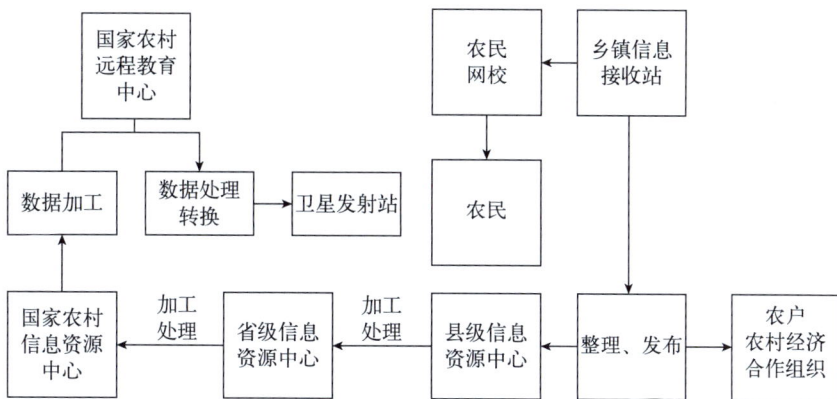

图6-5　边远贫困地区农村信息服务体系建设

三、新型农村信息服务体系的架构

根据目前农村信息服务体系建设的现状及存在的问题，以丰富的农村信息资源和多样化的信息服务方式为起点，构建新型农村信息服务体系，以提供高效的信息服务，更好地满足农民需求。

在现代技术条件下，农村信息服务体系首先应是一个网络化的服务平台，以有效整合的信息资源为基础，以满足农民用户需求为目的，以先进的技术手段为支撑，提供形式多样的信息服务。完善的农村信息服务体系应具有交互性、实时性、开放性、公益性的特点，由一个个功能完善、反应迅速的子模块构成，为农民用户提供及时有效的服务。

新型农村信息服务体系的架构见图6-6所示，共分为5个层次：用户层（农村农民）、信息服务平台层、服务功能模块层、信息资源层和体系支撑层（包括政府机构、公共图书馆、基层组织等）。其中用户层和体系支撑层为体系的外在构成要素，而服务平台、功能模块、信息资源3个层次则是体系的内在构成要素，它们共同促进体系功能的实现和完善。

1. 用户层　农村信息服务体系的主要目的是满足农民的信息需求，实现农村信息化发展。因此，该体系的用户主要是生活在农村的

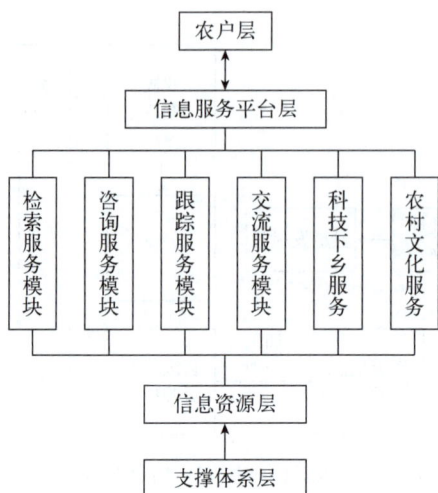

图 6-6　新型农村信息服务体系的架构

农民群众，他们可以通过各种终端和服务充分利用体系中丰富的信息资源。

2. 信息服务平台层　信息服务平台层是实现各种信息服务的基础设施。在信息服务平台中，不仅包括各种软硬件设施，还包括信息服务人员、技术专家等专业性人才。他们通过信息服务平台，实时与农民用户交流，为其提供所需信息。

3. 服务功能模块层　这一层主要是各种服务功能模块，相当于一个个的服务子系统。其中每一个功能模块都对应一种服务模式，各自完成其信息服务任务，并将结果提交给信息服务平台。它是农村信息服务体系中的核心层。

4. 信息资源层　该层主要包括与农业、农村、农民相关的各种信息资源，其资源类型有数据库、网络信息资源、纸质信息资源、各种光盘磁盘资源等形式，是农村信息服务的源头。

5. 体系支撑层　该层是农村信息服务体系建设的主体。主要包括政府机构、公共图书馆、农村专业技术协会、农民合作经济组织、农业产业化龙头企业等，它们是建设农村信息服务体系的核心力量。

四、案例分析——江西省农村信息服务体系建设

（一）江西省农村信息服务体系建设的内容

1. 建立江西省农村综合服务体系，免费向农民提供涉农信息服务 在充分利用现有基础和条件下，联合政府及涉农部门主动组织、协调、配合，共同建设贴近农民需求的信息中心和信息站，推动农村综合信息服务体系的建立和完善。在全省中部山区设立 300 个示范点，各示范点至少确定 1 名信息员和管理员，负责信息采集和发布。

2. 整合涉农信息，建立省级信息资源中心 尽力整合现有资源，提供方便快捷服务。将本项目涉及的农村经济信息管理、食品安全等业务系统进行有效整合，同时将政府职能、法规文件、工作动态、便民电话等内容进行网上公开，为农民提供方便快捷的服务。建立各示范点信息采集和发布体系。由示范点所在地的科技局出面，在当地选 1~2 个有代表性和影响力的农贸市场作为农产品信息采集和发布点。每个市场确定 1 名信息员，将当天的农产品价格和需求情况通过省级平台向外发布，为农民和基层经济组织免费发布农产品供求、招商等各类信息，促进各项经营活动。免费向农民和基层经济组织开放，为农民的生产生活以及各项经营活动提供信息支持。

3. 创新网络技术，开发建立并完善省级农业信息服务系统 一是开发基于 P2P 技术的视频专家咨询服务系统，让农民和涉农企业随时可以咨询农业专家。

二是开发农业决策支持系统，为地区的科学决策提供可靠的依据。

三是开发区域特色农产品质量安全追溯系统，建立溯源数据库，保障农产品质量安全。

四是开发建立电话、手机农业信息短信、声讯服务系统。

五是开发建立农业信息数据库。优质农产品数据库，涉农企业数据库，农业专家数据库，农业实用技术数据库，气象信息数据库，农业政策法规数据库。

六是开发基于 P2P 技术的视频教学系统，提供网上教育培训，

着力培养有文化、懂技术、会经营的新型农民。

(二) 江西省农村信息化服务体系建设存在的问题

过去人们在理解农村信息化时总是陷入一个误区，认为农村信息化就是农村地区实现信息化，不能孤立地理解农村信息化的区域和范围只是农村。目前，我国正处在一个全民信息化的时代，城市信息化和农村信息化两者应该实现科学统筹，也正如十七届三中全会的精神所阐述的，要实现城乡统筹，实现城乡经济发展一体化。目前，江西省农村信息化建设主要存在以下几个不足。

1. 信息基础设施指数水平偏低　农村每百户拥有的固定电话数、移动电话数、电视机数、家用计算机以及收录机数这5项指标反映了农村信息化基础设施建设的发展程度。目前，这些指标明显低于发达城市，尤其是计算机拥有率水平指数较低，这直接影响到农民上网人数和利用网络信息资源的程度，一方面农业网络资源越来越丰富，另一方面由于信息化工具缺乏无法使其充分利用的矛盾。

2. 信息化和农业化结合不够紧密　这一问题使得信息基础设施成为摆设和面子工程，不能充分发挥作用，为农业发展服务。

3. 信息技术应用的深度和广度不够，农业信息资源的开发利用还比较落后　很多农业信息化网站仅限于咨询服务，没有做到与农村需求相结合，在为农业发展服务的应用方面开发不足。

4. 农业信息工作人员的水平有待提高　江西省的信息人力资源指数在全国范围内属于偏低水平，是江西省农村信息化发展的重要制约因素，需要加强支持力度和加快建设。

(三) 江西省农村信息服务体系建设的对策

农村信息服务面广、涉及内容多，实施起来综合交叉性强，这就需要建立政府、企事业、科教机构、社团与农户之间既分工又协作的协调运行机制。充分发挥政府在政策、资金等方面的优势，龙头企业及科研机构在科技、市场等方面的优势，实现信息资源、部门、人才、资金多方面的优势集成和共享，形成行政、事业、企业、社会之间的互相联动，提高信息资源综合利用水平，为促进江西省农村信息服务的发展发挥持久作用。在项目实施中主要采取以下措施。

1. 加强组织领导　成立项目领导小组，牵头单位法人为组长，其他课题负责人为副组长，各试点市、县指定 1 名分管领导专抓，市、县由科技局负责实施，把农村信息化工作纳入日常工作的议事日程。对各示范点切实做到领导到位、措施到位、责任到位。各示范点都树立了大局意识，尽职尽责，密切配合，协力推进。

2. 加大投入力度　农村信息化的启动建设必须由政府推动，有财政支持。江西省目前投入农业信息体系建设的资金严重不足，造成许多农业信息网络实际上有名无实，通路短缺，人员缺乏，信息资源不足，因此设立专项农业信息网络体系建设资金，确保建设投入，才能真正做好农村信息化项目建设。在积极争取中央财政支持的同时，充分发挥组织协调作用，聚集社会力量，扩大投资渠道，引导更多的社会资金投入，保证为上级下拨经费提供本级配套，并监督经费在本级承担单位合理使用。采取政府出一点、企业拿一点、村级筹一点的办法，落实各示范点的建设任务，加速江西省农村信息服务体系的建设。

3. 加强人才培训，提高人员素质　要加强农村信息员和农业信息服务人员队伍建设，建立一支掌握并善于运用现代信息技术的人才队伍。通过对信息工作人员进行信息采编、信息分析和网络管理等方面的培训，不断提高信息搜集的数量、质量和利用水平。加强农村信息员队伍信息收集、传播方法和农业科技、经营管理知识、计算机、网络应用基本常识的培训。针对江西省中部山区农民的需求，以各种方式完成 10 000 人次以上的农民实用技术培训。基层科技信息员、种养大户、农业协会、农业技术推广中心等是参加培训的主要人员。

4. 加强人才和组织管理　一方面，培育和造就一支规模较大、结构合理、素质优良的高级专家队伍，充分发挥他们在建设社会主义新农村中的重要作用，为示范试点农村信息化的建设与发展提供强有力的人才保证；另一方面，规范信息员责、权、利，制定信息员的管理制度，加强对信息员的培训和管理，制定统一教材、统一认证、统一业绩审核的标准，在 300 个示范点的每个点至少发展 2 名信息员。形成一批会收集、会分析、会传播信息的农村基层人才，确保示范试点农业信息采集和服务的广泛性、时效性和准确性。

5. 建立长效机制　农村信息服务不是一蹴而就的事情，它是一个长期过程。要将农村信息服务看成是一项常抓不懈的系统工程，建立起长效保障机制，从时间上保证农村信息技术扩散和传播的连续性，才能在广大农业、农民和农村中间建立起农村信息技术有效的作用机制，提高江西省农村信息服务的整体水平。

第三节　如何避免信息跑错路
——农村信息化服务体系困局突破

一、制约农村信息服务体系发展的因素

1. 地域及经济条件　地域及经济条件是影响农村信息服务的重要因素之一。我国东部沿海和大城市郊区等经济较为发达，农民信息消费能力较强，信息服务的运作主要依赖市场机制，信息服务的质量、信息服务的效果均较好。中部地区经济发展水平和农民信息消费能力有限，需要大力宣传并扩展服务内容才能不断提高农民的信息消费意识，所以现在的信息服务效果相对一般。而西部经济欠发达地区农民收入低、信息意识不强，信息服务工作的开展需要政府在资金和政策上的支持。在农民组织化程度较高，龙头企业、种养加大户以及农村专业协会带动作用明显的经济发达地区，农民普遍感觉得到信息相对容易，信息服务工作人员提供的信息取得的效益也比较明显；而在一些农民组织化程度低、农业主导产品不突出、农民个体生产经营规模小的地区，农民对信息的需求小、散、乱、杂，信息服务开展困难，效果甚微。

2. 政府管理部门的作用　农村信息服务的有效运行离不开政府部门的大力支持，政府仍然是农村信息化建设的最主要投资主体，在投资和发展上发挥着主导作用。政府部门能否制订出合理规划推进农村信息服务建设并给予一定的基础性投入，是保证农村信息服务取得良好效果的重要因素。政府加强对农村信息科研教育和技术推广的支持，可以提高农村信息服务的综合水平。政府是公共产品的主要提供

者，因而政府发布农业信息将保障农民的根本利益，具有指导性、前瞻性，是影响农村信息服务效果的重要环节。政府的政策导向与扶持对于推进农村信息服务具有关键作用。

3. 农村信息服务的人才队伍 农村信息技术服务人员和农村信息员的素质是影响农村信息服务效果的重要因素之一。只有接受过专业教育的信息技术服务人员掌握扎实的专业知识和专业技能，具备及时更新相关知识的信息服务能力，才能有效地提供优良的信息服务。在信息服务过程中，信息服务人员必须及时掌握信息服务所需的政策、技术、价格等方面的信息，只有信息服务人员充分了解每个地区、不同农户的具体信息需求，才能提供有效及时的信息服务。信息服务人员需将泛化的信息有针对性地向农户提供，这就需要了解农户所需要的信息因从事种养专业不同、所处地理位置不同、农时季节不同而各不相同，且信息需求变化较大、个性化需求突出，信息服务人员与农户需要充分的互动和交流才能确保信息的均衡对称。

4. 组织管理体制不完善 我国农村信息服务机构组织体系基本形成并初具规模。但是还存在着组织体系不完善、管理体制不合理、组织协调力度严重不足等问题。如大部分地区信息组织机构"上强下弱，有头无尾"，断档现象严重，尤其是最贴近农业生产者的县、乡村级信息服务机构缺失；农业生产的各个环节分属于不同的农业管理部门，缺乏科学规划、统一调度和协调管理，造成部门间争资金、争项目、相互设防、相互扯皮，信息服务活动盲目进行、重复工作、信息生产割裂与失真等不良现象，严重制约了信息流及其他生产要素的合理流动和最佳配置。

5. 信息处理技术落后 从国外成功经验看，农业现代化、信息化离不开信息技术的广泛渗透、有效扩散和大力传播。目前我国省级以上信息手段建设已有了较好基础，但是地市级特别是县级信息手段整体很落后，农业信息的生产、存储、加工、传递等过程还没有完全摆脱传统的手工处理方式，缺乏及时有效处理大规模信息的技术条件；农村各类应用软件和管理信息系统开发滞后，已有的应用软件技术品种少且实用性差，多数信息不经加工即行发布，大大降低了信息的使用价值；信息发布和传输缺乏网络、广播、电视等多种媒体的有机配合与协作，面向最终用户的"最后一公里"信息传递呈现"梗塞"现象；至今尚未建立起主要农产品的中长期监测预警系统，对我国农业发展的前瞻性指导能力不足，预见性不强。

二、推进农村信息化服务体系建设的保障措施

农村信息化是发展现代农业、促进农民增收和社会主义新农村建设的重要内容。推进农村信息化建设，是我国农业和农村经济工作中的重大任务，也是贯彻落实科学发展观的具体行动。例如，江西省属于我国中部地区，具有承东启西的区位优势，从全国来看属于过渡性区域，因此既可以得到东部地区经济的一定辐射，又带有西部地区传统农业生产方式的某些特点。全省农业信息服务体系建设已有一定的基础，但是由于农业产业化程度不高，农村信息服务体系建设不完善，信息化建设的成果没有发挥最大的效用。如何提高农业信息服务的质量和水准，提供"面向市场、面向农村、面向农民"的信息服务是今后的重点工作。

（一）资金保障

资金投入是农村信息服务体系正常运行的基本保障。农村信息服务体系的建设投资巨大，在政府财政投资承担重要责任的同时，还应广开财源，通过项目引导、政策激励等方式，鼓励和引导各类公司、中介机构、龙头企业以及其他涉农组织开展多种形式的技术信息服务活动，鼓励回乡农民、股份公司、个体工商户、农村承包经营户积极参与农业科技投资。组成以政府财政拨款投资为主体，其他部门和人员多渠道、多方法、多元化的新农村信息服务投资运行机制。

（二）政策保障

1. 农业信息服务体系的公益性和社会性特点，决定了其正常运行离不开政策支持，政策发挥着制约、导向、管理和象征作用 坚持以政府主导为前提，积极鼓励和引导社会力量的广泛参与，多方引导，确保投入，以推动农村信息化建设顺利进行。农村信息化无论从人力、财力还是管网的建设上都必须依靠两方面力量，即政府推动和社会广

泛参与。要充分发挥各类社会资源特别是企业的积极性和创新性，尤其是电信运营商，对参与农村信息化建设表现出浓厚的兴趣，有的地区已开始进入农村信息服务领域，并取得了较好的成效。要继续加强合作，以不同形式开展与当地电信、网通、移动、联通部门的合作。

2. 营造良好的农村信息化政策法制环境，实现农村信息化工作的法制化、规范化　抑制信息垄断和信息封锁，打击坑农、骗农的虚假信息，统一标准，努力营造良好的农村信息化政策法制环境，促进农村信息服务体系的健康发展。

3. 加强农村信息化工作的宣传，普及信息化知识　近年来，人们对信息及其重要性的认识有所提高，但未普遍接受，仍习惯用传统的方法处理资料和信息，用传统的观念对待信息技术的使用与发展。因此，提高农村信息化水平，应争取有关部门领导和广大农业生产经营者对农业信息和信息工作的认识和了解，提高其对信息资源开发利用的自觉性和主动性，为开展信息工作创造良好的社会环境。这就要求广泛深入宣传农业信息知识，宣传信息对农业和农村经济发展的重要意义，提高人们获取和开发利用信息资源的能力。

（三）人才保障

1. 制订农村信息化人才培养规划，构建农村信息化人才体系
有计划分步骤培养一批适应市场经济和信息时代要求的农业信息人才，造就一批有信息搜集、信息识别、信息加工、信息应用、信息反馈和预测分析能力的信息人才队伍。除重点培养高素质农业信息专业人才外，还要着重加强对农村基层干部和农业技术人员的信息技术培训，使农业技术专家同时也是农业信息专家，让他们在农村信息化过程中在引导农户、帮助农户中起到带头作用。要充分利用农业广播学校、农村党员干部培训基地等场所，分期分批对村组干部、党团员、回乡复转军人、毕业学生进行信息技术培训，充分发挥他们的主力军作用。

2. 针对农业从业人员的实际综合能力和要求，进一步积极推进适用信息技术的开发和应用，从而正确培养农民的信息观念，全面提升农民接收和应用能力　充分认识到农村信息化建设是一项系统工

181

程，要实现农民对农业信息化普遍应用，必须让农民实实在在看到应用效果，因此适用的信息技术开发就显得尤为重要。为此，除了提高农民的自身素质，还要采取切实有效措施，通过各种形式对农民进行引导，提高他们的信息意识，培养他们正确的信息观念。

(四) 组织保障

1. 尽快完善我国农业信息服务组织体系，尤其是基层农业信息服务组织结构　稳定公益性、发展经营性信息服务队伍，提高农业信息服务人员技术素质，尤其是信息决策、归纳整理、系统分析和预测等方面的能力；完善信息服务组织管理体制，加强部门间、区域间的横向交流与沟通，为农业信息服务共享提供组织保障。

2. 进一步健全农业信息收集和发布制度，完善农村信息服务体系　要自上而下形成一种机制，重视农业信息发布工作，在已有的网络平台上，充分利用资源，使信息的作用得以体现，真正做到让市场信息引导生产、影响市场、服务农民，促进农产品产销衔接等。目前，江西省农村信息直通车网络已延伸到全省 300 个示范点，因而建设农村信息服务体系的重点应是推广示范点的经验，健全农村信息传播网络，充分发挥农业社会化服务组织、种养大户的积极作用，充分利用新闻媒体和农业信息网络的信息传播优势，并充分调动涉农企业、农产品经纪人、农校、村干部、农村信息员的积极性，促使各方面密切合作，形成集信息收集、加工、发布、服务于一体的农村信息收集发布制度和农村信息服务体系。

3. 加强人才队伍建设，确保有效管理与运作　要充分发挥政府引导作用，普及信息技术知识，培养不同层次的人才。要通过机制创新，充分调动企业等社会力量的积极性，扶持和发展农业信息服务业和中介机构，培养市场化运作机制，促进农业信息化产业的形成和健康发展。

(五) 技术保障

农业信息服务体系所需要的技术主要是指信息技术、网络技术和自动化技术，其中信息技术是实现信息化的核心手段。各类技术互相作用、互相交叉融合，成为农业信息服务体系的技术保障。

1. 加强网络化建设，促进信息资源共享　要对现有的农业网络进行集成整合，有效改变重复建设和小而散的局面，提高网络质量，尤其要加强硬、软件建设。要充分利用现有广播电视网络、电话网络、卫星传输系统等信息传播媒体，充分发挥已有信息的作用，通过各种途径有效地把信息送到涉农企业和农民手中，真正发挥信息资源的巨大价值。

2. 加强信息资源建设，扩大农业信息容量　丰富、时效多样的信息是农业信息化的基础，加强信息资源建设，要切实抓住 3 个重点：①要围绕农业、农村、农民信息需求多样化的实际，切实强化信息采集和分类整理。②要深入进行信息分析、加工工作，充分挖掘潜力，有效利用。有目的、有系统地筛选归类，有效发布符合需求的信息资源，尤其要建立"傻瓜型"信息使用系统，有利于普及应用。③要整合现有信息资源，实现合理组合，纲目清晰，便于查询。从根本上克服宏观信息多、微观信息少，面上信息多、区域信息少的问题，使广大农村信息量不足的局面得到有效改观。

3. 加强标准化建设，夯实信息技术平台　农业信息网络和信息资源集成、整合必须要有统一的标准和技术平台支撑。没有统一标准的技术平台，就难以把各部门、各方面的信息资源整合到一起。只有强化标准，夯实技术平台，才能实现信息资源兼容和共享。要通过标准化建设，真正实现信息集成、处理、传输、共享等环节的规范化。

第七章

信息建设路漫漫，快速发展有底线

第一节　画龙点睛：乡村信息产业建设的关键

一、乡村信息化资源开发利用

早期的资源配置理论对"资源"的理解通常是指劳动、土地、资本这类物质资源。但当代经济学理论已经赋予资源更加宽泛的理解，将知识信息作为内在变量，与有形资源共同构成生产要素。随着经济的发展，人们把信息视为一种经济实体，一种特殊商品，可以买卖。因此，信息就成为一种资源。信息、能量和物质材料并列为当今世界三大资源，并广泛存在于经济、社会等各个领域和部门，是各种事物在形态、内在规律和相互联系的各种条件、关系的反映。信息资源是信息概念与资源概念交互衍生出的一个新概念，还是一个发展中的概念。可以认为信息资源是信息的一部分，是信息世界中与人类需求相关的信息；信息资源是可利用的信息；信息资源更是通过人类的参与而获取的信息，人类的参与在信息资源形成过程中具有重要作用。概言之，信息资源就是经过人类开发与组织的信息集合，而"开发与组织"正是信息资源可利用性的表征。目前关于信息资源的含义有很多种不同的解释，但归纳起来主要有 2 种：一是狭义的理解，认为信息资源就是指文献资源或者数据资源，或者各种媒介和形式的信息的集合，包括文字、音像、印刷品、电子信息、数据库等，这都是限于信息本身；二是广义的理解，认为信息资源并非仅指信息内容本身，而是信息活动中各种要素的总称，应包容信息活动中的各种要素，如信息设备、信息人员、信息网络、信息系统和资金等各种资源。

农业信息资源是农业脑力、体力劳动的记录实体，它集合了在农业和农村社会生活等各个层次产生和使用的信息内容，蕴藏着巨大的生产力。农业信息的种类，随着农村产业结构的调整，其内容和范围也随之变化，随着农业生产向农产品加工、经销延伸，其内容和范围也随之逐步扩充。农业信息资源应至少包括反映农业生产所必需的自然资源信息和社会信息两大类。农业自然资源信息指自然界中的各种与农业活动相关的信息，以及人们所生产的物质产生的信息，包括生命信息（如作物生长及病虫害信息等）、非生命物质存在与运动信息（如气候和天气信息、土壤信息、水分信息等），生命与非生命物质之间的作用信息（如作物和土壤之间的养分循环）等自然方面的内容。作物生长信息包括作物种类、作物品种、生态适应性、植株营养状况、蒸散状况、农艺形状、抗性、品质、作物长势、作物营养需求（水分、养分等）、病虫害等相关数据。农业气象信息包括日照时数、日平均温度和日温度极值、降水、风速、辐射、蒸散湿度等一系列与作物生长相关的气象数据。土壤信息包括土壤类型、土壤剖面、土壤质地、耕作层或表层厚度、土壤养分淋洗等，以及土壤容重、土壤养分（土壤有机质、全氮、全磷、全钾、碱解氮、有效磷、速效钾）、土壤微量元素（硼、锰、铜、锌等）、土壤含水量、土壤渗透性、田间持水量等数据。

农业社会信息指人类各种活动所产生、传递与利用的信息，主要包括农村社会和经济信息、农业生产技术、农业市场、农业管理、农业科技与教育等方面的信息。农村社会、经济信息包括农业人口变化、科技教育普及程度、农民收入水平、乡村道路建设、能源、通信、医疗保健、社会保险状况等这些象征农村现代化指标的信息。农业法规信息包括中央和地方各级政府制定的农业法令法规、条例以及方针、政策等。农业生产技术信息包括农作物品种、栽培技术、诊断施肥技术、病虫害防治技术等，有助于提高农业生产水平，增强农业生产者抵御自然风险的能力。农村科技教育信息主要包括农业科技成果信息、农业技术推广信息、农业技术培训信息等。农业市场信息主要包括农业生产资料和农产品市场信息，社会农产品总供给与总需求的趋势预测等，有助于减缓市场上种子、化肥、农药、农业机械、农用薄膜等各种生产资料的供需矛盾，促进农产品市场的发展，提高农产品在国内外的市场份额。

当代世界经济进入全球化时代，以计算机多媒体、光纤和卫星通信等技术为主要特征的信息化已进入各行各业及普通人的生活中。随着我国农业向现代化迈进，整个农业体系也将卷入全球化、信息化的浪潮，开放部分农产品市场等，国际上具有竞争优势的农产品将冲击我国市场，再加上国际市场的不稳定因素，我国农业面临着前所未有的全方位、多层次的竞争。农业作为相对弱势产业，面临自然、市场双重风险，加强农业信息资源建设对推动传统农业改造，实现农业可持续发展，都具有特别重要的意义。农业生产经营者必须利用健全的信息资源网络，广泛搜集分析国内外农产品生产、供给需求、价格变动趋势等市场信息及地理信息、气候信息、进出口国的农产品贸易法规及市场准入条件等，农业发展应从依托资源优势逐步向依托信息资源转变。只有这样，农业发展才能按照市场需求状况，及时调整农业产业结构和产品结构避免生产上的盲目性，生产出适合市场需要的产品，降低农民进入市场的成本和风险。信息资源的丰富程度成为左右现代农业发展的关键。农业信息资源开发对社会主义新农村建设也有重大意义。

（一）农业产业化、农产品信息化等促进农村"生产发展"和"生活宽裕"

农业产业化既是农业信息化的前提，又是农业信息化的目标，对农业生产全过程进行信息化管理，形成集约型的、高度产业化的现代农业生产经营模式，实现农业生产产业化、农业管理企业化的目标。充分利用信息化手段改造农业产业结构，实现以信息化带动农业产业化，从而带动农业的发展。农业信息化也意味着农业生产的标准化，包括农业生产过程的标准化，也包括农产品的标准化，只有建立起完善的农业标准化体系，才能够通过信息技术手段对农业生产和农产品销售进行监管，从而降低农产品销售的成本，增加农民收入。"生产发展"离不开农业信息化。

1. 信息技术能发挥先导作用 由于农业生产具有季节性，农民必须在种养之前基本掌握未来收获季节时的供需情况，对于农业这种生产特点，对信息的需求程度要高于其他行业。因此，开发农产品供需分析系统、市场价格预测系统、农田决策指挥系统等，可辅助农业生产者合理安排生产，减少生产的盲目性。

2. 信息技术能指导农业生产 开发适应不同地区和不同领域的农业专家系统、农业决策支持系统、环境智能控制系统、地理信息系统、便携式农业信息系统等，随时随地为生产者提供技术指导，从而加快农业科技成果的转化，可以大大提高农产品的产量和品质，降低生产成本，提高生产效益。

3. 信息技术能促进农产品销售开发 信息技术有助于建立农产品供需信息系统、农产品交易信心平台，开发农产品物流配送系统等，对实现产销对接具有重要作用。只有实现了"生产发展"，才能使农民"生活宽裕"，才能有经济实力改善生存坏境，实现村容整洁。

（二）农业信息资源开发有助于更好地实现"乡风文明"

三农问题产生的一个重要原因就在于农村地区信息相对闭塞、教育相对落后，解决三农问题必须重视农业信息资源的开发和利用，"乡风文明"离不开农业信息化。利用计算机网、广电网和电信网等多种信息传播方式，可以为农民提供各种信息服务，丰富农民群众的精神文化生活；通过开展农村远程教育，为农民提供形式多样、内容丰富的教育培训，提高农民的整体素质，以适应现代农村发展的需要；扩大农村剩余劳动力的就业机会，实行劳动力有序转移等，这些方面都需要信息化的支持。因此，开展农业信息服务体系研究，建立农村远程教育系统，开发各种农村信息接收终端，不断满足农民文化娱乐、科技知识、劳动技能等方面信息的需求，对于促进农村精神文明建设具有积极作用。信息化将会加速信息资源的共享和利用，缩小农村与城市间的数字鸿沟，促进农村城镇化发展，为农民提供平等发展的机会，促进农村精神文明建设，实现"乡风文明"。

（三）农业网络化、信息管理一体化促进新农村的村容整洁和管理民主

网络技术和计算机技术可以使城乡居民直接分享各种技术知识与市场信息，引导农民改变传统的生产生活方式，使农民享受现代社会文明成果，推动科技、文化、社会事业的发展。这样的农业网络化和信息管理一体化可以实现农业经营、农村管理的高效化，促进农村社区性服务组织建设，切实改善农村发展条件，构建和谐的社会主义新农村。在新农村建设中，积极开展现代信息网与常规媒体优势互补的农村信息网络服务，积极推进农村信息化建设，对提高农民的科学文化水平、树立良好的乡风村貌、促进农村的民主化管理等具有重要的现实意义，并进一步促进社会主义新农村建设。管理民主离不开农业信息化。乡镇和村是新农村建设的主要对象，由于该层次数量多、地域广、差别大，其组织管理和服务难度较大。建立面向基层的电子政务系统、小城镇信息化管理系统、社区管理信息系统等，实现对乡镇和村日常事务的信息化管理和服务，上传下达，实现政务公开和管理民主，对提高基层政府执政能力，密切干群关系，推动基层民主管理具有重要意义。

二、乡村信息化服务队伍建设

在我国信息技术飞速发展、国家财力日渐雄厚以及工业带动农业、城市反哺农村的背景下，困扰我国农村信息化建设的最主要因素已不是技术和资金，人才是最主要的因素。因此，农村信息化建设中最关键的是队伍的建设问题，农村信息化的关键在应用，而应用水平的高低则取决于掌握信息化知识和技术的人员数量和质量、没有一支相当数量和较高质量的农村信息化服务队伍，再完备的信息设施，再先进的信息技术也无法得到推广和应用，农村信息化建设也无法得到可持续发展。我国农村信息化建设除了加强对包括软、硬件信息设施在内的农村信息网络的建设以外，还需重视"人网"的构建。"人网"指农村信息化服务队伍，主要是以省、市（州）、县（市）、乡（镇）多层次专家、服务和管理人员所组成的以人为核心的网络，是农村信

息化建设的核心内容。农村信息服务队伍是连接基层农村信息服务机构与广大农民的桥梁与纽带，引导小农户走向大市场的导航员，是促进信息化进村入户的直接途径，是提供农村信息化建设水平的关键力量。当前，我国农村信息化服务队伍，即"人网"建设严重滞后于农村信息化物理网络建设，已成为制约农村信息化可持续发展的关键问题，必须引起重视并予以切实解决。

农村信息化的出发点和归宿，最终要落实到提高信息服务质量上，通过服务达到农民增收、农业增效、农村发展的目的。首先，要增强服务的针对性和及时性。信息服务机构及人员应根据农民的需求，不断提高信息分析和综合能力，及时收集处理与生产、市场技术、政策、病虫害等信息，提高信息质量和服务水平。其次，加强信息服务人才的培训。信息服务人员素质高低直接影响到服务质量，提高信息服务质量必须加强人员的培训，为此应加强对信息服务人员的在职培训，增强其服务意识和业务素质，掌握现代信息服务技术，提高服务水平。最后，帮助服务对象提高信息意识。信息服务水平的高低，除了信息服务机构及人员的服务素质外，还取决于被服务者对服务的认识。受传统观念的影响，我国农民信息意识不强，不能积极主动地开发、利用信息资源。为此，信息服务部门除了提高自身素质外，要采取切实有效措施，通过各种形式大力向农民普及信息知识，提高农民的信息意识。

农村信息化既是信息时代农村基本公共服务的基本内容，同时又是促进基本公共服务发展的基本手段，即农村信息化本身既是发展目标，也是工作手段。一方面，农村信息化是农村的一项公益事业与公共服务。我国农村信息化是一项公益性、基础性的事业，在一定时期和一定程度上具有消费的非竞争性和受益的非排他性，农村信息化进程的推进涉及整个农村系统，直接影响到农村经济、政治、文化和社会的方方面面，农村信息化水平的提高对农村各方面的发展都具有促进作用，具有明显的正外部性，因此农村信息化具有明显的公共产品与公共服务的属性。信息化已成为国民经济和社会发展的重要组成内容，在此背景下加强农村信息化建设和提供相关的信息化服务应被纳入政府基本公共服务的范畴。2010 年以来的中央 1 号文件从不同角度都提出了加强农村信息化建设，各级政府机构遵循中央精神加强农村的信息基础设施建设、农村信息化业务应用，推出了大量农村信息化建设的措施，事实上农村信息化已被纳入政府公共服务的范畴。另一方面，信息化是农村公共服务新的、更加高效的技术实现方式，借助现代信息技术能够丰富传统的农村基本公共服务的内容和表现形式，提高农村基本公共服务水平，让广大的农村居民能够更加便利地参与公共生活和享受更高质量的公共服务。因此，农村信息化是信息时代农村公共服务的重要手段。推进农村信息化建设，对于实现农村公共服务的决策科学化、管理现代化、服务人性化，促进三农问题的解决和农村的全面发展具有十分重要的意义。因此，有必要加强农村信息化建设，以信息化提升农村公共服务水平。

三、乡村信息化基础设施建设

信息化基础设施建设是农村信息化建设最基本的内容和环节，是推进农村信息化建设有序进行的前提条件，是农村信息化服务和信息技术应用的物质支撑。没有完善的农村信息化基础设施，农村信息化建设无从谈起。农村信息化基础设施对于支撑农村信息资源的有效开发利用，提高农业生产效益和农村居民生活质量，促进农村经济社会发展，缩小城乡发展差距具有十分重要的意义。"要想富，先修路"，农村信息基础设施就是农村发展的"信息高速公路"。农村信息基础设施仍是当前制约农村信息化建设的"瓶颈"。加强农村信息基础设施建设，是当前和今后我国农村信息化建设的重要内容，是与农村道路、电力、供水等基础设施同等重要的农村公共基础设施。我国党和政府历来重视农村信息化基础设施建设，2010 年中央 1 号文件就明确提出："推进农村信息化，积极支持农村电信和互联网基础设施建设"。加强农村信息化基础设施建设问题研究具有非常重要的现实意义。

农村信息化基础设施是支撑农村信息资源的开发、利用及促进信息技术应用的各类设备和装备及其场所，是搜集、储存、加工及传递各类涉农信息的物质基础，是农村信息化建设的基本条件。农村信息化基础设施主要包括信息网络、信息技术基本装备和设施及场所等部分。信息网络主要是指互联网络、通信网络和广播电视网络及报刊、宣传栏等信息传播网络；信息技术基本装备、设施及场所则指信息技术研发、推广应用及保障网络安全运行的各类设施与装备及其开展服务的场所。当前农村信息化基础设施主要包括广电网、电信网和互联网3种基础网络体系及广播、电视、电话、手机、计算机等信息化终端设备与农村基层信息化服务站等场所。

多年来，我国实施了"金农工程""广播电视村村通工程""村村通电话工程"等一系列以农村信息化基础设施建设为重要内容的重要工程，加大了光纤通信网络、移动通信基站、卫星接收设施等网络基础设施及基层信息服务站的建设力度，农村信息化基础设施建设取得了良好的成效。信息产业部在全国范围实施"村村通电话工程"，该工程按照"分片包干"原则由中国电信、中国网通、中国移动、中国联通、中国卫通、中国铁通等多家运营商具体负责实施。提出要进一步加强农村通信基础设施建设，提升农村信息服务能力，推进通信基本公共服务均等化，在全面实现农村通信"十一五"规划"村村通电话，乡乡能上网"目标的基础上，提出2011年村村通电话工程实施意见。农业农村部贯彻落实党中央、国务院决策部署，制定了《"十三五"全国农业农村信息化发展规划》《"互联网＋"现代农业三年行动实施方案》《农业电子商务行动计划》《关于推进农业农村大数据发展的实施意见》等系列文件，对当前和今后一段时期推进农业农村信息化的主要思路、重点任务作出具体部署。其中，中国国务院办公厅2019年印发《数字乡村发展战略纲要》提出，加快乡村信息基础设施建设，大幅提升乡村网络设施水平，加快农村宽带通信网、移动互联网、数字电视网和下一代互联网发展；到2020年，全国行政村4G覆盖率超过98％，农村互联网普及率明显提升。

农村互联网是农村信息化建设的重要载体，农村互联网的发展状况是农村信息化建设程度的重要标志。随着"农村宽带入乡进村"和"公益机构接入普及"计划的组织开展，全国集中连片特困地区中小学校和残疾人特殊教育学校已开通宽带并提速，同时提供 3 年免费上网。农村网民规模的增加速度高于城镇，城镇化进程加快，农村人口比例不断减少。2005 年底，中国农村人口占比为 63.76%；到了2018 年底，则下降为 40.42%，但农村网民占中国网民的比例并没有减少，反而有所增加，这说明农村互联网的普及速度较快，农村网民规模进一步扩大。由此可知，我国互联网普及与推广工作将向农村地区进一步的扩展延伸，在可以预见的未来农村使用互联网的人口数量将继续增加。

"三网融合"发展势头较强劲。各部门纷纷以此为机遇，推动农村"三网融合"建设，并取得了较为显著的成效。各大通信运营商也适时打造农村信息化服务平台，推出了面向农村的信息服务通道，如作为我国最大的基础电信运营商，中国电信于 2006 年启动了信息化新农村建设暨"千乡万村"信息示范工程，并专门推出面向农村的信息服务品牌——"信息田园"；同年，中国联通通过整合其移动通信、互联网网络、人工呼叫中心及其数据等资源，在全国开通了农业信息化项目——农业新时空；中国移动也启动了农村信息化服务项目"农信通"业务，使农民通过语音、短信、互联网等多种方式，获取生产、生活及政策法规等各类信息，推进农村信息化建设。全国各地也结合本地实际情况，推动了本地区的"三网融合"建设。宁夏回族自治区在新农村信息化建设中取得突破，倡导双赢，显示出良好效果。宁夏回族自治区提出把宽带作为农村"三网融合"的业务承载平台，仅通过一根网线就可以为农村用户提供上互联网、看电视及打电话等多种服务。陕西省通过广播电视运营部门与电信运营商的合作，把通信网、互联网和广播电视网"三网合一"作为该省村通工程的新模式。山西省广电、移动、电信等部门在静乐县、应县试点，首开全国通信网、有线电视网、互联网"三网融合"新模式，农民接一根光缆就可以打电话、看电视、上宽带网。

"三网融合"为农村信息化建设打造了一条成本低、实用性强、本土化特色鲜明的农村信息化道路。通过"三网融合"，以有效缩小城乡间的信息鸿沟，以信息化带动农村经济社会发展，以"三网融合"促城乡结合，实现城乡统筹发展。"三网融合"在我国农村信息化建设中具有广泛的发展空间，全国各地也在积极探索信息化的农村"三网融合"之路，农村"三网融合"发展势头十分强劲。

农村信息化终端设施是农村信息化服务"进村入户"的关键所在。目前，我国农村信息化终端设施主要有电视机、电话机、手机及电脑等。随着经济社会的发展及农村信息化建设的逐步推进，近年来，我国农户拥有的信息终端数量大幅度提高。

第二节　防微杜渐：乡村信息产业建设的误区

一、信息资源开发利用不足

（一）农村信息资源分散、重置，缺乏有效整合与共享

农村信息资源开发和整合的问题，第一是总量问题。宏观调控和生产经营决策的信息依据不充分，特别是政府信息采集渠道不健全，信息源点少、面小、代表性不足。第二是结构问题。国内信息多、国际信息少，结果性信息多、预测性信息少，生产性信息多、市场性信息少，一般性信息多、针对性信息少，特别是存在着严重的重复开发现象。第三是标准问题。在信息分类分级、指标术语、收集渠道和信息应用环境等方面还没有形成统一的标准体系。第四是共享问题。政府部门多头调查，缺乏统筹协调，社会机构分散采集，相对独立封闭，地区间、媒体间、政府各级部门之间共享程度低，信息"孤岛"现象突出。农村信息资源宽泛、涉及面广，信息采集、传输、处理、分析、发布手段落后，数字化程度不高。由于目前还没有建立起统筹协调的管理和信息共享机制，造成大量农村信息资料处于部门所有、相对封闭的分散状态，缺乏有效整合，共享程度低。

农民收入低、信息化设备购置费用高是造成农业网络信息利用能力弱的首要原因。其次农民作为信息的接收者，整体文化素质不高，信息化意识薄弱，缺乏接受并应用信息的知识及技术基础。对信息的分析、辨别及接受能力差，对信息的接受常常表现出随机性、从众性和观望性等。由于目前还没有建立全国性的跨部门的统筹机制，大量

农业信息处于部门所有、相对封闭的分散状态，缺乏有效整合，共享程度低，致使农业信息网络主干平台的优势和作用得不到充分发挥。计算机应用系统发展不充分、不平衡，我国农业信息化强度则低于工业。有关资料表明，在英国，农民通过现代化通信工具和计算机网络获得的信息占从各种渠道获得信息总量的比例为 57%，而在我国，彩电、收音机、电话和计算机等现代信息设备，农村居民的拥有量远远低于城镇居民拥有量。

（二）信息时效性差，不能满足农民需求

信息采集、信息处理比较落后，信息发布、传输滞后。目前，普遍存在的农业信息采集标准化程度低，指标体系不健全，采集方法还不够科学，覆盖面不够，对农业信息体系内部各信息采集渠道缺乏合理的整合和规范等，影响了信息的准确性、权威性。此外，还存在信息处理手段、传输工具落后等问题。很多地方缺乏先进的计算机网络手段，在信息处理方面有的还停留在手工阶段；对采集到的信息分析、加工能力严重不足，影响了运行效率，降低了信息的使用价值。另外，还存在着信息传输网络不够畅通、农业信息的有机集成以及信息共享性差等问题，这些问题都影响了农业信息化的建设。

（三）信息化形式单一，有效推进模式还未形成

从各省农村信息资源开发利用状况来看：一方面信息资源存量偏低，信息供给不足；另一方面信息资源开发利用程度低，导致大量信息资源的闲置和浪费。由于传统体制所造成的条块分割，使部门之间信息封锁，大量的信息资源封闭在单位、部门内部，无法实现社会共享。许多单位和部门信息资源的开发管理大都停留在低级阶段，信息的采集、加工、处理、存储和传播多采取传统方式，电子化程度低，导致信息利用率低，信息服务效益差。我国农业信息网站尽管基本上覆盖农业的各个方面，但仅占全国网站总数的 7% 左右，站点主要集中在北京、广州、深圳等城市。质量较好的站点数不多，整体上与其他行业差距明显，缺乏网站导航，信息规范化、标准化程度差，站点不够生动，数据库的内容多为文献型数据库，数据型数据库、事实型

数据库很少。涉及的领域也比较狭窄，数据库的利用率没有得到充分发挥；多媒体信息和全文数据库更少。现有的农业网站大多缺乏高质量数字化的农业信息资源，内容雷同，有用的、针对性强的特色信息缺乏，无效链接多。数据库总量较多，但大多规模较小，有些数据库只有几百条信息，数据库的质量及标准较差，不能保证信息的查准率，缺乏利用价值。

（四）农民上网普及率低

据中国互联网络信息中心（CNNIC）发布的第 45 次《中国互联网络发展状况统计报告》显示，2006 年以来，我国农村网民规模呈逐年上升趋势，2017 年突破 2 亿人，达到 2.01 亿人。2019 上半年，中国农村网民规模达到 2.25 亿人。到 2020 年 3 月，中国网民规模为 9.04 亿人，其中农村网民规模为 2.55 亿人，占网民整体的 28.2%，较 2018 年年底增长 3 308 万人；城镇网民规模为 6.49 亿人，占网民整体的 71.8%，较 2018 年年底增长 4 200 万人，但相较于城镇，城乡地区互联网普及率仍存在差异。

（五）农村信息资源分布不均衡且共享程度低

农村信息资源既具有其他类别信息资源的共同特征，但同时由于农村生产生活本身的特点，使得农村信息资源在分布上具有自身的特点。

1. 区域性 我国农村地域广泛，不同区域具有不同的生态环境、不同的产业结构和社会经济条件，相应产生的农村信息资源也具有强烈的区域特点。农村信息资源的区域性还表现为特定区域的信息用户主要利用本区域的农村信息资源，而跨地域的农村信息资源仅作参考，究其原因则是本土信息资源更易于直接消化和吸收，这也决定了农村信息资源的采集、加工和利用具有区域性特点。

2. 分散性 随着农村经济社会的发展，特别是农业产业化程度的提高，不同生产环节、不同层次、不同产业和不同地域空间、不同利益主体之间的关系更加密切，跨区域合作及跨产业部门要素转换不断加强，在此过程所产生的信息分布也日趋分散。农村信息资源的分散性特征使得农村信息资源在收集、处理和利用方面比其他信息资源的困难程度要大很多。

3. 缺乏能够有效对接和实现共享的标准与规范　要避免农村信息资源建设的重复建设、浪费现象发生，提高农村信息资源开发利用效率的有效途径就是在各部门、各地区之间实现信息资源的有效对接和高度共享，实现信息资源的开放性、外溢性。当前农村信息化建设的"军阀割据"状态，使得农村信息资源建设无标可循、有标难循。具体来讲，在信息资源建设过程中应有统一的技术标准，以数据库建设为例，各类数据库之间要实现有效对接和信息共享就要有共同的建设标准，如图文数据库建设标准、语音数据库建设标准、视频数据库建设标准等。在信息资源服务、涉农信息网站建设、基层信息服务站点建设过程中也应有统一的规范。在农村信息化工程项目建设实施过程中，也应有统一的工作标准，包括总体标准、应用标准、安全标准及管理服务标准等。当前，我国农村信息资源建设过程中标准规范的建设还没有得到重视，使得农村信息资源的共享"难如登天"，信息资源的重复建设和浪费现象也就难以避免了。

4. 缺乏统一的资源共享与管理机制　一方面，缺乏农村信息资源建设、开发利用的牵头管理单位。当前我国农村信息化建设形成了以自上而下的行政推动为动力，以农业局的农业信息为支撑，科技局具体负责组织协调，各级相关部门共同参与的组织格局。部分地方没有建立起推进农村信息化建设的协调机构，这有可能产生职责分工不明、各自为政、互相推诿和沟通缺乏有效性等问题。即使有些县（区）设置了信息化办公室等专门机构，但是这些机构与所属部门的职责没有一个明确的划分，各个地区的标准也不一样，这种无标准的发展存在诸多弊端，严重制约了信息流及其他生产要素的合理流动和最佳配置，不利于农村信息化建设的有序推进。另一方面，农村信息化资源共享与管理机制的缺失。长期以来，农村信息化建设工作条块分割，农村信息资源分散在各部门、各行业、各单位，现行的农村信息化建设实际上是分头建设、部门分割、各自为政，分别依靠各自独立、相对薄弱、不尽规范的信息系统进行信息的采集、开发、分析、发布，彼此间缺乏整体规划、统筹协调机制，难以形成信息资源的有效共享，形成了一座座信息孤岛。对农村信息资源建设及其开发利用没有进行统一的部署，各地区基本上还没有建立起健全的农村信息化建设的发展规划和管理制度，没有形成健全的管理体制，各行其道，信息孤岛现象严重，信息化建设绩效偏低。

二、忽视乡村信息化建设主体的作用

加强农村信息化建设是解决三农问题的有效途径，积极推进农村信息化是新农村建设的突破口，用信息化带动农村经济，用信息化提升农民素质，这是社会主义新农村建设的必经之路。调查研究发现，部分基层干部和大部分农民群众，对农村信息化建设的重要意义，对农村信息化的重要作用认识不够到位，对什么是农村信息化，怎样建设农村信息化认识不清。在对待农村信息化建设的问题上，主要存在6个方面的认识误区：一是认为农村信息化就是普及计算机网络化，计算机网络化就是农村的信息化，电视、广播、电话、报纸、杂志、图书等不是农村信息化建设的内容；二是农村信息化建设只是政府的责任，完全应该由政府负责解决；三是农村信息化建设只是农民群众自己的事情，完全应该由农民群众自己解决；四是当前不具备推进农村信息化的条件，农村信息化是个遥不可及的事情，农村信息化建设的方法、技术和模式十分复杂，短期内既无法实现也无法着手进行；五是农村信息化建设是短期内通过突击建设就可以完全实现的；六是农村信息化建设只是信息硬件建设问题，提升农民信息素质不是农村信息化建设的关键。由于对农村信息化建设的认识不够到位，反映在农村信息化建设的实践上，无论是政府有关部门的各级领导，还是广大农民群众，对农村信息化建设的重视程度还不够。

政府部门主导作用不强。近年来，各级政府在推进农村信息化建设上做了大量的工作，也取得了较为明显的成效。尽管如此，我国农村信息化水平仍不高，农村信息化建设还未达到预期效果，政府在农村信息化建设中的主导作用还需要进一步加强，主要有以下几方面。

（一）存在认识误区

主要是各级地方政府在农村信息化建设过程中还存在认识误区，

思想未能跟中央保持一致，或者思想观念跟不上时代发展步伐等，具体表现为：一是未能认识到农村信息化建设的重要性，或者虽然认为信息化很重要，但现在实施还太早；二是认为信息化建设未能带来即时经济效益，不能马上带来 GDP 增长，不搞也罢；三是对农村信息化建设的理解肤浅化，认为农村信息化建设就是电脑打字、建几个网站、配几台电脑并相互链接；四是在建设过程中"重硬件建设、轻软件开发""重建设、轻管理""重开发、轻应用"，农村信息化建设成为"形象工程"和政绩工程。当前全国各地政府"一窝蜂"地建设网站是一个明显的例子，而真正能用的没有几个，多数网站内容空洞、更新频率低甚至不更新、面向农户服务栏目很少，以至于网站建成后成了"僵尸"网站。

（二）政府统筹乏力

我国实行的是条块分割的行政体制。在当前阶段农村信息化建设主要是通过自上而下的"条状"行政力量进行推动，"块状"统筹力量明显不足。各相关部门都在推进农业信息化工程，却又缺乏统筹考虑，建设秩序较混乱，违背了农村信息化建设的统筹性、阶段性和有序性规律。在中央层面，中组部力推农村党员干部远程教育网络工程建设、农业农村部重点推进"金农工程"和农业信息化、信息产业部积极推进宽带等进村入户，粮食部门、林业部门、广电部门等也都在建设自己的信息化项目。由于缺乏统筹协调，信息资源和基础设施建设没能形成合力，信息孤岛和信息烟囱现象并存，导致人、财、物的多重浪费。在地方层面，根据调研了解的情况来看，各地没能有效利用中央部委有关农村信息化建设资源在地方层面进行整合统筹，也没有发挥"块状"统筹管理，部分地方没有建立起推进农村信息化建设的协调机构，这可能导致在农村信息化建设过程中产生职责分工不明、各自为政、互相推诿和沟通缺乏有效性等问题。即使有些县（区）设置了信息化办公室专门机构，但是这些机构与所属部门的职责没有一个明确的划分，各个地区的标准也不一样，这种无标准的发展不利于农村信息化建设的有序推进。各地在建的信息化项目大多是一些单位"八仙过海，各显神通"，在各自项目预算中拼凑，难以实现系统化，有些建成的项目长期不能发挥作用，从一定程度上造成信息资源浪费。在湘西山区，一些基层硬件设施建设速度远超过了信息化人员培训，很多地方硬件较为先进，软件系统却无人会操作和运用。

（三）缺乏建设规范

1. 缺乏相应的政策法规支撑　当前我国在农村信息资源管理、农村信息市场的规范化、隐私权的保护等方面比较薄弱。

2. 缺乏统一的标准体系　一是缺乏统一的技术标准。各个地方、各个建设单位在进行农村信息化建设的过程中各自为政，这为将来农村信息化示范建设模式的推广应用带来严峻挑战，也将严重影响到各地的互联互通和资源共享。如"三网融合"建设方面，各部门和运营商多头并进，重复建设，标准化程度低，共享难度大，电信、广电、移动、联通都在建立自己的数字化、网络化体系，"三网融合"步履艰难。

二是缺乏统一的工作标准。标准化工作规范是推动农村信息化建设及应用发展的重要基础性工作之一。然而对于如何推进农村信息化，如设置什么工作岗位、如何确定其工作范围、职责和流程等，各级地方政府明显缺乏统一的工作规范，基本上处于等政策、盼标准或者盲目干的阶段，这可能导致各个地方在农村信息化建设过程中要么消极无为，要么重复建设、重复劳动和资源浪费。

三是缺乏统一的管理标准。如何对农村信息化建设进行统一的部署，如何确保农村信息化建设的有序高效进行，如何评价农村信息化建设绩效，这些重要问题目前仍然没有统一的标准。各地区基本上还没有建立健全农村信息化建设的发展规划和管理制度，没有形成健全的管理体制，各行其道，信息孤岛现象严重，信息化建设绩效偏低。

3. 没有形成完备的农村信息化建设监督机制　农村信息化建设缺乏明确而具体的目标以及必要的具体保证办法，在建设过程中资金使用、建设质量、资源配置状况等缺乏有力的监督。

（四）引导作用不强

1. 规划引领效应不明显　虽然国家层面出台了相关规划政策，而其他部委也在自己的职能范围内提出了相应的规划，这些规划间有交叉也有不同的侧重点；一些地方政府出台了相关规划，但其信息化建设规划设计思想还不明确，而大部分地方政府还将注意力集中在城市信息化、经济信息化等领域，农村信息化还没有被纳入地方经济社会发展规划中来。

2. 地方政府建设动力不足　多数地方还没有将农村信息化建设纳入政府绩效考评范围，在传统的工作习惯和惰性作用下，政府部门及其工作人员对推进农村信息化建设的积极性不高。在有些信息基础设施较好的地方，由于缺乏激励机制，如基层政府网站长期不更新和维护，处于闲置和浪费的境地。

3. 对社会力量的引导力不强　我国目前尚没有专门针对农村信息化的政策法规，各地缺乏面向农业企业、农民专业合作社、农民的各种优惠政策，社会力量参与农村信息化建设的潜力没有激发出来。农村信息化建设具有明显的公共产品属性，利益回报周期长且不明朗，在利益激励机制缺失的情况下，相关运营商和建设单位对农村信息化建设缺乏热情，导致农村信息化建设进展缓慢。

（五）投入力度不够

农村信息化建设是一项周期长、投资大、复杂的系统工程，涉及农村信息基础设施、农村数据库、农村信息技术开发与传播、农村信息人才培养等方面，每一方面都需要大量的人力、物力和财力投入，由于对农村信息化建设的认识不足及地方财政力量的薄弱等因素的限制，当前政府对农村信息化建设的资金投入严重不足，具体表现为以下几点。

1. 基础设施建设资金不足　农村信息基础设施建设落后，农村电信和互联网基础设施普及率低，电脑等信息终端只能靠农民本身没有得到广泛普及。

2. 信息化建设工作运行经费缺乏　农村信息化建设与管理机构普遍存在人员少、经费紧张问题，只有人头费，工作经费严重缺乏，处于"有钱养人，没钱办事"的窘困境地。

3. 信息化建设专项经费不足　据调查，省以下各级财政部门基本上没有将农村信息化建设纳入财政支出的范畴，只有很少的地方安排了少量的农村信息化建设专项资金，满足不了工作需要，农业信息化建设的长效投入机制还没有建立。

三、农村信息化缺乏统筹规划和长远考虑

近年来，从中央到地方政府的许多部门都建起了与涉农相关的服务网络或信息网络服务平台，这对于为三农服务发挥了积极作用。首先，我国农村地区地域广阔，这使我国进行农村信息化建设时很难统筹安排；其次，由于我国经济的不平衡性。造成东部地区率先进行农村信息化建设，而西部地区和偏远山区进行农村信息化建设的步伐稍慢一点，这使地方政府进行协调建设造成一定的困难，并且使得农村信息化建设出现重复建设，浪费大量的资金；再次，地方政府投入的资金和技术的差异，使很多地方政府的农村信息化建设带有盲目性，信息化的程度具有肤浅性；最后，农业涉及农、林、牧、副、渔等行业，这些行业又属于不同的农业行政部门，由此在农业信息化建设中，便产生了条块分割的现象。各部门独立地建设自己的信息化系统，没有就信息化的建设标准和信息的采集标准达成一致，形成一个个信息孤岛，使有限的农村信息化建设资金实现不了最大价值。

1. 农村农业信息化人才匮乏 高层次的农业信息技术开发人才缺乏。农业信息化建设对人员素质的要求与其他信息行业有着明显的不同，它需要的是既懂农业又了解互联网等信息技术的复合型人才。信息技术是一项高科技，其开发应用需要高科技人才，既懂农业又懂经济和信息技术的综合性人才非常缺乏。目前是懂农业的不懂信息技术，而掌握信息技术的又对农业知识了解的人才知之甚少。因为农业信息技术开发人才的匮乏，所以难以进行大项目的攻关。且研究力量分散、水平低；农业信息技术成果应用程度低，远远无法满足新世纪、新阶段我国农业和农村经济发展的要求。

2. 农民信息化素质普遍较低 农民信息化需求有限，有待引导。目前农村宽带市场增长较为困难：一是由于农民经济水平不高，难以承受电脑终端价格、宽带月使用费等成本支出；二是广大农民文化水平普遍偏低，农民综合素质不高，信息接收能力较差，尚未形成充分

利用网络资源的能力。在示范点运行过程中，一部分示范点为维持日常的电费及人员、生活开支，最后演变成了网吧。信息化要在农村普及还有待经济水平的提高和政府的进一步推动。

3. 农村信息化建设实效性差　在农村信息化建设中，部分地区不注重把农村信息化建设与本地实际相结合，而是贪大求洋、好大喜功，跟着概念走，跟着技术走，结果投入巨大，收效甚微。没有很好地利用信息网络技术中的精华和最实用部分，也没有找到网络信息技术与本地实际的恰当结合点，造成了不必要的浪费。有的地市尽管有自己的网页和网站，但内容长时间不更新，功能单一，交互式不强，更没有网络营销、电子商务的功能，点击率极低。基本上所有的涉农网站缺乏具有专家咨询功能的专家系统软件。我国农村信息化建设起步较晚，受到地域、经济、观念等的制约，发展相对落后，农村信息化建设虽然为我国全面建设小康社会奠定了一定的社会基础，但还存在很多问题，发展不协调。

第三节　步步为营：稳步推进乡村信息产业建设的方法

一、明确农民在乡村信息化建设中的主体地位

农民是农村信息化建设和服务的受益者，农村信息服务大多是围绕农民的生产生活需要开展的，同时农民也是重要的信息源，是农村信息化建设的重要主体。

社会个体既是市场经济中的最基本的经济主体，也是社会行为的主体，相应地组织之外的个体力量也是农村信息化建设的主体之一。农村中的各类社会个体在经济利益和公益精神等驱使下，利用自身的专业知识、社会地位和关系网络等从事农村信息化建设与服务，这些社会个体主要有种养大户、小规模经营的农户等。种养大户是农村中具有一定种养规模的生产经营者，是农村市场经济的重要主体。在农村信息化建设中，种养大户主要有两方面的作用。

一是积极接受农村信息化影响，采取各种方式主动参与信息化建

设，如主动购置农村信息化终端设备，提高个人信息化素养和技能，建设个人门户网站或网页，通过各种信息化服务平台搜集与发布生产信息等。

二是对周边农户进行信息辐射、带动和示范作用，与周边农户进行信息共享、通过人际传播的方式进行信息传递及开展信息咨询与服务。种养大户通过参与农村信息化而产生的变化，被周边农户看在眼里、记在心里，能对其产生直接影响。小规模经营的农户是农村信息服务的对象，也是农村信息化建设的受益者，通过信息化获得经济收入和生活便利等，同时这些农户也是农村信息化的建设者和推动者，他们在享受信息服务的过程中，搜集整理生产生活信息、对外发布农资需求信息和农产品供应信息、通过信息交流和人际互动能够动员和鼓励亲朋好友参与信息建设和接受信息服务。

二、发挥政府在乡村信息化建设中的主导作用

现阶段，我国农村信息化建设最重要的主体是政府，主要包括中央政府、地方政府（省、市）、基层政府（县、乡镇）及准政府性质的村级自治组织。各级政府及其组成部门根据其管辖领域和职责权限积极推进农村信息化建设。如中组部主要承担全国农村党员干部现代远程教育网络体系的建设与维护；工信部主要负责包括农村信息化建设在内的国家信息化与信息产业发展的任务；农业农村部直接负责"金农工程"等农业信息化建设。2009 年以来，科技部联合中组部、工信部等部委发起依托全国农村党员干部现代远程教育网络开展国家农村农业信息化示范省建设试点，把我国农村信息化建设推向了一个新的阶段。

在建设社会主义新农村的过程中，信息化所起的作用是不容忽视的，它对经济、政治、文化的发展都至关重要，这已成为国内外普遍共识。尽快建立起政府权威的适应新农村发展的信息化体系，是各级政府农业部门的重要职责。因此，各级政府应树立信息意识，加强农村信息化建设的资金投入和政策引导扶持力度，对农村信息研究工作给予更有力的支持。农村信息化建设从国外的经验看，市场化程度越

高的国家，其信息服务的社会化程度也越高，除政府部门外，各种农业专业学会，科研推广机构，中介组织以及各类信息咨询服务企业等也都成为直接的信息服务机构，但政府要对其加强管理，建立健全农业信息的法律、法规，提高信息的准确性和权威性。各级政府要根据各地实际情况，组织网络、农业专家，参照国内外经验，制定切实可行的适合我国新农村现状的信息化战略规划。

（一）政府要高度重视，积极参与

搞好统一规划和宏观指导，加强对我国农村信息化和农村信息网络服务体系建设工作的领导实现农村信息化，必须有政府的支持和参与，而国家政府及各级政府领导的重视，是实现农村信息化的保证条件。各级人民政府要把推进农村信息化提高到实践"三个代表"重要思想和落实科学发展观的高度来认识，让人民群众在信息化发展中有更多获得感、幸福感、安全感。根据农村信息化"政策性、依存性、连续性、渗透性、分散性、公益性"的特点，政府部门要重点加强对农村信息化的领导与组织；要采取措施强化对农村信息化的管理和干预，主要抓好加强对农村信息化规划管理与信息标准化管理，加强农村信息资源的管理，促进信息资源的综合高效利用，同时防止信息污染和信息误导，还要保证对农村信息化的基本投入。要根据我国信息化建设"统筹规划、国家主导、统一标准、联合建设、互联互通、资源共享"的方针，采取有效措施对我国农村信息网络建设进行统一规划和宏观指导，促进我国农村信息化和网络建设步入稳健、有序发展的轨道。形成一个反应快捷、双向传输、功能全面的农村信息网。农村信息服务体系建设和信息服务是一项重要的公益事业，要积极争取各级政府支持，加大资金投入，重点是搞好信息搜集、分析、整理与发布，加强基础设施建设，保障运行经费。同时，由于农村信息网络建设涉及许多个部门，就必须"打破部门之间、地区之间的界限，统一标准，联合行动，互相协调，互谅互让，分工合作，发挥整体优势"。怎样才能让信息化更好地服务于社会主义新农村的建设，这离不开政府的高度重视、积极参与。各级政府部门应树立信息观念，增强信息意识，做好信息化发展战略研究，全面推进我国社会主义新农村的建设。此外，还应该把对农业与农村的管理决策建立在信息支持的基础之上，重点扶持本地农业信息网络建设，把农业信息工作当作农业和农村经济发展的战略性任务来对待。同时县、乡级基层政府部门要把对农民进行信息引导和提供信息服务作为重要的工作职能，营造全省、全社会关心、支持和参与信息化建设的良好氛围。农业信息化发展要求政府强化组织管理，协调各部门职责和分工。针对省级部门之间存在对农业信息化的"多头管理"或者"无头领导"、信息部门之间相互设防、互相扯皮等情况，政府应该划分各部门的职责，明确以省农业厅为全省农业信息化工作的领导部门，专门负责农业信息业化建设和管理，其他相关部门进行配合和监督。通过加强部门之间的协调和分工，充分发挥全省各级政府在组织、投入和管理等方面的作用，打破行业部门单打独斗的做法，依靠和发挥各部门的积极性，形成上下贯通、左右协调、讲求实效的新机制，做到统筹规划、协调管理，实现力量集成、优势互补、资源共享。目前，信息化建设处于快速发展时期，各级政府和各个相关部门不仅应当发挥统筹规划的作用，而且还应协调组织企业、个人、社会团体等微观主体积极参与信息化建设，共同推进农业信息化工作。

（二）充分发挥村基层党组织的领导核心作用

农村基层党组织是党的农村政策的执行者和农村各项工作的组织者，是团结农民群众致富奔小康的骨干力量。社会主义新农村信息化建设对基层党组织建设提出了新的更高要求。他们处在农村工作的最前沿，是党在农村工作中各项任务和要求的重要载体，对于引导群众实践"三个代表"重要思想，带领群众奔小康具有举足轻重的作用，农村基层党建工作任重道远。信息化要实现在农村的大力推广，农村基层干部的作用不容忽视。农村基层干部的工作大多是直接面对农民群众的，经常处于各种矛盾的中心。俗话说"村看村，户看户，群众看干部"因为农民群众的思想还有个引导、感化的过程，这就要靠基层党员干部发挥表率示范作用。农村基层党组织是党在农村全部工作和战斗力的基础，它担负着直接联系群众、宣传群众、组织群众、团结群众，把各种惠农方针、政策落实到基层的重要责任。通过发挥农村党员的积极性，使之成为宣传信息化的路线、方针、政策，带头学技术，带领群众共同致富，"党的农村基层组织是农村各种组织和各项工作的领导核心。"基层党组织要提高自己的科学文化素质，积极学习信息化的知识，针对这种情况，建设社会主义新农村就要坚持和完善政务公开、村务公开制度，保障基层群众依法行使选举权、知情权、监督权等民主权利，健全民主制度，丰富民主形式，扩大公民有序的政治参与，提高村民对自身价值的认同度，推进村级民主管理，发动和依靠村民，共同管理村内事务，维护村内秩序。这主要表现在：一方面，通过村民会议或者村民代表会议，让村民就村内事务发表意见，直接参与管理；另一方面，依据党的方针政策和国家法律法规，结合本地实际，制定村规民约或村民自治章程，让村民和村干部自我约束、自我教育、自我管理、自我服务。当然，在推进村级民主管理的过程中一定要在党的统一领导下，有步骤、有秩序地进行，充分发挥村基层党组织的领导核心作用。在中国这样的大国，没有共产党的统一领导，是不可想象的，那就只能会四分五裂，一事无成。这是全国各族人民在长期的奋斗实践中深刻认识到的。因此，只有将推进村级民主管理与村基层党组织的领导核心作用紧密结合起来才能真正实现管理的民主，推动社会主义新农村的建设。

政府作为农村信息化建设的核心主体，其主导作用主要体现为：引导、协调、规范和投入4个方面。

1. 引导作用 主要是通过制订农村信息化建设目标、出台农村信息化建设的方针、路线与具体政策来对社会各方参与农村信息化建设行为进行引导。具体来说，有以下几种途径。

一是编制农村信息化建设规划，明确一段时期内农村信息化建设的指导思想与目标、主要任务、重点领域、保障措施和方式方法等。

二是运用具体政策对社会各方参与农村信息化建设进行引导与扶持。主要是综合运用财政政策、金融政策、产业政策、技术手段等政策工具，对农村信息化建设领域内的社会力量给予政策优惠和各种扶持。

三是通过对农村信息化建设领域采取特定的政府行为引导各社会

主体的参与建设和服务，如购买服务、转移支付、财政补贴等。

2. 协调作用　农村信息化建设涉及的范围广、综合性强、关系错综复杂，需要多主体、多部门的协同参与和支持。政府的协调作用表现为以下几点。

一是协调政府内部关系。纵向上协调中央政府及相关部门与地方政府及相关部门之间的关系与地方各级政府之间的关系。横向上协调各政府部门之间的关系，农村信息化建设涉及政府内部多个部门，如科技、组织、工信、农业、国土、农机、水利、气象、教育以及邮电通信等，各个部门均根据各自的职责权限、管辖领域开展农村信息化建设，由于部门分割、目标不同及利益上的差异极有可能造成农村信息化建设步调不一甚至相互矛盾，这就要求良好的协调。

二是协调政府与其他社会主体之间的关系。农村信息化建设的复杂性决定了无法靠政府单打独斗来实现信息化的目标。

三是协调各社会主体间的关系。组织性质的差异决定了各方建设目标的不同，建设过程中难免出现矛盾和不一致，这也要求政府作为中间人和"裁判"进行协调。通过协调，可以使各方达成共识，整合力量，发挥协同效应，形成农村信息化建设的合力，同时通过协调整合各类资源，实现资源共享，避免重复建设行为，提高资源利用效率。

3. 规范作用　主要通过 3 个方面来实现。

一是制度规范。即制定和完善农村信息化建设所需的规范的政策法规制度，抑制信息产品和服务的垄断，保护信息知识产权，规范农村信息化建设与服务行为，如打击发布虚假信息、危害网络安全等行为，为农村信息化建设提供制度支撑。

二是标准体系。农村信息化建设对于基层来讲还是一个新鲜事物，农村信息化如何建设，建设到什么程度，各地方尤其是基层都不清楚。在这种情况下，由政府出面组织制定农村信息化建设的管理标准、工作标准、技术标准，对农村信息化建设予以明确的规范，保障农村信息化建设的有序高效进行。

三是监督机制。主要是对农村信息化建设项目建立监督检查机制，开展日常监督、定期和不定期的检查，强化项目的监管，确保项目建设质量。

4. 投入作用　主要有 3 个方面的内容。

一是资金投入。如前所述，农村信息资源具有一定的公共产品性质，农村信息化建设实质上也被纳入到了农村基本公共服务的范畴。这必然要求运用公共财政对农村信息化建设予以支持，要安排一定比例的农业发展资金和支农资金甚至成立农村信息化建设专项资金来推动农村信息化建设。

二是技术投入。农村信息技术的研发、推广离不开政府的支持。

三是人才支持。决定农村信息化建设成效高低的关键因素就是人才。农村信息化要实现可持续发展一方面要靠高等院校向农村输送信息人才，还要依靠政府花大力气加强农村信息员队伍建设和提高农民的信息素养。

三、建立全方位的信息化市场服务体系和推广体系

1. 完善农村信息服务管理体制，加强农村信息资源建设　理顺农村信息服务管理体制，强化公益性信息服务（以政府部门为主体），主要服务对象应是县以上农业技术推广站、农业网站、农业产业化龙头企业、农业信息服务企业、农产品贸易组织等。放活经营性服务，推进服务模式多元化。为基层农业网站、县以下基层农业技术推广组织、农村信息服务企业、农民专业技术协会和中介组织等提供支持，使他们可以上联网络、下联百姓。加强政府扶持力度，向广大农民提供公共信息产品服务，提供财政金融政策支持，规范信息服务市场的秩序。网络是农村信息化建设的基础，开发利用信息资源是农村信息化的核心，若没有各种信息数据的支持，信息网络也不可能发挥其应有的作用。为此，要大力加快农村信息采集标准体系、信息发布体系等建设，提供标准的数据库接口，实现信息采集、处理、发布一体化。重点加强市场供求、农产品价格、科技信息、农村政策等农民急需的信息采集系统建设。在国家统筹规划下，整合、集成、开发各部门、各单位的农村信息资源，充分利用国际数据，并通过制定共享政

策、法规和完善管理体制，把各部门、各单位乃至个人所获取与积累的科学数据资源纳入国家农村科技数据共享的统一管理框架。整合不同农村信息数据源，优化农村信息资源数据库结构，通过不同层次的农村信息中心和共享服务网的建设以及共享技术的研究开发与应用，形成跨部门、跨地区、跨学科、多层次、分布式的国家农村信息共享平台，并纳入国家科学数据共享工程系统，大幅度提高农村信息的管理与共享服务水平，增强农村科技创新能力，为我国农业现代化整体发展和农村科技水平的提高，提供可靠的农村信息资源保障。

2. 优化创新农村信息服务模式　农村信息服务应根据用户本身的特点和用户对信息的需求特点，重点加强各种服务模式的整合。信息服务的建设应该服务于农业、农村与农民，这就要求以市场为导向，改变过去农业信息服务主体单一、服务内容狭窄、服务手段落后的状态，创新农业服务主体，拓宽农业信息服务内容以及服务载体，适应加入 WTO 后信息传播快、时效性强、信息需求多样化的要求。首先，服务主体社会化。在计划经济体制下，信息服务的主体主要是政府及相关部门，其服务形式以指令性计划为主，并且部门分散。信息很大程度上带有主观性和片面性。因此，政府职能必须转变，使信息由政府机关走向社会，在强化政务信息为宏观调控提供支持的同时，政府要确立"政府推动、市场引导、多元参与"的农业信息服务主体构成模式，退出微观走向宏观，允许各种经济实体进入农村信息服务领域，吸引各种投资参与农村信息化建设，以加快信息服务主体的社会化进程。其次，服务内容多元化。改变过去信息服务面窄、内容少的局面，拓展农业信息服务范围，为农业提供包括产前、产中、产后的多元化信息。包括农业资源与环境信息、农业科技信息、农业生产经营信息、农业市场信息、农业管理服务信息、农业教育及政策法规信息六大方面。再次，服务载体多样化。由于农村经济水平和社会文化氛围的制约作用，农业信息服务载体将呈现多样化的局面。进一步完善电话、广播、报刊等传统信息网络，使之更好地服务农民，这些传统的设施目前仍是我国农村获取信息的主要媒介。最后，因地制宜地建立农村计算机信息分层服务体系，发挥网络信息存储量大、检索方便、传递快等优点。

3. 建立农业信息化示范基地　一定要有选择地建立一些农业信息化示范基地，以点带面逐渐推广信息化。地方政府和各级农业科技部门要在农业信息化科技应用推广中充分发挥主导作用，为示范基地的建设创造良好的政策环境，并建立不同级别的农业信息化示范基地。在资金和政策上给予不同层次的扶持，并赋予示范基地更大的自主性，鼓励其加大技术和制度创新，探索农业信息化的不同实现途径。农业信息化应该强调先试验、后示范、再推广的发展原则，以示范基地为标准，防止形式主义，实现稳步发展。在经济较发达的县（市、区），可以乡镇为单位，投资购买数字电视并同互联网的农业数字信息相联通，然后通过闭路电视传到千家万户。农户要咨询项目、政策、科技等信息，要发布供求信息则通过家中的电话联系乡镇信息服务站，由服务站上传互联网或上网查询后反馈给农户。这种方式综合运用了电视、电话、互联网等现代化设施，切合经济发达地区农村电话普及率高而计算机普及率低的现实，切合纷繁复杂的互联网信息需要加工处理农户才能接受的实际。在经济水平中等的县、市、区，要在开展农业信息服务中注重把信息网络与行业协会相结合，把农业信息服务站与农技综合服务站、果业协会并在一起，一个机构，三个牌子，把协会会员作为服务对象，开展产前的项目咨询、良种、化肥、农药等服务，产中的农业技术指导、专家咨询等服务，产后的网上促销、网外统一联合促销服务等，把信息网络这一高科技手段，运用到当地的支柱产业的社会化服务中，提高社会化服务层次。

4. 建立完善的信息推广体系　激励人们树立新的农业信息观，农业信息不仅包括各类农业统计数据，而且包括农业政策、科学技术、农业气象等所有反映农业领域运动轨迹的资料状况。要按农业信息的新形式和新内容认识、组织、管理和推动农业信息化。信息工作方式要由以往传统的通信、传真、电话等形式向以计算机互联网络传输为主的现代化方式转变；信息服务要由单纯提供生产信息向提供产供销、科工贸等全方位信息服务转变；信息工程建设要由注重搞基础设施建设向信息技术手段现代化、信息资源全方位研发和加强信息体系队伍建设并重转变。把农业生产经营大户、农业科技大户、龙头企业、专业协会、农业科研院所、专业批发市场和农业中介组织推向市场经济的前沿，与公共信息网络对接，使生产主体、经营主体、管理部门都成为信息资源的享有者和提供者，从而基本形成对外与全国乃至国际联网，对内延伸辐射至乡村市场、农业技术服务机构和重点龙头企业、农村专业合作经济组织以及生产经营大户的信息服务体系。实行龙头带基地带农户，将生产、加工、销售紧密结合起来的农业产业化经营，是发展农业和农村经济的有效形式，可以较好地解决分散的农户经营与大市场的连接问题，促进产销衔接和农业结构调整，提高农业生产效益，增加农民收入。信息技术开发以后，还要把它向农民推广，应用到农业生产中去，只有这样才能体现出它的价值。政府和农业部门要组织大批专业人才和科技人员，负责推广信息技术。成立专门的工作小组，该小组可以由一定数量专家组成，负责开发、计划、设计、技术指导等工作。设立专门的办事处，包括总部、各地区的分部，力求及时解答各种问题。各地农民、相关机构等可以通过电话、上网或亲临现场免费咨询。这样对于提高农民对农业信息化的认识，发展信息农业有积极的意义，也直接推动农业信息化的发展。我国实现农业现代化，必须大幅度提高农业的科技含量，提高科技对农业增长的贡献率，把农业发展真正转移到依靠科技进步和提高劳动者素质上来。

建设现代农业，需要大量的农业科学技术成果，而为了能够把大量的农业科学技术成果迅速地转化为现实的生产力，还需要建立完善的农业技术推广体系。然而，目前我国农业技术推广体系存在投资严重不足、专业技术人员不足、体制不合理、推广方式陈旧等方面的问题，由此导致每年取得的 6 000 多项农业科技成果，约有 2/3 停留在实验室或试验田里。因此，应该增强农业技术推广投资的力度，加强专业技术人员的培训工作，改变各自为政、自成体系、条块分割的现状，形成符合市场经济环境的农业技术推广体系，推动农业生产的发展。

在工作指导上，应注意把握以下几项原则：一是要始终把发展农村社会生产力，繁荣农村经济，增加农民收入作为建设社会主义新农村的中心任务，放在各项工作的首位；二是要把培养适应现代化建设的新型农民放在重要的战略位置，高度重视农村社会主义精神文明建设，用先进的科学文化武装农民，占领农村思想文化阵地；三是在推进村镇改造和建设过程中，要坚持规划先行，稳步推进，决不可脱离实际，盲目攀比；四是要切实注意把握好党的农村政策，珍惜民力，尊重民意，不刮风，不提不切实际的口号、目标和要求，不搞形象工程，不增加新的乡村债务和农民负担；五是要立足于农村经济社会的全面协调可持续发展，立足于当前与长远的有机结合，立足于资源的合理配置和节约利用；六是要正确处理改革、发展、稳定的关系，在深化改革、促进发展的同时努力保持农村社会稳定。建设社会主义新农村同我们党在农村全面建设小康社会与构建社会主义和谐社会的目标要求是内在统一的。必须指出，建设社会主义新农村是一个艰巨和长期的任务，是一个涉及政治、经济、科技、文化、教育等全方位的系统工程，应该因地制宜，坚持从实际出发，尊重农民意愿，防止形式主义和强迫命令，扎实稳步地推进。

主 要 参 考 文 献

陈桂芬，李静，陈航，等，2018. 大数据时代人工智能技术在农业领域的研究进展
　　［J］. 吉林农业大学学报，40（4）：502-510.

陈良玉，陈爱锋，2005. 中国农村信息化建设现状及发展方向研究［J］. 中国农业科
　　技导报（2）：67-71.

陈威，郭书普，2013. 中国农业信息化技术发展现状及存在的问题［J］. 农业工程学
　　报，29（22）：196-205.

陈瑛，张勇，2009. 构建新型农村公共文化信息服务体系的工作策略研究［J］. 四川
　　图书馆学报（1）：28-32.

陈禹，1998. 信息经济学教程［M］. 北京：清华大学出版社.

陈禹，谢康，2000. 知识经济的测度理论与方法［M］. 北京：经济科学出版社.

傅泽田，张领先，李鑫星，2016. "互联网＋"现代农业：迈向智慧农业时代［M］.
　　北京：电子工业出版社.

郭光磊，2017. 北京市农业农村信息化研究［M］. 北京：中国言实出版社.

郭书普，张立平，沈基长，等，2005. 构建我国农业信息化技术支持体系的探讨
　　［J］. 中国工程科学（9）：89-94.

贾善刚，1999. 农业信息化与农业经济发展［J］. 农业经济问题（2）：48-51.

兰萍，2000. 农户面临的市场信息不对称及对策［J］. 农业经济（12）：32-33.

蓝叶瑾，2007. "信息不对称"对市场交易的影响及对策［J］. 北方经济（2）：138-139.

李傲霜，张冬青，2009. 基于信息对称的农产品信息服务模式研究［J］. 生产力研究
　　（18）：35-36.

李昌兵，汪尔晶，袁嘉彬，2017. 物联网环境下生鲜农产品物流配送路径优化研究
　　［J］. 商业研究（4）：1-9.

李莉，2013. 我国农业电子商务发展问题及对策初探［J］. 商场现代化（18）：150-151.

李宁，潘晓，徐英淇，2016. 互联网＋农业助力传统农业转型升级［M］. 北京：机
　　械工业出版社.

李雪，肖淑兰，赵文忠，2008. 信息技术在农业领域的应用分析［J］. 东北农业大学
　　学报，39（3）：125-128.

李勇，任国元，杨万江，2004. 安全农产品市场信息不对称及政府干预 [J]. 农业经济问题 (3)：62 - 64.

林欢，许林云，2015. 中国农业机器人发展及应用现状 [J]. 浙江农业学报，27 (5)：865 - 871.

刘继芬，2003. 德国农业信息化的现状和发展趋势 [J]. 世界农业 (10)：36 - 38.

刘现，郑回勇，施能强，2013. 人工智能在农业生产中的应用进展 [J]. 福建农业大学学报，28 (6)：609 - 614.

刘志雄，何忠伟，2006. 信息不对称与农产品市场发育：来自食品市场的经验证据 [J]. 产业经济研究 (2)：55 - 60.

龙熹，于慧梅，2003. 加拿大现代农业信息技术的应用与管理 [J]. 世界农业 (3)：28 - 32.

马云泽，2003. 论新型工业化下的农业信息化 [J]. 农业经济问题，24 (12)：44 - 46.

梅方权，2001. 农业信息化带动农业现代化的战略分析 [J]. 中国农村经济 (12)：22 - 26.

梅方权，2001. 以信息化带动现代化 [J]. 江西农业经济 (3)：46 - 47.

孟枫平，2003. 日本农业信息化进程的主要特点 [J]. 世界农业 (4)：38 - 39.

孟晓明，2009. 我国农业电子商务平台的构建方案研究 [J]. 科技进步与对策，26 (4)：55 - 58.

秦向阳，潘瑜春，李瑾，等，2010. 中国农村信息化研究 [M]. 贵阳：贵州人民出版社.

山红梅，郭琪，2009. 我国农村信息服务体系运行环境分析与优化对策研究 [J]. 农业经济 (8)：53 - 55.

沈瑛，2002. 国外农业信息化发展趋势 [J]. 世界农业 (1)：43 - 45.

史忠植，2011. 高级人工智能 [M]. 北京：科学出版社.

谭长国，2016. 大数据农业的发展现状、问题与对策 [J]. 商业经济 (12)：17 - 18.

唐妍，2000. 美国农产品市场信息的收集与发布 [J]. 世界农业 (11)：17 - 19.

田崇峰，2012. 农村信息化知识读本 [M]. 南京：江苏科学技术出版社.

汪来喜，2017. 基于农业本质的农业供给侧改革推进方略 [J]. 中州学刊 (08)：46 - 49.

王慧晨，于正川，薛衍祥，2017. 美国农业电子商务应用及对我国的启示 [J]. 中国统计 (9)：67 - 69.

王健，1997. 信息经济与管理 [M]. 北京：《商战》杂志出版社.

王珂，2009. 农村信息化技术 [M]. 北京：中央广播电视大学出版社.

王玲，兰玉彬，W Clint Hoffmann，等，2016. 微型无人机低空变量喷药系统设计与雾滴沉积规律研究 [J]. 农业机械学报，47 (1)：15 - 22.

王亚东，黄梯云，赵春江，2002. 中国农业信息化建设研究［J］. 情报学报，21
　　（2）：214-218.

王艳霞，2004. 农产品质量信息不对称及解决思路［J］. 东北大学学报（社会科学
　　版），6（6）：414-416.

王玉洁，2010. 新农村文化建设与信息资源开发［M］. 北京：金盾出版社.

王正瑄，2008. 农村信息化知识读本［M］. 哈尔滨：哈尔滨地图出版社.

魏国汶，刘波平，2012. 农村信息化技术与服务体系建设［M］. 南昌：江西科学技
　　术出版社.

乌家培，1993. 信息与经济［M］. 北京：清华大学出版社.

乌家培，1996. 信息资源与信息经济学［J］. 情报理论与实践（4）：4-6.

吴安波，孙林辉，刘真余，2017. 电商环境下生鲜农产品仓储配送模式探讨［J］. 商
　　业经济研究（24）：92-94.

吴志红，2005. 探索图书馆资源整合与信息服务体系的构建［J］. 情报杂志，24
　　（11）：120-122.

邢希君，宋建成，吝伶艳，等. 设施农业温室大棚智能控制技术的现状与展望［J］.
　　江苏农业科学，2017，45（21）：10-15.

徐博，陈立平，谭彧，等，2015. 基于无人机航向的不规则区域作业航线规划算法
　　与验证［J］. 农业工程学报（23）：173-178.

薛亮，方瑜，1998. 农业信息化［M］. 北京：京华出版社.

闫宝芳，刘芳，宫文明，2011. 信息不对称在农村经济中的体现［J］. 现代农业
　　（4）：75-76.

叶波，苏鸿，韦霖，2010. 基于产业化发展需求的广西农村科技信息服务体系构建
　　［J］. 西南农业学报（2）：584-588.

尤学拾，2004. 信息产业发展的影响因素研究［J］. 工业技术经济，23（6）：94-95.

张吉国，胡继连，2004. 信息不对称对林产品市场的影响及对策［J］. 林业经济问
　　题，24（3）：164-166.

张逊逊，许宏科，朱旭，2016. 低空低速植保无人直升机避障控制系统设计［J］. 农
　　业工程学报（2）：43-50.

张燕飞，严红，1998. 信息产业概论［M］. 武汉：武汉大学出版社.

张玉香，2003. 关于加强农业信息体系建设的对策研究［J］. 农业经济问题（1）：37-40.

赵元凤，2002. 发达国家农业信息化的特点［J］. 中国农村经济（7）：74-78.

赵中华，于新文，2003. 计算机及信息技术在日本农业上的应用［J］. 世界农业
　　（10）：30-32.

郑红维，2001. 关于农业信息化问题的思考［J］. 中国农村经济（12）：27-31.

郑红维，葛敏，史建新，2003. 我国农业信息发布问题的理论探讨 ［J］. 中国农村经济（9）：43 - 49.

周权，2002. 信息不对称对市场经济的影响 ［J］. 中国信息导报（1）：20 - 22.

周涛，高玉琢，梁锦绣，等，2015. 宁夏农业信息化理论与实践 ［M］. 银川：宁夏人民出版社.

朱希刚，2002. 我国"九五"时期农业科技进步贡献率的测算 ［J］. 农业经济问题（5）：12 - 13.

Alander，J T，Bochko，V，Martinkauppi，B，2013. A Review of Optical Nondestructive Visual and Near - Infrared Methods for Food Quality and Safety ［J］. International Journal of Spectroscopy（3）：36.

Alfatni，M S M，Shariff，A R M，Abdullah，M Z，et al，2013. The Application of Internal Grading System Technologies for Agricultural Products - Review ［J］. Journal of Food Engineering（116）：703 - 725.

Nicolaï B M，Defraeye T，De K B，et al，2014. Nondestructive measurement of fruit and vegetable quality ［J］. Review of Food Science & Technology，5（1）：285 - 312.

Zhang Baohua，Huang Wenqian，Li Jiangbo，et al，2014. Principles，Developments and Applications of Computer Vision for External Quality Inspection of Fruits and Vegetables：A review ［J］. Food Research International（62）：326 - 343.